● 제주도 개벽신화(삼성혈 / 혼인지)

삼성혈 : 제주도 개벽신화의 주인공인 고(高), 양(梁), 부(夫)씨가 땅 속에서 솟아올랐다는 삼성혈(三姓穴)의 눈쌓인 모습. 주변의 나무들이 모두 삼성혈(삼성인이 태어났다는 구멍)을 향해 절을 하듯 고개를 숙이고 있어 관광객의 탄성을 자아내게 한다.(p.154, 221 참조)

혼인지 : 삼성인(三姓人), 즉 고씨·양씨·부씨의 3인이 벽랑국의 세 공주를 맞이하여 결혼식을 올렸다는 혼인지(婚姻池). 남제주군 성산읍 온평리에 있다.(p.155 참조)

● 성산일출봉

성산일출봉〔사진上下〕: 제주도의 열가지 아름다운 풍경 즉, 영주십경(瀛洲十景) 중 첫번째로 꼽히고 있는 성산일출봉의 의연한 자태. 정상에서 보면 움푹 패인 분화구임을 알 수 있다. 아래의 사진은 봄이면 제주도 전역을 뒤덮는 유채꽃밭을 전경으로 한 성산일출봉의 자태인데 해마다 유채꽃이 만발한 때 바로 이곳에서 「유채꽃큰잔치」가 베풀어진다. (p.213 참조)

● 비자림 / ● 산굼부리

비자림〔사진上・左下〕: 단일수종으로 세계 제일의 군락지를 형성하고 있는 비자림(榧子林) 전경.(사진上). (p.229 참조) 이 비자림은 산책로도 잘 다듬어져 있어 관광객 뿐만 아니라 지역 주민에게 좋은 휴식공간을 제공하고 있다.(사진左下)

산굼부리〔사진上・下〕: 용암의 분출 없이 화산가스의 폭발적인 힘에 의해 생성된 분화구이다. 제주도 전역에 있는 360여개의 기생화산 중 이러한 성인으로 생성된 분화구는 산굼부리 뿐이다. (p.213 참조). 위의 사진은 멀리서 본 산굼부리 전경이고 아래의 사진은 분화구 내부의 모습이다.

● 제주민속촌

고소리 모형의 수도전 : 술을 증류하는 기구인 고소리, 특히 제주도의 대표적인 토속주라고 할 고구마술은 민간의 술제조가 엄격하게 규제되기 이전에는 제주도의 농가마다 즐겨 이 고소리로 술을 빚었고 그래서 고소리는 제주인에게 과거를 회상하게 해주는 소중한 유물이기도 하다.

↑ 제주민속촌 입구 : 제주민속촌은 준박물관으로 지정되었을만큼 많은 자료가 전시되어 있고 이제는 사라져버린 제주 민속이 재현되고 있어 관광객과 특히 젊은 배낭족들의 발길이 끊이지 않는다. (p.215 참조)

➡ 나무에서 물받기 : 제주도는 물이 귀한 곳이라 사진처럼 나무줄기에 짚을 엮어 빗물을 항아리에 받아서 식수로 이용하기도 하였다.

● 성읍민속마을

과거 정의현의 현청소재지로 전통가옥인 초가집 90여채와 민속이 잘 유지되어 있어 민속마을로 지정, 보호되고 있다. 마을의 청년과 「비바리」들이 관광객들을 친절히 안내하면서 순수한 제주 방언으로 상세하게 설명해줄 뿐만 아니라 이제는 사라져버린 민속도 직접 재현해서 보여주기도 한다. (p.214 참조)

물허벅장단[사진右・下] : 물허벅은 물동이 대신 물을 길어 나르는 제주도 특유의 용구로 널리 알려진 것이지만 음악에서의 타악기 구실도 한다. 제주도 전통의 허드레옷인 「갈옷」을 입고 물허벅을 두드려 장단 맞추며 제주민요를 부르고 있는 민속마을의 청년(사진下)과 허벅장단에 맞춰 손뼉 치며 제주민요를 따라 부르는 관광객들(사진右).

통 시 : 제주의 재래식 뒷간을 「통시」라 불렀다. 돼지를 길러 퇴비를 만드는 일석이조의 효과를 올렸는데 인분이 돼지 창자 속에서 재차 소화작용을 거치게 되므로 이를 채소에 직접 거름으로 주어도 회충이 없게 되어 제주 풍토에 가장 알맞는 합리적인 용변 구조라는 연구결과를 6.25 당시 우리에게 많은 원조를 준 USOM이라는 기관에서 발표한 바도 있었다.

제주도 전통초가 : 제주도 전통초가의 구조와 그 안에서의 생활상에 대한 설명을 흥미진진하게 듣고 있는 관광객들.

● 제주도자연사박물관

자연사박물관 전경 : 제주의 민속과 함께 자연사를 알 수 있도록 총 3,000여점의 각종 유물과 각종 동식물의 박제품, 지질 표본 등이 전시되어 있다. (p.217 참조)

말방앗간 : 제주 방언에 따르면 「몰방애」라고 발음된다. 보통 말은 소에 비하면 성질이 급해서 계속해서 제자리를 맴도는 방아몰이에는 적합하지 않는데 제주의 조랑말은 성질이 순하기 때문에 육지에서 소가 하는 일을 대신해서 하였다. (p.141 참조)

애기구덕 : 제주도의 독특한 요람. 대나무로 엮어서 만드는데 근래에는 철재로 만든 것도 있다. 손으로 흔들며 자장가를 부르면 그 흔들리는 리듬을 좋다가 아기는 잠이 드는데 때로는 발로 흔들면서 두 손은 부지런히 다른 일을 할 수 있어서 편리하다. (p.142~143 참조)

● 제주민속박물관

제주민속박물관 전경과 제주무신궁(濟州巫神宮) : 제주인인 관장 진성기씨가 평생동안 제주도내의 각종 유물을 수집하여 2천여평의 대지 위에 2백여평의 전시실을 마련한 곳. 사진의 앞쪽은「당 5백 절 5백」이라 일컬어질만큼 제주도 전역에 널리 유포된 499 자연부락의 당신(堂神) 중 143기를 선정하여 제주도 무가(巫歌) 본풀이에 따라 신상(神像)을 조각하여 형상화(形象化)하여 모신 곳으로 제주의 새로운 관광요소로 주목받고 있다. (p.218 참조)

전시실 내부 : 전시실은 기본생활용구, 생업생활용구, 신앙생활용구, 관혼상제용구, 유희용구, 기타 등 6개분야로 나뉘어 전시되어 있다.

● 제주조각공원 / 제주조각공원 신천지미술관

제주조각공원 전경 : 투구 모양의 산방산을 배경으로 한 제주조각공원의 전경. 13만평의 대지 위에 약 160여점의 조각 및 기타 작품이 전시되어 있다.(p.219 참조)

신천지 미술관 : 제주시 근교에 위치한 제주조각공원 신천지 미술관의 야외전시장 일부이다. 성신여대 정관모 교수가 한국 미술문화 발전을 위해 건립한 문화공간이다.(p.220 참조)

● 정방폭포 / 천지연폭포 / 만장굴

산남지방의 폭포 : 한라산 남쪽을 산남지방이라 하는데 제주도는 남쪽이 융기되었기 때문에 대부분의 폭포들도 산남에 위치하고 있다. 사진은 서귀포에 위치한 천지연(右)과 정방폭포(左)의 시원한 모습. (p.222~223 참조)

↑ 거북바위 : 만장굴 안에 있는 거북바위는 그 형상이 제주도를 축소해 놓은 것 같아 관광객들의 호기심을 불러 일으키고 있다. (p.216 참조)

← 용암석주 : 만장굴이 생성된 후 동굴 위를 흐르던 용암이 천정을 뚫고 흘러내려 굳어서 돌기둥을 이루었다.

● 중문관광단지

국제적인 국민종합관광단지로서의 면모를 갖추려는 한국관광공사의 야심찬 계획에 의해 개발
이 시행되고 있는 이 관광단지는 이미 1단계지역 63만평의 단지 조성과 조경사업이 끝나 있으며
천제연폭포와 중문해수욕장을 품 안에 안고 국제적 규모의 식물원 여미지와 골프장, 로얄 마린
파크, 어촌마을 등을 가꾸어 놓아 관광객의 발길이 끊이지 않고 있다. (p.224~225 참조)

천제연폭포 : 3단으로 이루어져 웅장한 스케일을 자랑한다. 사진에는 구도상 제2단 폭포까지만 나
와 있다.

어촌마을 : 제주 고유의 옛 어촌을 그대로 재현시킨 어촌마을.

여미지 : 해바라기의 조형미를 뽐내는 식물원 여미지는 동양 최대규모를 자랑하고 있다.

해변의 승마 : 관광단지 안의 중문해수욕장에서 해변의 승마를 즐기는 관광객들.

돌고래 쇼 : 로얄 마린파크는 실내 돌고래 쇼를 비롯해서 바다사자, 팽귄의 묘기도 볼 수 있다.

● 한림공원

이 공원은 패사(貝砂)와 가시덤불, 돌맹이 뿐인 황무지를 개간, 2천여종 2만여 그루의 아열대 식물원을 조성하고 전통초가를 이설 복원하여 재암마을이라 이름짓고 협재·쌍용굴을 아울러 개발하여 종합관광유원지로서의 구실을 톡톡히 하고 있다. (p.225~226 참조)

아열대 식물원 아베크 코스 : 야자나무와 종려나무가 줄지어 서서 남국의 정취를 담뿍 풍겨주고 있다.

아열대 식물원의 외국인 관광객 : 본토의 아베크족, 허니문의 신혼부부, 그리고 내외국인 관광객이 끊임없이 찾아든다.

재암마을 : 한림공원 내의 제주도 민속촌인 재암마을은 북제주군 관내의 전통초가를 제주도의 자연부락 형태를 본떠서 이설 복원해 놓은 곳이다. (p.226 참조)

세계 3대 불가사의 협재·쌍용굴 : 동굴 성인으로 볼 때 세계 3대 불가사의의 하나로 손꼽히고 있는 동굴이다. 먼저 생성된 용암동굴이 패사(貝砂)의 석회화작용으로 인해 석회동굴의 특징마저 갖추고 있다. (p.96 참조)

● 허니문 천국

제주도는 어느 사이에 신혼부부의 천국으로 바뀌어버렸다. 육지에서 결혼한 신혼부부의 약 70%가 제주도를 찾아온다고 한다. 이제는 제주도 곳곳에서 이들 신혼부부들이 사 ➡

관광지의 신혼 커플들 : 천지연 폭포를 배경으로 포즈를 취하고 있는 신혼부부들.

오늘날도 남아 선호(?) : 천지연 입구의 돌하르방은 그 코를 꼭 잡아비틀면 아들을 낳는다는 신종 전설로 유명세가 붙었다. 아들 낳기를 기원하며 코를 붙잡을 차례를 기다려 기다랗게 줄짓고 선 신혼 커플들.

랑에 겨워 껴안고 입맞춤하며 사진을 찍어도 이를 보는 사람마저 별 거부감 없이 오히려
아낌없는 축복의 시선과 격려의 미소를 보내줄만큼 신혼부부를 위한 핑크빛 무드가 짙게
감돈다.

눈 쌓인 한라산횡단도로에서 신혼기념촬영 : 이제
는 결혼시즌이란 말이 없어져가고 있다. 계절을
가리지 않고 결혼식이 거행되고 따라서 신혼여행
도 계절에 아랑곳하지 않는다. 설경을 배경으로
기념촬영에 여념이 없는 신혼의 두 쌍.

키스 신도 드러내놓고… : 어색하기는 하지만 공개
된 장소에서의 키스 신도 제주도를 찾는 신혼부
부에게는 하나의 특권이다. 어떻게 하면 멋진 기
념사진이 찍힐지 「추억만들기」에 골몰하는 신혼
커플들.

종려나무숲에서의 신혼
부부들 : 한림공원의 아
열대 식물원에서 종려
나무숲을 배경으로 기
념촬영. 초록은 동색이
라고 처음 대하는 신혼
부부끼리는 쉽게 친구
가 된다.

● 중산간마을

삼무(三無)의 상징 : 제주도의 정낭(대문 대신 출입구를 가로지르는 긴 막대기)과 정주석(출입구 양쪽에 세워 정낭을 끼워넣는 돌)은 도둑·거지·대문이 없는 「삼무(三無)」의 상징으로도 널리 알려져 있다. (p.150~151 참조)

지붕을 이는 '새' : 제주도에서는 지붕을 이는데 '새'라는 풀을 이용한다. 또 바람이 많고 강하므로 지붕을 꽁꽁 동여매어야 했는데 '배'라는 그 밧줄도 역시 '새'를 꼬아서 만든 다. 사진은 초원에서 '새'를 베어 한 짐 잔뜩 지고 귀가하는 모습. (p.143~144 참조)

테우리 : 마소를 돌보는 목자를 제주 방언으로 '테우리'라고 한다. 고려 때 몽고에 강점된 이후로 목마(牧馬)는 제주의 중요한 일로 되었고 이후 조선시대에도 계속되었다. 중산간의 넓은 초원에 방목하였다가 마을로 몰고 가는 '테우리'의 모습. (p.159~161 참조)

조농사 : 벼농사가 부적합한 제주도는 과거 보리와 조를 주곡으로 삼았다. 보리를 거두어들인 다음 바로 조농사가 계속되어 가을철 수확기에는 조를 거두어들인다. 조를 타작하는 중산간마을 (해안에서 멀리 떨어진 마을)의 노파들.

● 해안마을

포　구：섬나라 제주도는 바닷가를 따라 크고 작은 어촌이 형성되어 있고 어촌마다 포구는 있기
마련이다. 사진은 수원리의 포구 풍경.

뭍에 오른 잠수들：해녀를 제주에서는 '잠수'라 한다. 이 세상에서 가장 복없는 년 제주 잠수로
환생한다는 말이 있을 정도로 잠수의 일은 고달프다. 물질을 마치고 뭍에 오른 잠수들. (p.200 참
조)

자리테우〔사진左右〕: 제주도 사람이 장수하는 이유 중 하나가 제주 근해에서 흔히 잡히는 자리로 만든 회를 많이 먹는데 있다고 한다. 이 자리는 '테우'라는 일종의 뗏목 양식의 배로 잡는데 그 물을 칠 때는 '테우'의 상단을 제외한 전체가 물에 잠기는 구조로 되어 있다.

구 덕: 바구니를 '구덕'이라 하는데 제주에서는 운반도구의 주종을 이룬다. 물허벅을 담고 나르는 물구덕 등 모든 짐은 등에 짊어지거나 어깨에 걸어서 운반하며 머리에 이는 법이 없다. 돌이 많은 고장이기 때문이다. (p.141~142 참조)

해초의 노적더미: 바닷가 곳곳에서 거대한 오름 (산봉우리)처럼 해초를 걷어 엄청난 크기로 쌓아 올린 노적더미를 볼 수 있다.

● 백중 물맞이 / 듬돌들기

⬆ 오메기떡 : 제주도 전통음식인 오메기떡을 빚는 제주 여인들.

➡ 물맞이 : 백중날과 처서에는 신경통에 좋다 하여 이렇게 폭포로 쏟아지는 물을 아픔을 무릅쓰고 맞는다.

듬돌 들기 : 축제 때면 '듬돌 들기'로 힘자랑을 한다. (p.141 참조) 입고 있는 '갈옷'은 제주 특유의 작업복이다. (p.144 참조)

불미대장간 : 풀무를 '불미'라 한다. 자갈투성이 인 제주도 토질에 알맞는 농기구들을 만들어낸다.

● 한라문화제

한라문화제〔사진左右〕 : 해마다 10월이면 제주도 전도민의 축제로 열리는 한라문화제의 민속부문
에서 공연하고 있는 제주 소녀의 모습.

지붕을 동여매는 밧줄 꼬기〔사진左右〕 : 전국민속경연대회에서 해마다 입상할 정도로 제주의 민속
은 다채롭다. 사진은 '새'라는 풀을 이용해서 '배'(밧줄) 꼬기를 경연하는 모습. 벼농사를 짓지
못하는 제주도에서는 볏짚 대신 '새'로 지붕을 이고 바람이 많은 고장이라 역시 '새'로 굵은 밧
줄을 꼬아 지붕을 꽁꽁 동여맨다.

● 제주의 무덤

벌 초: 제주도에서는 음력 8월 1일을 전후해서 성묘를 겸한 벌초를 하고 추석에는 집에서 차례만 지낸다. 이 시기를 놓치면 산불로 무덤을 태울 염려가 있기 때문이다. 학교에서 '벌초방학'을 할 정도로 벌초는 제주도민에게 가장 큰 행사이다. (p.73~74 참조)

산 담: 돌이 많아서라기보다 마소의 침입과 산불로 인한 무덤의 훼손을 막기 위해 무덤 주위에는 사각형으로 돌을 쌓는데 이를 '산담'이라 한다. (p.140 참조)

밭 가운데의 무덤: 경작하는 밭 한가운데에 무덤이 한 기, 또는 여러 기가 있는 것을 흔히 볼 수 있다. 선산에 묻기보다 풍수지리에 대한 믿음이 강해서이다. 그러나 '산담'이 없는 무덤일 경우 이렇게 무덤 가장자리까지 경작이 되어 인심이 메말라감이 안타깝다.

● 제주의 무속(巫俗)

심 방〔사진左右〕: 무당을 제주 방언으로 '심방'이라 한다. 제주도는 무속신앙의 섬으로도 잘 알려져 있으며 여러 형태의 굿 문화가 계승되고 있다. 왼쪽 사진은 남자 심방(무당), 오른쪽 사진은 여자 심방이 주관해서 굿을 하고 있는 모습.

치성을 드리기 위한 제물을 담아왔던 구덕(바구니)들. 이처럼 '구덕'의 용도는 다양하다.

바다에 치성을 드리기 위해 차려진 제물과 모형배.

● 바다의 교향시

청정해역 : 서귀포 해안의 거울처럼 투명한 바다. 오른쪽 멀리 보이는 것이 섬섬〔삼도 : 森島〕이다. 제주바다는 아직은 오염되지 않는 청정해역이지만 언제까지 이 맑은 바다를 유지할 수 있느냐가 제주 개발의 중요한 과제이다.

낙 조 : 아름다운 낙조(落照). 제주 해역은 중국에서의 황사바람이 부는 4∼5월을 빼고는 늘 청정한 공기를 마실 수 있고 그래서 일출과 일몰의 태양은 더욱 크고 아름답게 보인다.

● 해안절경

대포리 절벽 : 서귀포시 중문동 대포리 앞 바닷가의 해안 절경.

용두암 : 용이 하늘로 승천하는 형상과 닮았다 하여 용두암(龍頭岩)이라 부른다. 용이 입을 따악 벌리고 서쪽 바다로 지는 태양을 여의주 삼아 입에 물려는 모습. 제주시 용담동에 소재하고 있다.

● 한라산과 오름

한라산의 기상 변화〔사진上下〕: 한라산이 맑은 날씨를 보이는 것은 일년 중 30일 정도로 기상 변화가 극심하다. 따라서 짧은 일정으로 제주도를 여행하는 사람이 한라산을 멀리서나마 뚜렷하게 볼 수 있다면 상당한 행운이라 하겠다. 특히나 한라산 정상은 계절의 구별 없이 시시때때로 구름과 안개가 낀다. 봄철의 한라산 정상(사진上)과 겨울의 한라 정상(사진下).

한라산의 눈꽃 : 나뭇가지에 내린 눈발은 마치 하얀 꽃처럼 가지에 매달려 있으므로 우리 선조들은 「눈꽃」, 또는 「설화(雪花)」라고 운치있게 이름지었다. 한라산의 눈꽃은 설악산이나 지리산의 눈꽃보다 훨씬 부드럽고 포근한 느낌을 준다. 제주도의 따뜻한 기후 때문이라는 설이 유력하다.

갈대밭 : 한라산 중산간 지대에는 갈대밭이 넓게 펼쳐져 있다. 가을이 깊어지면 소슬한 바람에 갈대가 너울거리고 갈대밭 너머 밋밋하게 뻗어내린 '오름'(봉우리의 제주 방언)의 능선이 마치 옷섶 사이로 살짝 보이는 여인의 젖가슴처럼 수줍어 발갛게 물드는 것 같다.

● 횡단도로의 숲터널

한라산 횡단도로[사진上下] : 한라산을 가로질러 산남과 산북을 연결해주는 횡단도로는 계절뿐만 아니라 시간과 고도에 따라 다양하면서 환상적인 분위기를 연출한다. 봄·여름이면 횡단도로 곳곳에 녹색의 터널을 이루고(사진上), 가을에는 군데군데 붉게 물든 단풍이 시선을 끈다. (사진下)

● 젖소 / 노루

목장의 젖소 : 한라산 중산간지대에는 광활하지는 못하지만 군데군데 목장이 있다. 사진은 목장의 젖소들. 목장 주위의 방풍림(防風林)이 이채롭다.

야생노루 : 한라산과 그 기생화산들은 대부분의 능선이 완만한 경사를 이루면서 둥그스럼한 곡선을 그려 산세(山勢)가 어질다고 표현한다. 그래서 제주도에는 예로부터 호랑이와 같은 맹수가 없고 노루와 같은 어진 산짐승만 있다고 전해온다. 사진은 한라산에 서식하는 야생 노루.

● 문주란 / 설록차밭 / 감귤

문주란 : 천연기념물 182−3호로 지정 보호되고 있는 토끼섬의 문주란(文珠蘭) 자생지.

설록차밭 : 설록차 밭의 작업 광경.

감 귤 : 제주의 대표적 과실인 감귤이 황금빛으로 물든 채 가지마다 탐스럽게 달려 있고 그 사이로 눈 쌓인 한라산이 아스라하게 보인다.

● 동백 / 유채 / 철쭉

동 백 : 눈 속에 피어난 동백꽃이 척박한 자연환경 속에서도 억척같이 살아가는 제주인의 기상을 말해준다.

층계밭의 유채꽃 : 제주도는 지형상 층계밭이 많다. 봄이면 층계밭 가득히 노란 유채꽃으로 물들어간다.

철쭉꽃 : 노란 유채꽃과 더불어 짙은 분홍색의 철쭉은 봄철의 제주도를 상징하는 대표적인 꽃이다. 한라산 능선마다 무더기 무더기로 피어난 철쭉꽃.

● 제주의 레저생활

↑ 승 마

← 경　마 : 제주도 조랑말 경주 모습.

낚 시 : 계절의 구별 없이 바다낚시를
즐길 수 있다.

← 등　반 : 겨울의 한라산 등반.

● 돌하르방 / 방사탑

✽ 제주목(제주시) 돌하르방　　✽ 정의현(성읍) 돌하르방　　✽ 대정현(대정) 돌하르방

돌하르방 : 조선시대 제주도의 행정구역은 한라산 북쪽이 제주목, 남쪽은 동서로 나누어 동쪽은
정의현, 서쪽은 대정현이라 했다. 삼읍의 돌하르방 형상이 모두 다름을 알 수 있다. (p.206 참조)

방사탑 : 터진 방위에서 오는 액운을 막기 위해 쌓은 방사탑(防邪塔). (p.141 참조)

● 물허벅

물　팡 : 물허벅(물항아리)이 물구덕(물허벅을 담는 바구니)에 담겨져 「물팡」(물허벅을 엎어두는 곳) 위에 놓여져 있는 모습.

등에 지는 물허벅 : 제주도는 돌이 많아 자칫하면 넘어질 우려가 있기 때문에 물을 머리에 이지 않고 등에 짊어져서 나른다.

물허벅의 여인상 : 물허벅을 짊어진 여인상은 제주여성의 상징이 되어 곳곳에 조각품으로 세워져 있다.

● 농기구 / 해녀용구

농기구는 돌이 많은 제주도의 척박한 토질에 알맞게 육지부에 비해 끝이 뾰죽한 특징을 가지고 있다. 해녀용구 역시 제주도의 연근해 바다 속에서 작업하기에 편리한 형태로 만들어졌다.

➡ 따 비 : 땅을 개간하는데 사용하는 쌍따비와 외따비.

⬇ 골갱이 : 돌이 많은 제주도에서는 골갱이(호미)가 육지와 달리 끝이 뾰족하게 되어 있다.

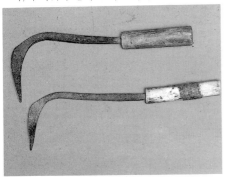

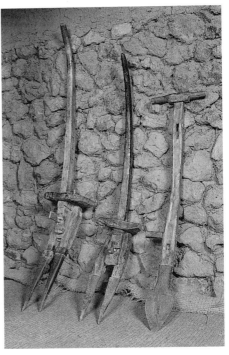

남태 · 돌태 : 사람이나 말이 끌어 밭을 다지는 농기구인 남태(사진左)와 돌태(사진右).

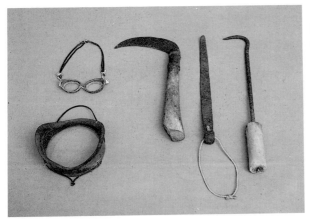

해녀들이 사용하는 도구들 : 물안경, 바닷말을 캐는 호미(낫), 전복을 따는 빗창, 문어 잡는데 쓰는 갈쿠리.

● 범섬 / 삼사석 / 항파두리 토성

↑ **삼사석(三射石)** : 고·양·부씨가 거처를 정하기 위해 활을 쏘았는데 화살에 맞은 돌을 보관한 삼사석. (p.155 참조)

← **설문대 할망이 뚫은 구멍** : 범섬에 뚫린 해식동굴. 제주도를 만들었다는 여신(女神)인 설문대 할망이 한라산을 베개 삼아 누울 때 뻗은 발이 뚫어놓은 것이라는 전설이 있다.

항파두리 토성 : 고려시대 진도를 거쳐 제주에 온 삼별초군이 몽고와 대항하여 최후까지 항쟁을 벌인 항파두성의 토성. (p.220 참조)

● 산방굴사 / 만덕비 / 추사적거지

← 산방굴사 : 산방덕의 전설로 유명한 산방산 중턱의 천연동굴 안의 절. (p.228 참조)
↓ 김만덕의 묘 : 탐라 삼기(三奇)로 조선 정조시기아로 허덕이는 제주도민을 구휼한 김만덕의 묘. (p.178 참조)

은광연세(恩光衍世) : 은혜의 빛이 온 세상에 번진다는 뜻으로 추사가 김만덕의 선행을 듣고 감동하여 써 준 글을 음각해 놓았다. 제주시내 모충사에 있다.

추사적거지 : 추사 김정희가 약 9년간 적거했던 집을 고증에 따라 복원해 놓은 추사적거지. (p.183, 229 참조)

● 일출봉 일군동굴(日軍洞窟) / 백조일손지지(百祖一孫之地)

일출봉의 인공동굴 : 빼어난 경관의 성산 일출봉 암벽에는 여러개의 굴들이 있다(사진下).

천연동굴처럼 보이지만 일제가 조선인을 동원하여 파놓은 인공동굴로 어뢰정의 발진지로 이용됐다. 굴의 내부는 모두 연결되어 있으며 현재는 해녀들의 작업공간으로 이용되기도 한다.(사진上)

백조일손지지(百祖一孫之地) : 백 할아버지에 한 자손이란 뜻으로 이런 이름이 붙여진 곳. 관광제주의 이미지와 극단적으로 대비되는 제주도 4·3사건의 단편적인 현장이다.(p.189 참조)

● 목석원 / 조각공원 조각품

목석원 : 자연석과 조록나무 뿌리들로 갖가지 기묘한 형상을 전시해 놓은 목석원. (p.227 참조)

신천지미술관 야외전시장의 조각품.

신천지미술관 야외전시장의 조각품.

제주조각공원의 조각품.

● 관덕정 / 도깨비도로

관덕정 : 세종 30년(1448년)에 창건된 관덕정(觀德亭). 보물 제322호로, 들보에는 작자 미상의 그림이 그려져 있다.

도깨비도로 : 시동을 끈 차가 경사진 오르막을 저절로 올라가므로 '도깨비도로'란 별명이 붙여졌다. 신기한 듯 차에서 내려도 보고 사진을 찍는 모습도 보인다. (p.230 참조)

오해받는 섬, 제주….

제주도에 감수꽈?

전연술 지음

신라출판사

제주도에는 언어, 풍속, 습관, 기타에 있어서 고래(古來)로 육지와는 상이하다고 하여 왔지만 자세히 살펴보면 한국의 옛날 모습 내지 진정한 모습을 말해주는 자료가 많다. 진정한 한국의 자태를 찾으려면 제주도에서 그 자료를 많이 구할 수가 있겠다. …(중략)… 이도(離島) 후 4년 만에 다시 와보니 해방과 38선 관계로 육지인들의 입도(入島)와 소위 육지 문화의 침윤(浸潤)으로 제주도의 특이성이 없어져 감을 느낀다.

그것도 필연적 현상이기는 하나 하루바삐 한국의 식자(識者)들은 금조각 같은 제주도의 자료를 수집하여 계통을 세우려고 노력해야겠고 제주도민 일반도 많이 성원해 주셔야겠다.

— 나비박사 석주명 著 「제주도의 자료집」 서문 中 —

내가 그곳을 도둑처럼 떠났을 때, 또다시 내가 서울의 한군데에 내던져졌을 때부터 제주도는 나의 형이상학처럼 나 자신을 사로잡았다. 그리하여 나는 요즘까지도, 아니 언제까지라도 '제주도…'라는 말만 들어도 그것이 하나의 신앙적 대상이 되어버리고 마는 것이다.

— 시인 고은 著 「제주도」의 서문 中 —

머 리 말

제주도(濟州道).

내가 정태춘씨의 노랫말 가운데 있는 '서울이라는 아주 낯선 이름'의 도시를 떠나 제주도에 첫발을 내디딘 것은 정확히 말해 올림픽 열기로 가득했던 해의 11월 4일이었다.

당시 부산에서 유성호라는 통통배를 타고 출발했는데 제주도의 서귀포항에 도착한 후 시계를 보니 무려 열 다섯 시간의 긴 항해 거리였다. 스물 일곱의 나이에 출가(出家)란 불교적 용어를 거꾸로 해석하고 집과 직장과 그밖의 소중한 것들을 뒤로한 채 많은 곳 중에서 왜 제주도를 찾았던 것이었을까?

이제 와서 그 동기를 생각해보면 대부분 육지 사람들의 마음 속에 새겨졌던 '환상의 섬'이라는 매력적 분위기와 함께 몇몇 현실도피자들이 그러하듯 '내가 누군지 아무도 모르는 곳'이라는 은밀함 때문인 듯 싶다.

여하간 뚜렷한 방문 목적이 없이 찾아든 이방인에게 제주도는 먼저 맑은 공기와 깨끗한 거리, 그리고 열대 식물과 돌담의 이국적인 정취를 흠뻑 가져다 주었으며 도시인은 그 이상 제주도의 어떤 특이함을 발견치 못하고 생활을 시작했다.

기껏해야 제주도 방언이 존재한다는 것과 쓰이고 있다는 것 정도 밖에 알지를 못했던 것이다.

그러나 시간이 지나 몇몇 제주인을 친구로 사귀고 제주도에 관련된 책을 읽으면서 뭔가 육지와는 다른 제주도의 독특함을 느끼기 시작했고 어느덧 자신도 모르게 빠져들어 '제주도 증후군'이라는 증상을 가지게 되었으니 그것은 제주도에 대한 일종의 끊임없는 관심과 의문이라고 할 수 있을 것이다.

물론 초기에는 변덕스러운 날씨와 알아 듣기 어려운 사투리, 외지인에 대한 배타적인 자세 등으로 그곳 기온만큼 따뜻한 정(情)을 느끼지 못했었다. 심지어 일본의 '스모'라는 씨름을 제주도에 빗대어 '역시 섬에 불과하다'는 좋지 못한 감정을 가졌던 것도 사실이다. 결국 상반된 주관은 제주도의 지난 역사와 언어 특징 및 문화 전통을 어느 정도 알고 이해하느냐에 따라 나타난 사고의 부산물이 아니었을까?

제주도.

국민 학교 시절 사회시간에 플라스틱으로 모형이 떠진 토끼 모양의 반도땅을 공책에 대어 그리고 제주도는 아무 위치에나 적당한 크기와 형상으로 그려 넣었던 것이 기억난다. 그런데 어릴 때 관심 밖이었던 그 작은 섬이 이제는 한 해에 수백만명의 육지 사람들이 찾는 천혜의 관광지이자 신혼 부부에게는 영원한 사랑을 맹세하는 약속의 땅이 되었다.

또한 불효 막심한 사람들에 의해 혹간 고려장(高麗葬)의 장소가 되기도 하지만 노부모에게는 살아생전 마지막으로 효도를 할 수 있는 정성어린 곳이기도 하다.

그러나 방문자의 입장에서 본다면 머무는 기간이 평균 3, 4일을 넘기지 못하는 단기성 체류지이며 특별히 연고지가 있거나 연구 목적을 띤 사람을 제외하면 두 번 이상 찾기가 매우 어렵다는 지역적 특징을 가지고 있다.

8개월의 체류에도 제주도의 실체에 대해 장님 문고리 만지는 식이었던 나는 이전에 제주도를 다녀왔던 사람들에게 어느 정도 이곳을 알고 있는지 질문을 해보았다.

생각대로 질문 횟수만큼이나 실망도 많았는데 그들을 탓할 수만 없었던 것은 3박 4일은 관광지만 둘러 보기에도 절대 부족한 시간이기 때문이다. 그러므로 제주도를 처음 찾는 사람에게 "제주도의 역사와 문화, 언어를 알고자 하고 이해하게 되면 이곳은 정말 살기 좋습니다. 사람들도 좋고요"라는 제주인의 얘기 역시 관심을 충족시켜 주는 데에는 한계가 있어 보였다.

이해를 하기 위해서는 다가서는 관심과 더불어 이해를 돕는 배려 또한 필요하다. 그러나 관심과 배려라는 쌍방간의 노력에도 불구하고 제주도를 어느 정도 알게 되어 고개를 끄덕이는 시점까지는 실로 긴 시간이 필요한데 이는 이곳에 직접 살아보지 않고서는 공감하기 어려운 제주만의 역사와 독특한 풍습 및 언어가 있고 그와 더불어 다양함이라는 복병이 있기 때문이다.

따라서 이러한 장벽으로 인해 나타나는 시각차를 좁혀보기 위해 제주도를 찾는 사람과 이미 다녀온 사람들에게 꼭 알려주고 싶은 제주의 지난 역사와 여러 가지 특징을 관광과 더불어 적은 것이 이 책이다.

제주도에서 올라온 후 몇몇 친구들과 신혼 여행을 가려는 사람들이 그곳에 대해 얘기해 달라고 한 적이 있었다. 과연 어디서부터 어떻게 말을 시작해야 할지 막막해서 제대로 설명을 못 해 주었는데 미흡하나마 이 책이 그 답변이 될 수 있을 것 같다.

단지 짧은 기행(紀行)과 자료의 수집에 의한 모자이크된 기록일지 모르나 이 책이 무의식적으로 제주도를 찾는 사람들에게 관광을 위한 약간의 편의와 우리 역사의 일부분으로서 제주도에 대한 관심을 불러 일으키는 데 적게나마 도움이 된다면 이에 만족하고 싶다. 제주도가 고향도 아니요, 연고지도 없는 육지인이라 말못할 어려움도 있었지만 제주인의 많은 관심과 도움에 그저 감사, 감사할 따름이다.

1993년
전연술 드림

—— 차　　례 ——

✳ 사진으로 보는 제주도 ✳

제 1 장

제주도의 특이한 풍습 및 관례

해외 여행 자유화와 생활 수준의 향상, 그리고 뭔가 남다른 신혼 여행을 즐기려는 취향으로 해외(海外)쪽을 밀월지로 선택하는 사람들이 늘어나고 있다. 그러나 아직도 많은 사람들이 제주도를 찾고 있으며 통계에 의하면 육지에서 결혼한 신혼 부부의 약 70% 정도가 이곳을 선택한다고 한다.

천국은 너무나 좋기 때문에 한번 가면 다시 못 온다고 하지만 신혼 부부의 천국이라는 제주도는 동일한 여행 목적만 빼면 두 번 이상 가기에도 만족할 만한 곳인 듯 싶다. 먼저 제주도를 소개하기에 앞서 육지와 비교해 매우 특이하다고 볼 수 있는 제주도의 신구간(新舊間)과 결혼풍속, 그리고 가족제도와 제사의식 등에 대해서 알아 보기로 하겠다.

이들 풍속은 제주도로 이주해 온 사람들이 가장 먼저 생소하게 부딪히는 것이며 제주도에 장기간 체류를 함으로써만이 발견될 수 있으므로 짧은 일정의 관광객에게 도움이 될 것이다. 육지 풍토에서의 고정화된 선입관과 제주 방언의 어려움에 이은 풍속의 차이는 제주도를 알아가는 과정에서 발견되는 가장 큰 장애 요인인데 처음 대하면 이상하고 흥미로우며 또한 쉽게 이해하기 어려울 것이다.

1. 이사는 일년 중 7일 동안에만 ─신구간 풍습─

제주도에서는 이사를 하거나 방을 구하려 해도 타지역과 달리 아무 때나 마음대로 하기가 용이하지 않다. 왜냐하면 일년 중 이사하는 기간이 정해져 있기 때문인데, 이곳에서는 이 기간을 일컬어 **신구간**(新舊間)이라 한다.

이로 인한 많은 폐단으로 최근에는 제주 언론에서조차 이를 나쁜 폐습으로 규정지어 없어져야 한다고 홍보하고 있지만 아직도 이 전통은 꾸준히 지켜져 내려오고 있다. 이 신구간은 대한(大寒) 후 5일에서 입춘(入春) 전 3일까지의 약 7일간을 뜻한다.(절기로 볼 때 대한과 입춘 사이는 15일이며 대략 이 사이 일주일 정도가 신구간에 해당된다. 양력으로는 1월 하순쯤이다.)

제주에는 조왕신(竈王神 : 부엌신), 문전신(門前神 : 문을 다스리는 신), 토신(土神) 등을 비롯해 무려 1만 8천 신(神)이 있는데 신구간 중에는 이러한 모든 신들이 하늘에 올라가 옥황상제에게 일년간 제각기 맡았던 소관업무를 보고하며 그 공적에 따라 새로운 곳으로 발령을 받는다고 한다. 즉, 신관(新官)과 구관(舊官)이 교체되는 기간이므로 제주도민은 이들 여러 신들의 교체기간, 즉 인간 세계를 보살필 겨를이 없는 바쁜 틈을 타서 가옥을 고치기도하고 이사도 한다는 것이다.

만약 이 기간이 아닌 평상시에 그런 일을 저질렀다가는 동티(土神의 성냄으로 인한 재앙)가 나서 신체의 여러 부분에 아픈 증상이 나타나며 심지어 **심방**(무당)을 부를 사이도 없이 죽는다는 믿음이 과거 제주도민의 의식 속에는 뿌리를 내리고 있었다. 따라서 이사는 물론 울타리를 고치는 일조차 꺼렸다. 특히 음력 6월은 '불6월엔 아자난 방석도 곷지 아니한다(무더운 6월에는 앉았던 방석도 옮기지 아니한다는 뜻)'고 할 정도로 이사의 행위를 철저히 금기로 여겼는데 지금도 웬만한 사람들은 이를 지킨다고 한다. 부득이 신구간이 아닌 때에 이사를 하거나 가옥을 고치려면 별도로 토신제(土神祭)를 지내야 했으나 신구간 만은 이러한 절차가 없이도 자유롭게 이사가 가능한 것이다.

한편 자유롭게 이사가 가능한 이 신구간에도 한 가지 조심해야 할 것이 있는데 그것은 이사할 곳의 방위(方位)를 꼭 봐야 한다는 속신이다. 따라서 이사철이 다가오면 사람들은 정시(택일, 집터, 묘자리 등을 보며 풍수지리에 능한 사람)를 찾아가 이사할 곳의 방위를 본다. 방위에는 '해삼살이 방위'와 '명삼살이 방위'가 있으며 그중 명삼살이 방위는 종신 막혀 있는 방위를 가르키는데 이 때는 돌아서 가는 방법으로 해결을 한다. 즉, 남쪽이 명삼살이 방위이면 대주(大主 : 집주인)가 남쪽을 제외한 기타 지역에서 며칠 묵은 후 이사를 가면 이 방위에 저촉을 받지 않는다고 한다.

이사를 할 때 가장 먼저 옮겨야 하는 긴요한 물품으로는 화롯불, 체, 푸는체 (키), 솥단지(솥과 단지), 이불 등이 있는데 육지와 마찬가지로 오래 전에는 불씨가 가장 중요했으므로 노년층에서는 화롯불을 들고 있으나 대개는 먹고 덮는 것이 급선무이므로 솥단지와 이불을 꼽고 있다. 재미있는 것은 이러한 물건을 먼저 옮겨버리면 이사는 다 된 것이나 다름없고 나머지 물건들은 신구간이 지난 다음에 옮겨도 상관이 없다는 것이다. 만약 이사를 갔는데 상대방이 미처 준비가 안되었으면 먼저 솥단지를 들여놓고 상대방의 솥단지를 밖으로 내어놓으면 이사는 다된 것이며 이런 관행은 돗통시(과거 제주도의 돼지우리 겸 재래식 변소) 등을 고칠 경우도 비슷해 신구간 때 적당히 돌 몇 개만 옮겨놓으면 그 이후 아무 때나 수리를 할 수 있었다.

이러한 신구간 풍속의 기원은 과연 어디에서 온 것일까?

대부분의 학자들은 농경문화에서 그 뿌리를 찾고 있다. 예로부터 새철드는 날 (입춘)은 농경 사회에 있어 새로운 1년의 생활이 시작되는 중요한 날이요 또한 대한과 입춘 사이는 농한기에 해당하므로 이렇게 일손이 한가할 때 집수리도 하고 이사도 해야 바쁜 농사철에 일손을 뺏기지 않는다는 것이다.

물론 육지부에서도 이사할 곳의 방위와 택일(손 없는 날)의 풍속은 아직도 남아 있지만 일년 중 특정한 기간을 정하지는 않았으니 같은 농경사회라도 유독 제주에만 있다는 것은 매우 특이한 예일 것이다.

시대는 변하여 현재 제주도의 젊은 세대층은 대부분이 신구간을 지킬 필요가 없다는 반응이며 풍속은 생활의 편리에 따라 변모하므로 이제는 노년층에서도 크게 구애받지 않고 있다. 그러나 의식은 그렇다 할지라도 건물 임대계약이 신구간을 기준으로 1년 또는 2년 등과 같이 정해져 왔으며 이사라는 것은 상호 연관된 연쇄반응이므로 어느 한쪽이 거부하게 되면 전체적으로 성립될 수 없는 특징을 가지고 있다(제주에는 월세나 전세집은 거의 없고 대부분이 '죽을세'인데 이는 월세의 일년치를 한꺼번에 내는 것과 같다. 최근에는 전세금 얼마에 죽을세 얼마등과 같은 혼합형이 등장하고 있기도 한데 이러한 계약은 모두 신구간을 기준으로 한다. 따라서 '90년 8월에 집을 구하려면 '91년 신구간이나 '92년 신구간 등과 같이 신구간에 맞추어 계약을 해야 한다).

더구나 제주도는 아무리 먼 곳으로 직장이 옮겨져도 1시간 정도면 충분히 도착할 수 있을 정도의 면적과 도로망을 갖추고 있으므로 제 때에 이사하지 못해서 겪는 불편이 육지처럼 크지 않다.

따라서 추운 겨울 날씨에 이사하는 괴로움, 전화 이설의 폭주로 인한 혼잡, 많은 쓰레기 발생, 한꺼번에 집을 옮기기에 집세가 올라 셋방살이 하는 사람들의 과중한 부담 등 여러가지 문제에도 불구하고 이 신구간은 쉽게 고칠 수 없는 제주만의 풍속이 되어버렸다.

사고의 현대화가 이사의 특징인 연쇄반응과 계약의무에 밀려 어쩔 수 없이 구습(舊習)을 따라야 하는 현실과 "신구간만 되면 날씨 잘도(아주) 추운 거 닮아(같아)"라는 이곳 사람들의 말 속에서 실질적인 불편을 상상해 보았지만 결국 이러한 것들은 웬만한 제주도 사람이라도 감수할 수 있을 정도의 불편인 것이다.

관광오는 사람이야 좋은 숙박시설에서 묵게 되고 제주도에서 뭔가를 해보려고 내려오는 육지인들도 처음 며칠은 이들 숙소를 이용하므로 전혀 알지 못하지만 자신이 생활하기 위한 공간을 찾는 순간부터 비로소 제주도에 '신구간'이란 이사 풍속이 있음을 알게 된다. 제주시 지역은 도시화 되었기 때문에 그렇지 않겠지 라고 생각하다간 그 사람은 일년내내 여관 신세를 져야 할지도 모를 일이다.

2. 결혼식 전날이 최대 잔치날 —결혼 풍속—

제주에 머물면서 과연 제주인은 결혼식을 어떻게 올리고 어디로 신혼 여행을 가는지에 대해 자못 궁금해 한 때가 있었다. 결론부터 얘기하면 제주 부부들은 육지(서울, 경주, 설악산, 부산 등)로 신혼 여행을 떠난다. 그렇게 좋은 곳을 두고 왜 제주를 떠나느냐는 말을 해봄직하지만 관광지에 대해 귀에 못이 박히도록 들어온 그들로서는 육지인이 느끼는 감정과 많은 차이가 있다.

인간에겐 어디론가 미지의 곳으로 떠나고 싶은 본능을 가지고 있으며 그럼으로써 관광이 생겨났다는 말은 그런 의문에 대해 적절한 답변이 될 수 있을 것 같다. 그런데 제주도의 결혼 과정을 보면 육지와 특이한 점이 너무도 많이 발견된다. 물론 시대에 따라 많은 변화가 있어왔고 지역에 따라서도 조금씩의 차이가 있으므로 여기서는 제주의 신식화된 결혼풍속에 대해 간략히 소개하기로 하겠다.

이곳에서의 결혼은 대부분이 겨울과 봄 사이(12월~2월)에 치뤄지는데 여름철은 농사일로 바쁜 계절이고 음식이 상할 염려가 있으나 12월과 2월 사이는 농한기이자 음식이 상할 염려가 없기 때문이라 한다. 특히 이사가 가능한 신구간(新舊間)은 대개 양력 1월말 쯤 있으므로 통계상으로 보면 추운 1월달에 올리는 결혼식이 가장 많다. 대부분 봄과 가을에 혼례를 치르는 육지와는 정반대이다.

또한 평일에도 식을 많이 올리는데 중요한 날에는 꼭 택일하는 습속이 남아 있으므로 특정 요일에 대한 지배를 받지 않으며 결혼식 날짜와 시간은 **정시**(풍수지리에 능한 사람)가 정해준 대로 따른다. 예식장이 육지처럼 붐비지 않을 뿐 아니라 요일도 분산되어 있으므로 예식시간을 정해주지 않고 결혼 당사자가 몇 시에 식을 올리겠다고 주문하면 그대로 될 수 있다.

중매인(과거에는 여자는 될 수 없었다고 함)에 의해 혼사가 추진되면 먼저 신부측 사주(四柱)가 신랑댁으로 전해지고(육지의 경우는 신랑측 사주가 신부측으로 전해짐) 남자의 부친은 신부측 집안을 찾아가 결혼일에 대한 대체적인 의논을 하며 여기서 합의가 이루어지면 다시 **정시**에게 가서 혼인날짜를 받는다. 이리하여 택일이 되면 남자의 부친은 **막편지**(마지막 편지란 뜻으로 양가의 맺어짐을 기뻐하며 결혼 날짜와 시간 등을 적은 일종의 약혼서식)를 가지고 신부측 집안을 찾아가며 이때부터 비로소 사돈으로서의 예우를 갖추기 시작한다. (막편지는 요즘에 와서 간혹 생략되기도 한다.)

한편 신랑과 신부는 결혼 날짜가 정해지면 절친한 친구 중 한 사람씩을 각각 **부신랑, 부신부**로 정하는데(기혼자도 될 수 있다) 이들은 신랑 신부가 신혼여행을 떠나기 전까지의 모든 잡무를 도와주는 일종의 비서 역할을 수행한다. 특히 부신랑은 결혼 일정의 총괄적인 진행을 책임지게 되는데 잘해야 본전이라는 그들의 경험담이 말해 주듯이 쉬운일은 아니다. 사교성도 좋아야하고 술도 잘 마실 줄 아는 것이 부신랑이 갖춰야 할 조건에 포함되며 부신부도 사교성이 좋아야 결혼식이 재미있고 원활하게 끝날 수 있다.

1) 돗(돼지) 잡는 날=결혼식 이틀 전

돗잡는 날이라 하여 양가에서는 따로 돗(돼지)을 잡는다. 제주도에서는 결혼 피로연에 반드시 돼지고기를 사용하기 때문에 혼례 2,3년 전부터 돼지를 기르는 게 관례였다 한다. 지금은 돼지를 직접 사육하는 집이 거의 없으므로 양돈하는 곳에서 돼지를 사서 쓴다.

보통 5~7 마리의 돼지를 잡으므로 동네 사람들과 많은 친지, 친구들이 모여들어서 남자는 돼지를 잡고 여자들은 음식 장만을 시작한다. 대부분의 음식은 이날 모두 만들어진다.

2) 가문잔치날=결혼식 전날

전날 마련된 음식을 친지와 하객들에게 접대하는 날로 결혼 당일보다 이날에 더 축하객이 많고 분주하다. 대부분의 부조도 이때 하며 결혼식에 참가하지 못하는 마을 주민들도 이날만은 꼭 찾아와 축하와 함께 부조를 한다. 이때 신랑과 신부측에서 마련한 음식을 대접받으므로 하객들은 이날이 되면 '잔치 먹으레(러) 간다' 또는 '먹을 일 있다'라고 표현을 한다.

이날은 마을 사람들과 친지들 및 결혼 당사자의 직장동료, 친구들이 연이어 오므로 오전부터 밤 늦게까지 하객들의 음식 접대에 정신이 없으며 대개 남자들은 전날 잡은 돼지고기를 썰고 여자들은 음식을 나르고 설겆이 등을 하는데 하객이 많이 몰릴 때는 마치 시장 장터를 방불케 한다. 워낙 많은 사람들이 찾아오므로 이날은 동네 사람들이 여럿 모여서 바쁜 일손을 도와준다.

또한 웬만한 규모의 집에서도 이들 하객들을 다 수용하기 어려운데 이 때는 이웃에서 자진하여 자신들의 집을 하객의 접대장소로 선선히 제공해주므로 훈훈한 상부상조의 미덕을 엿볼 수 있다.

이날을 가리켜 특히 '**가문잔치날**'이라 하는 것은 성편(부계 : 父系)과 외편(모계 : 母系) 친지들이 모두 모이기 때문이며 이렇게 모인 친지들은 함께 어울려 주연(酒宴)을 베풀면서 다음날 신부집으로 함이 들어가는데 있어 예(禮)에 어긋남이 없는지를 비롯해 전체적인 결혼일정을 검토한다.

　제주도의 결혼 풍속에 대해 자세히 모르는 육지 사람일지라도 이날 한번 초대되면 '육지에 비해 상당히 성대하게 치뤄진다'라는 말을 이구동성으로 하는데 제사나 기타 명절에 비해 가장 많은 친지들이 모이는 이날은 제주도민에게 있어 최대행사에 속한다. 이렇듯 결혼식 전날에 하객들의 접대를 하고, 이것이 피로연에 가름되므로 제주도에서는 육지처럼 예식이 끝난 후 식장이나 근처에 마련된 식당에서의 피로연은 없다. 이러한 관행을 몰랐을 때 약간 안면이 있던 제주도 사람의 결혼식 날 부조를 했던 나로서는 결국 아침과 더불어 점심도 굶는 이상한 하객이 되어버렸다. 당시 몹시 섭섭한 감정이 들었는데 다음번 친구의 결혼식에는 바로 이 가문잔치날 참석했기 때문에 하객으로서의 대접을 톡톡히 받았던 일이 기억난다.

　한편 저녁 무렵이 되면 신랑측 일행(신랑, 부신랑, 신랑 친구)은 모두 신부집으로 가서 음식을 대접받는다. 이때 돼지고기를 써는 사람을 도감이라 한다. 제주도에서는 결혼식은 물론이고 장례식이나 대소기(大小忌)는 반드시 돼지를 몇마리씩 잡는데, 돼지고기를 썰고 손님에게 분배하는 총책임자가 '도감'이다. 부신랑은 신랑으로 부터 많은 섭외비를 받았으므로 도감을 비롯하여 신부측에서 일하는 사람들에게 적당한 사례를 하게 된다.

　신랑 친구들(7,8인 정도)과 신부 친구들(역시 7,8인 정도로 대략 인원수를 맞춤)은 이때 1차 대면을 하며 어느정도의 교분을 쌓으면서 즐거운 시간을 갖는다. 이후 신랑측 일행은 다시 신랑집으로 와서 약간의 도박성이 가미된 제주도 전통 윷놀이(종지윷)를 하며 밤새도록 논다.

　이날 부신랑은 신부측 집에 갔을 때 부모님께 결혼식 당일의 일정(함이 들어오는 시간 및 오는 사람들, 예식장으로의 출발시간 등)을 자세히 알려주며 여러 대의 차로 사돈과 하객들을 수송하는 일체의 책임을 부신랑이 맡아야 하므로 부신랑의 능력은 이 일정을 어떻게 잘 맞추어 하객들의 불편을 최소한으로 줄이느냐에 따라 판가름난다.

3) 폐백실이 없는 예식장＝결혼식 당일

　이날 아침이 되면 신랑은 신랑 부친이 신부 부친에게 보내는 편지 형식의 **예장**(禮狀)이라는 것을 직접 써서 신부집에 가지고 간다. 이 예장은 결혼에 있어 매우 중요한 문서로 인식되었으므로 신부의 부친이 오랫동안 보관하였다. 만약 신부가 도망가버리면 신랑이 가서 예장을 찾아오기도 하고 신랑이 이혼을 원할 때는 예장을 돌려달라는 말로 대신하기도 하였다.

이처럼 중요한 의미를 가지고 있으므로 함과 함께 도착한 예장은 신부의 부친이 읽어본 후 문구가 잘못되었으면 퇴짜를 놓아 다시 쓰도록 하는 일도 있었다고 한다. 앞서 '막편지'의 경우는 생략되는 일이 있으나 이 예장만은 지금도 절대 생략될 수 없는 것으로 대략 그 서식은 아래와 같다.

> 時維孟春 / 尊體百福 伏之(長)子 (洪吉童) / 年旣長成未有伉儷 伏蒙尊玆許以 / 令愛晩室 玆有先人之禮 / 謹行納幣之儀 不備伏惟 / 尊照 上狀 / (一九九二)年 (三)月 (三)日 / (本貫)后人 (洪判南)謹拜(때는 봄이 무르익은 계절이온데 / 존체백복하십니까? 저의 (큰)아들 (홍길동)이 / 이미 성장하였으나 배필이 없던 바 높이 사랑하심을 얻어 / 귀중한 따님을 허락하시니 이에 선인의 예에 따라 / 갖추지는 못하였으나 삼가 납폐하는 의식을 행하오니 / 살펴주시옵소서 / (1992년)년 (3)월 (3)일 / (본관) 후인 (홍판남) 드림)　　　　　　──사례편람(四禮便覽) 중에서──

이어서 신랑의 아침 식사가 끝나면 간단한 '차례제'를 지낸다. 이는 자손이 결혼하므로 삼가 조상님께 아뢴다는 뜻으로 이미 마련된 음식으로 상차림을 하고는 신랑이 일배(一杯) 올리는 정도의 절차이다. 이는 신부집에서도 마찬가지로 행해진다.

예장이 마련되고 차례제가 끝나면 예장을 **홍세함**(어린아기의 기저귀감이 될만한 무명천을 넣은 것으로 육지의 '함'과는 차이가 있다)에 함께 넣어 신랑의 가까운 친척(친형이 되기도 함)이 들고 신부집으로 간다. 신부집에는 신랑과, 부신랑 및 신랑의 가까운 친척(대개 외가와 친가에서 한명씩을 정함)이 동행해서 간다.

육지에서는 결혼식 전날에 함이 들어가고 대개 가장 최근에 결혼한 신랑의 친구가 함진아비가 되지만, 제주에서는 결혼식 당일날 아침에 함이 들어가고 함진아비도 신랑의 친척이나 친형이 되므로 큰 차이를 보여주고 있다.

부신랑은 결혼식 전날 함이 들어오는 시간을 신부측에 알려주었으므로 신랑측 일행이 차편으로 도착할 시간이 되면 신부집에서는 함을 받을 준비가 되어 있다. 또 하나 육지와의 큰 차이는 함이 들어갈 때 함을 사라고 온 동네가 떠나가게 실랑이를 벌이는 일이 없이 너무도 간단하게 곧장 신부집으로 들어간다는 점이다.

먼저 함진아비가 신부측 마당으로 들어서면 홍세함은 **상방**(마루)에 마련된 제상(祭床)에 올려지며 신부 부친은 예장을 검토한다. 예장에 이상이 없음이 확인되면 비로소 신랑을 비롯한 친구들과 친지들이 집안으로 들어설 수 있다. 이러한 절차가 끝나면 신랑과 함께 온 친척들은 안내를 받아 간단히 음식을 대접 받으면서 신부의 부모 및 친지들과 인사를 나눈다.

신랑 친구들과 미리와 있던 신부 친구들도 따로 음식을 대접받는다. 이때 음식을 대접하는 사람을 이곳에서는 '**중방**'이라 한다. 또한 이 무렵 신랑, 신부의 친구들간에는 육지에서 신부 친구들이 신랑 친구들에게 부케(Bouquet : 꽃)나 사탕을 파는 것처럼 '**손수건 파는 시간**'이 마련된다. 이는 부신부가 신랑 친구들에게 손수건을 포함한 애교스런 선물을 나누어 주고 부신랑으로부터 손수건값을 받는 것인데, 물론 이 돈은 육지와 마찬가지로 결혼식이 끝난 후 친구들끼리의 여흥에 쓰인다.

더 많은 손수건값을 받기 위한 부신부와, 적당히 주려는 부신랑 사이에서 실랑이가 벌어지기도 하고 부신랑은 부신부에게 짖궂은 장난도 요구하지만 이는 어디까지나 악의없는 실랑이이다. 결혼식 시간이 가까워지면 부신랑은 하객들을 차에 태워 예식장으로 안내하며 친구들을 비롯해 친척들의 차편도 마련해 준다.

이제 예식장에서는 육지와 꼭 같은 절차의 신식화된 예식이 행해지고 전날(가문잔치날) 참석하지 못한 사람은 이날 신랑과 신부에게 직접 부조를 한다. 이미 전날에 큰 잔치를 벌였으므로 결혼식날은 육지처럼 많은 하객들로 붐비지는 않는다. 예식이 끝나면 부신랑은 신부측 상객(上客 : 신랑집으로 갈 사돈과 친지들이며, 신부의 모친은 포함되지 않는다)을 신랑집으로 안내해주고 신랑과 신부를 포함한 친구들은 **드라이브**를 떠난다.

드라이브는 제주도내의 해안가나 한적한 장소를 택해 비디오도 촬영하고 서로들 새로 탄생된 부부를 축하하며 즐겁게 노는 절차이다. 신랑 신부를 포함한 친구들이 드라이브를 간 동안 신랑 집에 도착한 신부측 상객들은 간단한 주연을 갖는다. 결혼식 전날은 양가에서 각각 잔치를 벌였지만 결혼 당일은 신랑집에서만 또다시 잔치를 벌인다.

드라이브를 떠난지 두어 시간 후면 신랑, 신부 및 그의 친구들이 신랑집으로 오는데 이때 양가 사돈이 정식으로 대면하여 인사를 한다. 이를 가리켜 이곳에서는 '**사돈 대우**' 또는 '**사돈열맹**'이라 하는데 신부의 인사도 이때 이루어진다. 따라서 제주도의 예식장에서는 육지와 달리 폐백실이 없다.

　이로써 결혼식 절차는 모두 끝나게 되며 신랑, 신부 친구들은 다시 모여 나이트클럽 등지에서 또 한번 즐겁게 놀고 새 부부는 제주도내의 호텔에서 첫날밤을 보낸 후 다음날 육지로 신혼여행을 떠난다. 아니면 결혼식 당일 떠나기도 하는데 3분의 2정도가 결혼식 다음날 신혼여행을 떠난다고 한다.

　이상이 제주도의 신식화된 결혼 과정으로서 예식장에서 올리는 예식의 절차만 빼면 모두 구식처럼 이루어진다. 솔직이 말해 제주도의 결혼식 과정은 이보다 훨씬 복잡하고 육지와 다른점이 너무나 많아 자세히 설명하기가 매우 어렵다. 우선 개념적인 것을 알아야 하는데 지금까지 서술된 막편지, 예장, 차례제, 도감, 중방, 홍세함, 정시, 가문잔치, 상객, 사돈대우, 부신랑, 부신부, 드라이브…… 등은 모두가 처음 듣는 말이므로 쉽게 설명해도 우선은 쉽게 이해되지 않을 것이다. 여하간 현재 제주도의 결혼양식을 축소해서 설명해 보았는데 좀더 광범위하게 소개하면 오히려 개념적인 혼란을 일으킬 것 같아 일부러 생략했다. 서울에서 육지 사람에게 제주도의 결혼과정을 얘기하다 보면 "지금도 돼지를 잡아?"라며 의아한 표정을 짓기도 하는데 다시한번 말하지만 지금까지의 설명은 제주도의 전통 혼례가 아닌 신식화된 결혼식 절차이다. 제주도에서 도시화된 지역(제주시, 서귀포시)은 일을 하기 위한 환경처이거나 임시 주거지일 뿐이며 대개 제주도 사람들의 집은 해안부락이나 **중산간마을**(해안에서 산간쪽으로 들어간 마을)에 있다. 따라서 돼지를 잡고 하는 일은 모두 이들 부락에서 행해진다.

　간혹 육지사람과 제주도 사람이 만나 제주에서 결혼을 할 때(이곳에서는 안팎잔치라 함) 제주도의 혼례절차 과정을 보면 그 중에서 육지인은 도저히 이해를 못한다며 고개를 절레절레 흔드는 사람이 있다고 어느 예식장의 관계자가 말하기도 했는데 육지와 가장 다양하면서 정반대의 과정으로 치루어지고 있는 것이 바로 제주도의 결혼 의례임은 말할 것도 없다. 그러나 이러한 것은 육지의 신식화된 결혼식과 비교하기 때문에 더욱 크게 차이를 느낄 뿐이며 우리의 전통혼례를 조금만 살펴보면 제주의 신식화된 결혼풍속이 우리 고유의 풍속에다 제주도적인 것이 가미되었음을 또한 알 수 있다.

3. 장남도 분가하는 가족제도

제주도의 가족제도를 보면 육지와 비교될 수 있는 현격한 차이가 하나 있는데 그것은 차남은 물론이고 장남(長男)이라 할지라도 일단 결혼을 하게 되면 분가(分家)를 한다는 점이다.

그런데 제주도의 분가 형태는 첫째, 육지의 분가란 의미처럼 서로 다른 거처에서 생활하는 것도 있지만 둘째, 한 울타리 안에서 기거하더라도 부모와 자식간에 서로 독립적인 경제활동을 하면서 식생활까지 구별하는 두 가지로 나누어 볼수 있으며 이곳에서의 분가의미는 후자의 개념에 더 가깝다.

제주도의 몇 가지 풍속 중 이 가족제도만큼 이상하게 보여지고 또한 오해의 소지가 많은 것도 없을 것이다. 그 이유는 장남과 서로 다른 거처에서 생활하는 것은 그렇다손 치더라도 어떻게 한집에 살 경우마저 따로 밥을 짓는지 육지부의 관념을 배제시키더라도 도저히 이해할 수 없기 때문일 것이다.

그럼 먼저 첫째 경우를 예로 들어 보기로 하자. 만약 한 울타리 내의 가옥 구조가 2세대가 함께 살 수 없는 조건일 때 육지부의 장남이라면 2세대가 함께 거주할 집을 마련하거나 부득이한 경우 장남이 독립해서 나갈 것이다. 그러나 이곳에서는 2세대가 함께 살 수 없는 조건이고 부모의 경제력이 충분치 못할 경우에는 당신이 살고 있던 집을 장남에게 물려주고 따로 거처를 구해 미혼자녀를 데리고 옮겨간다. 이때 아들이 여럿 있을 경우 부모는 계속해서 이주를 해야 하는 번거로움이 있으므로 이제는 장남이 옮겨가는 방식을 취하고 있다 한다.

두번 째 경우는 한 가옥 내에 두세대가 거처할 수 있는 조건이 갖추어져 있을 때이다. 이 경우는 다시 두 가지로 나누어볼 수 있는데 대부분의 제주도의 가옥구조처럼 한 울타리 안에 두채의 건물이 있을 경우 부모는 아들 내외에게 **안거리**(안채)를 내어주고 대신 **밖거리**(바깥채를 말하며 대개 취사를 할 수 있도록 되어 있다)로 거처를 옮긴다. 그리고 한 채만 있을 경우는 안방을 내주고 건너방으로 옮기는데, 이때부터 생계를 따로 꾸려나가며 심지어 뒷간, 밭, 곡물 저장소까지도 각기 마련하여 쓴다.

경우에 따라서는 취사만 같이 하는 일도 있으나 이때도 서로의 경제 활동은 구별하는 것이 일반적이다. 따라서 주거를 기준으로 한다면 1가족이 되는 것이지만 경제를 중심으로 한다면 2가족이 되는 셈이다. 아래의 표는 제주도내의 1개 부락을 대상으로 하여 연구된 자료이지만 제주도 가옥에서의 취사와 경제분리 방식에 대한 전반적인 상황을 파악하는데 훌륭한 참고가 될 것 같아 소개한다.

경 제 형 태		거 주 형 태	
		같은채(안방, 건너방)	별채(안거리, 밖거리)생활
동일가옥	생산·소비 공동, 취사공동	61가구(12.8%)	17가구(3.6%)
	생산·소비 일부공동, 취사공동	6가구(1.3%)	9가구(1.9%)
	생산·소비 분리, 취사공동	·(·)	2가구(0.4%)
	생산·소비 공동, 취사분리	3가구(0.6%)	4가구(0.8%)
	생산·소비 일부공동, 취사분리	6가구(1.3%)	15가구(3.2%)
	생산·소비 분리, 취사분리	10가구(2.1%)	19가구(4.0%)
	小 計	86가구(18.1%)	66가구(13.9%)
		동일부락 내에 떨어짐	타부락으로 멀리 떨어짐
다른가옥	생산·소비 공동, 취사분리	6가구(1.3%)	6가구(1.3%)
	생산·소비 일부공동, 취사분리	21가구(4.4%)	13가구(2.7%)
	생산·소비분리, 취사분리	123가구(25.9%)	154가구(32.0%)
	小 計	150가구(31.6%)	173가구(36.6%)
合 計		475가구(100.0%)	

—— 김혜숙, 「제주도 가족의 고부관계에 대한 연구」, 제주대 논문집, 1984, p.126. ——

이 자료는 1983년에 조사 연구된 것으로 전체 475가구 중 68%(323가구)가 분가를 하고 있으며 또한 동일 가옥내에 거주하는 152가구 중 37%(57가구)가 취사를 별도로 하고 있음을 보여준다. 여하튼 서로 다른 거처에서 살아가는 형태나 아니면 동일 가옥내에서 취사를 분리하는 형태는 부모의 경제활동 능력이 없어질 때까지 계속되며 부모 스스로 생계를 이어갈 수 없게 되면 그때부터 아들의 부양을 받는다.

S 부락의 최고령자는 88세로 2사례인데 거동이 힘들어 겨우 취사를 해결하면서도 자식의 부양을 거절하고 있다. 고령에도 불구하고 밭농사를 하는 것은 제주도 노인들의 강인

함을 의미하는 것이다. 이러한 자주, 자립성은 때때로 자녀 세대를 당황케 만든다. 어떤 노인의 자녀는 부모가 혼자 지내다 자식들도 모르는 사이에 사망, 혹은 화재라도 당할까 하는 걱정이 크다고 했다. 그래서 노모에게 동거를 권유해도 막무가내로 거절하는 강한 태도 때문에 어쩔 수 없다는 것이다. 이러한 점은 육지의 전통 가족제도와는 상당히 차이가 있는 현상으로 육지부의 사람들은 이해할 수 없는 제주도 가족제도의 특성으로 파악된다.　　　── 김혜숙, 「제주도의 1인가족 연구」, 제주대 논문집, 1984, p.337 ──

이렇게 제주인 스스로도 말하듯이 제주도의 가족제도는 육지부 사람들이 쉽게 이해할 수 없는 풍속 중의 하나인데 왜 이러한 독립체제로서의 생활이 지금껏 이어져 왔는지에 대해 알아 보기로 하자.

2장부터 설명하겠지만 제주도는 화산 폭발로 생성된 지역이므로 토질이 매우 척박하다. 따라서 예로부터 지금까지 밭농사가 주종을 이루었으며 근세까지만 해도 명절이나 특별한 날에만 **곤밥**(고운밥이란 뜻으로 쌀밥을 말함)을 먹을 수 있었다.

옛말에 '제주 **비바리** 스무살에 시집갈 때까지 쌀 서말 못먹어'란 말이 있을 정도로 쌀이 귀했던 곳이며 지금도 쌀만큼은 육지에서 들여오고 있다. 더구나 제주도는 태풍의 길목에 위치해 있고 강우량은 전국에서 가장 많으며 집중호우의 특징을 가지고 있다. 또한 많은 강우량에도 불구하고 제주도의 암석과 토질은 투수성(透水性)이 매우 높아 하천은 비가 개이면 곧 말라버리므로 예로부터 풍재(風災), 수재(水災), 한재(旱災 : 가뭄의 재난)의 세가지 재난이 끊이지 않았던 삼재의 고장이었다.

특히 역사적인 기록을 보더라도 조선시대에서 근세에 이르기까지 사상 미증유의 흉년이 수차례 찾아들었으니 당시 제주도민에게 있어 배불리 먹는 것은 평생의 소원이었다. '밭 한판을 늘리느니 식구 한사람 주는 것이 낫다'는 제주 속담 역시 그러한 상황을 잘 입증해 준다.

그러므로 자녀가 성장하여 결혼하게 되면 비록 장남이라 할지라도 같은 울타리 안에서는 독립 가구의 형식을 취하여 부모로부터 기대지 않도록 하였다. 즉, 자기의 생계는 스스로 책임지게 하여 언제 닥칠지 모르는 식량의 기근을 최소한으로 분산시킴으로서 이러한 핵가족화를 이루게 되었고 또한 근검 절약해야 하는 정신세계를 이끌었던 것이다. 그러나 제주도의 이러한 전통가족제도는 장년층 이상에서는 거의 알고 있지만 젊은층(20대)에서는 전혀 모르는 사람들도 간혹 만날 수 있었다(부모를 모시고 사는 사람들도 많으므로). 또한 이 제도를 부정적으로 보는

사람을 만날 수도 있었다. 그녀의 말을 빌면(고등학교 때 우연히 제주의 가족제도
를 알고는 나름대로 깊이 있게 파고들었다고 함) 과거 제주도의 경우 재혼이나 삼
혼의 예가 많은데 이러한 과정에서 태어나는 남자들이 과연 부모를 모시겠느냐는
반문이었다. 그러나 현재 우리의 남아선호사상으로 인한 어린이의 성비(性比)가
104 : 100(남 : 여) 정도이고 이 결과가 미래에 나타날 수 있는 상황을 사회학자들
이 크게 우려하고 있는 현실에 비추어 볼 때 과거 남여성비가 70 : 100(남 : 여)으로
까지 갔던 제주도는 이미 수백년 전부터 사회적 문제를 갖고 있었음을 짐작할 수
있겠다. 어찌했건 식생활을 비롯해 서로의 경제 활동만 구별되어질 뿐 부모와 자
식간의 애정에 있어서는 상대적으로 보아 육지와 별 차이가 없다.

　본도 가족제도는 오랜 생활 관습의 일면으로 볼 때 경제 측면만이 아니라 심리적인 면에
서도 독립된 관계를 형성하고 있다. 즉 부모는 부모대로 자식은 자식대로 철저하게 자신
의 삶을 영위할 뿐이지 자식의 무관심한 것같은 행위가 큰 불효를 저지르는 것이라고는 부
(父)세대나 부락 사회에서나 여기지 않는다. 오히려 생일을 크게 차린다든지 선물을 자주
하는 것은 여유있는 사람들의 사치스런 행동으로 여기는 성향마저도 엿보인다.
　　――김혜숙,「제주도의 1인가족 연구」, 제주대 논문집, 1984, pp.340~341――

이러한 분가 현상으로 인해 제주에는 노부부(거의 할머니들이며 할아버지 혼자
인 경우는 자식이 모신다)만 사는 가구가 많은데 이 경우 연로하신 부모가 어떻게
생계를 유지할 지 궁금한 점도 있겠지만 이곳에서는 나름대로 핵가족하에서 생계
를 유지할 수 있는 조건으로 다음 몇 가지를 제시하고 있다.

첫째, 예로부터 토지가 척박해 남녀 누구나 움직일 수 있는 한 일을 해야 했고
따라서 남에게 의지하지 않는 자립심의 전통이 있었다. 이것은 나이가 들어서도
마찬가지이다.

둘째, 논농사는 혼자 지을 수 없으나 제주도 토지는 대부분 밭이므로 노부부나
여자 혼자서도 일을 할 수 있는 여건이 되었고 그것은 곧 자식의 도움 없이도 최소
한의 생계 유지가 가능함을 뜻한다. 특히 여자의 경우 밭일과 동시에 70세까지도
물질(해녀일)을 했으므로 여자 혼자서도 능히 생활을 꾸려갈 수 있었다.

셋째, 제주에는 노부부만의 가족이나 연로한 여자가 혼자 사는 가구에 대해 오
래 전부터 여러가지 부역(賦役 : 의무적으로 책임지우는 노동)과 마을의 세금을 면
제해 주는 부가호(附加戶)란 제도가 자치적으로 시행되어 왔고 주위의 마을 사람

들이 여러가지를 도와주고 있다. 결국 이러한 제반 여건과 더불어 부모측의 독립 생활에 대한 강한 의지는 제주도의 핵가족화를 지금까지도 꾸준히 이어오게 했다고 볼 수 있다.

물론 한 울타리내의 취사분리는 근간에 이르러 의식의 변모로 점점 줄어들고 있으며 반대로 분가(分家)의 경향이 늘어가고 있다. 제주도에 일년간 체류하고 있는 어느 육지인은 제주도의 취사분리 모습을 직접 보고는 '너무한 듯 싶다'라는 말을 하기도 했는데 그만큼 제주도가 아닌 기타 지역 사람들의 사고력으로는 이해하기 어려운 것이 제주도의 가족 제도이다. 그러나 바로 이것이 관습의 차이요, 지난날 제주도가 겪었던 시련에서 자연발생적으로 얻어진 제주만의 풍속이라 할 수 있을 것이다.

이곳 말로 **오몽혜질 때까지**(움직일 수 있을 때까지) 혼자 살겠다는 부모의 마음을 이해하기 위해 어느 할머니와의 대화 내용을 소개한다.

『할머니, 지금 연세가 어떻게 되세요?』

『**이제 일흔 셋이주게**(셋이야)』

『굉장히 건강해 보이시는데요?』

『**난 아직 젊어. 저디 이신 할망은 아흔 셋이라**(저기 있는 할머니는 아흔 셋이야). **젊은인 아까 고른**(말한) **육지광**(와) **제주도 제도 어느게 좋은거 닮아**(같아)』

『제가 보기엔 두가지 다 장단점이 있는 것 같아요.』

『**이 할망도 육지 강**(가서) **살앙**(살아) **봔**(봤어), **경허난**(그러나) **이 할망은 제주 할망이라 부난이**(제주 할머니이니까) **제주도 것이 더 좋은거 닮아**(같아).』

『그럼 할머니는 혼자서 생활하세요?』

『**아직은 나 혼자 다 헐 수 이서**(있어). **큰아들 찾아 왕 곹이 살젠 했주만이, 경하고 싶지 않으멘.**(큰아들이 찾아 와서 같이 살자고 했지만 그러고 싶지 않아)』

『더 연로하셔서 생활할 수 없으면 어떻게 하지요?』

『**경허믄 아돌 집이 가야주. 나가 키워신디…….**(그러면 아들 집에 가야지. 내가 키웠는데…….)』

『**경해도 아직은 이 할망 혼자 밥, 빨래 다 해여. 저디 이신 할망들도 마찬가지라.**(그래도 아직은 이 할머니 혼자 밥, 빨래 다 해. 저기 있는 할머니들도 마찬가지야)』

『**오몽혜질 때까지 경 살아야주. 그게 옛날부터 이디 풍습이라.**(움직일 수 있을 때까지 그렇게 살아야지. 그게 옛날부터 여기 풍습야.)』

부모 세대의 사고의식이 이렇기 때문에 며느리를 대하는 것도 육지에서와 사뭇 다른데 제주에서는 고부(姑婦)간의 갈등이 육지에 비해 거의 없는 편에 속한다. 또한 제주도는 결혼한 여자에 대해 육지처럼 출가외인(出嫁外人)이라 하여 친정과 단절시키는 관념도 없으므로 며느리의 친정 출입이 매우 자유롭고 빈번한데 시어머니는 이러한 것에 대해 별로 상관하지 않는다. 오히려 친정 제사에는 남편과 함께 가는 것이 관례로 되어 있다.

한편 제주도의 이혼율을 보면 전국 평균치를 항상 상회하고 있는데 여기에는 제주도 가족제도의 영향도 배제시킬 수 없다. 즉 지금까지 설명된 제주도의 가족제도로 볼 때 며느리나 아들은 부모의 직접적인 통제에서 벗어나 있으므로 당사자의 의견만으로도 이혼 결정을 내릴 수 있는 조건이 갖추어진 셈이다. 물론 이보다 더 큰 요인으로 과거부터 여자의 생활력이 강하기 때문에 남편의 외도나 성격의 차이로 인한 굴종을 인내하면서까지 결혼생활을 지속하지 않는다는 점도 있다. 육지의 경우 여자가 이혼 의사가 있어도 실행에 옮기지 못하는 가장 큰 이유로 이혼 후의 생활력에 자신이 없기 때문이란 것이 통계상 나타난 가장 큰 요인이지만 제주 여자에게 있어 생활력 문제는 별로 큰 요인으로 작용하지 않는다. 또한 과거 극심한 남녀 성비(性比)의 불균형으로 인해 이혼과 개가(改嫁)를 육지처럼 부도덕시하지 않는 가치관을 꼽고 있기도 하다.

어찌했건 제주도의 가족제도나 이혼율을 보고 '제주에서는 부모님을 모시지 않는다더라' 또는 '제주 여자는 정조 관념이 어떻다' 등과 같은 얘기는 위험천만한 것이며 이곳의 실정을 전혀 모른 상태에서 육지를 기준으로 내리는 판단이라 생각되는데 육지에서의 가족제도는 제주도와 같지 않느냐며 되묻는 사람도 있는 것을 보면 제주도의 이러한 가족제도는 방법의 차이는 변할지언정 의식적인 면에서는 향후로도 쉽게 바뀌지 않을 것으로 전망된다.

4. 제주도민의 조상숭배와 친족명칭

1) 거창한 규모로 치러지는 제사의례와 벌초방학

지금까지 제주도에서의 이사 및 결혼풍속, 그리고 가족제도에 대해서 알아 보았다. 이러한 관행은 대부분 육지 사람들이 모르고 있는 사실일 뿐만 아니라 워낙 이해하기 어려운 점이 많기 때문에 처음 듣게 되면 누구든지 그 사실 여부와 실행정도에 대해 의문을 갖기 마련이다. 그에 대한 답변은 제주도에 갈 기회가 주어졌을 때 그곳 사람으로부터 직접 들을 수 있기를 기대한다. 그것이 여행지에서 얻어지는 참다운 결실이라 생각되며 이제 마지막으로 제주도에서의 제사의식과 친족명칭에 대해 설명하고자 한다.

제주도의 제사의식도 육지에서 생각하는 관념과는 크게 다르다. 제주도민에게 있어서의 제사는 육지의 여타 지역에 비해 대상 범위가 매우 넓고 횟수 및 참가 인원도 많은데 현재까지도 철저히 지켜지고 있다. 나비박사 석주명(石宙明) 선생님은 제주도에 2년간(1943~1945) 머무르며 총 6권의 제주도 관련 책을 집필하셨던 바 그 중에는 다음과 같은 글도 들어 있다.

제주에서는 관혼(冠婚) 비용보다 장제(葬祭 : 장례와 제사) 비용이 특별히 많다. 전라남도 각 군(郡)에 비해 현저하고 부근의 도서인 완도, 진도 등지와 비교해도 특히 현저하며 극단이라고 할 수 있겠다. 부모 생전에 봉양이 적은 제주도에서 장제(葬祭) 비용이 특히 많다는 것은 오히려 가소로운 일이다.

육지인의 시각이기 때문에 극단적인 표현도 있지만 어쨌건 이로 볼 때 지금부터 40여년 전만 해도 제주도에서의 제사의식은 다른 것에 비해 상당히 규모가 컸음을 짐작할 수 있다. 그러나 현재 제주도에 있어서의 제사 규모가 육지에 비해 별 차이가 없는 것으로 보아 특별히 제사 비용이 많다는 것은 그 규모가 아니라 횟수와 참석 인원의 많음에 원인이 있다고 봐야할 것이다. 그러면 산 자를 위한 것보다는 사자(死者)를 위한 것에 더 열정적이었던 이유는 무엇이었을까? 그것은 아마 과거에서 근세에 이르기까지 자기 한 목숨 추스리기 힘든 상황의 역사에서 비롯되었다고 볼 수 있으니 짧은 생애였지만 죽은 후 만이라도 편안한 삶을 찾아가도록 바라는 절대신념에 따른 것이리라. 전라남도 해안가의 무안(務安) 지방에서는 배를 타는 어부가 40세만 넘어 죽어도 호상(好喪)이라며 문상객들이 조문이라기 보다 축하? 분위기에서 문상을 한다고 한다. 이러한 예가 뱃길이 얼마나 위험스러운지를 말해 준다면 사면이 바다인 제주도에서 치뤄지는 철저한 제사의식도 이와 같이 역설적인 과정에서 출발한 것인지도 모르겠다.

여하간 40여년 전과 크게 변하지 않은 현재의 제사는 조부(祖父), 증조부(曾祖

父), 고조부(高祖父)까지 받드는 집이 있으며 일가 친척뿐만 아니라 시집간 딸이 친정의 제사에 참가하는 것도 육지와 비교될 만하다. 제주에서는 시집간 딸이 남편과 함께 시집식구의 제사에 참여하는 것이 하나의 관례로 되어 있다. 제사의 대상이 육지의 현재와 비교해 볼 때 좀 더 광범위하므로 일년에 대여섯 차례 또는 그보다 많은 제사를 지내기도 하는데 중요한 제사에는 일가 친척뿐만 아니라 고인의 친구들까지 참여하기도 한다.

이렇듯 많은 친지들이 모이므로 제주도민의 가장 큰 행사는 결혼전날(가문잔치날)이 으뜸이고 그 다음은 바로 이 제사날이다. 결혼전날 신랑 및 신부의 집에 가는 것을 '잔치 먹으레 간다'라고 하는 것처럼 제사에 참여하는 것을 '식게(제사) 먹으레 간다'또는 '식게 있다'라고 표현을 한다. 제사는 육지와 비슷하게 기일(忌日) 전날 밤 10시에서 12시 사이에 진행되며 물론 제사 의식은 짧고 간단하며 그 후 음복(飮福:제사 음식을 나누어 먹음)하면서 새벽녘까지 일가 친척들이 오랫만의 해후를 만끽한다.

이러한 제사의식은 재일(在日) 제주인에게도 마찬가지로 나타난다고 한다. 현재 재일교포(70만) 중 약 18%(19만)가 일본 오오사카(大阪) 이꾸노(生野) 지역에 거주하는데 이꾸노 지역 교민 중 38%(7만여명)가 제주도 출신교포이다. 이들의 의례 생활과 사회조직에 대해 조사된 자료를 보면 육지인과 제주인의 제사에 대한 의식적인 차이점을 엿볼 수 있다.

제주인들의 의례 생활에서 주축을 이루고 있는 것은 아마도 조상제사의 분야일 것 같다. 이미 본국에서는 많이 간소화되었지만 이곳 제주인 사회에서는 상제에서도 3년상(三年喪)이, 기제사에도 고조부모까지의 4대봉사(四代奉祀)가 거의 그대로 남아 지켜지고 있다. 제주 출신 교포의 기제사는 한국의 다른 지역의 기제사에서 찾아볼 수 있는 방식과는 제사에 대한 개념이 전혀 다른것이 아닐까 하는 생각이 들게 한다. 우선 제사 그 자체도 조용하고 엄숙한 분위기보다는 모든 자손들의 만남의 기회를 제공해주고 있어 친족유대를 다지는 중요한 메카니즘으로서의 역할을 수용하고 있다고 생각한다. 이점은 경상도, 충청도 등 한국의 다른 지방 출신 교민 가족의 기제사와는 현저한 차이를 보이고 있다. 기제사는 대개 해당 조상의 부계(父系) 자손들만의 의례 행사지만 제주도 출신 교민의 경우에는 사실상 그 이상의 것으로 나타나고 있다. 물론 부계가 주축이기는 하지만 외손, 사돈, 심지어 친지도 '제사를 먹으러 오는' 관습이 강하게 나타나고 있다.

—— 이문웅, 「재일 제주인의 의례생활과 사회조직」, 제주도연구, 1988, pp.53~54. ——

역으로 재일(在日) 제주도 교포의 제사의례 형태를 예로 들었지만 이것은 현재 제주도에서 치뤄지는 제사의식에 적용될 수 있으며 이로 볼 때 제주도에서 왜 제사 비용이 현저한지를 알 수 있을 것이다. 제사의 횟수와 여기에 참여하는 친족의 범위 그리고 제사의 기능에서 나타나는 차이점 이외에 제사 방식에서도 몇 가지 특징을 보이고 있다.

육지와 비교해 볼 때 가장 두드러진 차이는 본 제사에 앞서 반드시 **문전코시**(門前告祀 : '문전제' 또는 '문제'라고도 함)를 지낸다는 것이다. 이는 제사상보다 1/3정도의 축소된 상차림을 따로 마련하여 마루에서 대문쪽을 향하여 놓고는 간단한 제(祭)를 올리는 절차이다. 제주(祭主)가 이배(二拜)하고는 잡식을 대문간에 뿌리는 것으로 끝나는 이 문전코시는 과거 제주도민이 믿고 있던 여러 신 중 대문신(大門神)이 매우 높은 신성(神性)을 가지고 있었음을 엿보게 해주고 있다. 또는 조상의 혼이 올 때 여러 귀신들이 같이 오는데 이러한 귀신들을 대접하고 돌려보내기 위해 본제사에 앞서 '문전제'를 지낸다고도 한다.

절을 하는 방식도 육지와 사뭇 다르다. 육지의 경우 한번 절을 한 후 완전히 일어서고 또다시 절을 하고 일어서서 읍(揖)을 하는 반면 제주에서는 한번 절을 하고 반쯤 일어선 후 또다시 절을 한다. 그리고는 앉은 자세에서 읍을 한다.

그밖에 지방(紙榜)을 쓰는 방식도 다르고 상차림에 있어 빵 종류도 올라가고 있는데 과거 제주도에서의 식생활이 얼마나 어려웠는지를 대변해 주는 듯하다.

제사와 더불어 조상들의 무덤을 벌초하는 일도 제주인들의 아주 중요한 행사가 된다. 이곳에는 지금도 **'벌초방학'**이라는 것이 있는데 이는 음력 8월 초하루에 각 학교 학생들에게 주는 하루 동안의 방학으로 사람들은 이 날을 전후해서 그동안 보살피지 못했던 조상의 묘를 다듬고 벌초를 한다. 오래 전에는 보리방학, 미역방학, 미깡(귤)방학도 있었으나 지금은 벌초방학과 미깡방학 만이 남아 있다. 제주에서는 성묘가 거의 없고 집에서 제사를 지내는 것으로 명절 제사를 지내기 때문에 이 벌초하는 일은 육지의 성묘하는 일만큼이나 중요한 의미를 갖는다.

대개 무덤의 위치는 현재 사는 거주지에서 상당히 먼곳에 있으며 조상의 무덤 또한 곳곳에 산재해 있어서 한 집에서 십여군데의 벌초를 하는 것이 보통이므로 대개 일가 친척이 모이고 벌초기계를 동원해야 그나마 수월히 벌초를 끝낼 수 있다. 벌초 또는 소분(掃墳)이라고 하는 이 일은 조상묘역의 잡초를 제거하고 간단한 제사를 지내는 것으로 육지에 가 있는 제주도 사람과 재일(在日) 제주도 교민들도 이때를 기해 제주도로 모여들게 된다. 벌초량이 많은 직장인들은 며칠씩 휴가를 받기도 한다. 언젠가 제주대학교 휴게실에 있던 중 어느 학생이 100여 군데의 벌초를 했다는 말을 듣기도 했는데 이것이 지나친 과장일 지 모르나 그만큼 이곳에서의 벌초량이 많다고 생각하면 된다.

물론 육지에서도 벌초는 상당히 중요하나 학생들에게 방학을 주면서까지 할 정도의 규모는 아니며 이와 비교해 볼 때 제주도에서의 벌초는 전도적(全道的)으로 펼쳐지는 대규모 의례임을 알 수 있다. (p. 26 사진 참조)

2) 대상을 가리지 않고 두루 쓰이는 '삼춘'이란 호칭

제주도의 제사의식이 친족 유대로서의 중요한 메카니즘을 수행한다면 그러한 상호 일체감을 엿볼 수 있는 것으로 이곳 에서의 친족명칭을 들 수 있는데 그중 하나가 '삼춘'이란 호칭이다. 육지의 경우는 여자가 여자에게, 남자가 여자에게 '삼춘'이라는 호칭을 붙일 수 없지만 제주에서는 이것이 가능하다. 예를들면 큰아버지, 큰어머니, 작은 아버지, 작은 어머니, 고모, 고모부, 이모, 이모부 등에 대해 이곳에서는 각각 큰아방, 큰어멍, 족은아방, 족은어멍, 고모, 고모부, 이모, 이모부라 칭하기도 하지만 이들 모두를 '삼춘'이라 부르기도 한다. 또한 이 명칭은 촌수가 먼 관계에 대해서도 남녀 구별없이 사용되기도 하며 가까운 이웃마저도 '삼춘'이라 부르고 있다. 따라서 '삼춘'이라고 하면 **예편삼춘**(여자 삼춘)인지 또는 **소나이 삼춘**(남자 삼춘)인지 앞에 성별(性別)을 얘기해야 누구인지를 정확히 알 수 있다. 특히나 이 명칭은 많은 친지들과 마을 사람들이 모이는 결혼식 전날 등과 같은 때에 가보면 현재도 광범위하게 쓰이고 있음을 알 수 있다. 얼핏 호칭만 가지고는 친척 쯤 되는 것 같지만 나중에 알고 보면 혈연적으로 전혀 관계가 없는 이웃집 사람도 '삼춘'인 것이다.

물론 이러한 호칭을 통해서 느껴지는 감정은 매우 친밀감을 느껴볼 수 있지만 제주도의 문중 조직이 특별히 발달하지 못했음을 아울러 생각할 수 있다. 이곳에서는 그 이유를 과거 결혼 의례에서 부락내 혼인이 많아 부계, 모계, 처계가 한 부락내에 함께 사는 비율이 많았고 상대적으로 부계(父系)친척의 결속력이 약했음을 꼽고 있다. 호칭의 차이는 이 외에도 몇 가지가 더 있다. 예를 들면 처의 동생인 처남이나 처제를 이곳에서는 주로 이름으로 부르고(가끔은 처남, 처제로도 부름),

여자의 입장에서도 남편의 남동생이나 여동생을 도련님, 아가씨로 부르는 일은 거의 없으며 친동생처럼 이름을 부른다. 남편의 남동생이 장성한 경우에는 '삼춘'이나 '아지방(아주버니)'이라 부르고 여동생은 '고모'라 부르기도 한다. 그리고 시동생, 시누이에 대해서도 친동생 대하듯 하기 때문에 육지처럼 존칭어를 쓰지 않고 평어(平語)를 쓰는 것도 특기할 만하다. 즉 제주도는 좁은 지역사회이므로 육지처럼 명확한 선을 긋지 않고 편한대로 호칭을 한다.

아뭏든 이러한 여러가지 특징은 직접 묻고 답변을 듣는 형식을 취하지 않고서는 납득하기 어려운데 이 글을 읽고 오는 육지인이 있다면 그 역시도 정말 그러한지 같은 질문을 할 수 밖에 없을 것이다.

이상 제주도의 몇 가지 풍속과 관례는 이곳에 장기간 체류하면서 관심만 가진다면 누구나 공통적으로 발견할 수 있는 것들이다. 아예 모르고 있었다면 관심도 생기지 않았을 것이나 이미 알아버린 이상 애당초 없었던 오해가 생겼을지도 모르겠다.

이 풍속들을 처음 대하고 쉽게 수긍하는 육지인은 그리 많지 않은데 이는 설명이 절대 부족한 점도 있지만 이해할 수 없어서는 아니며, 단지 제주도의 전반적인 상황을 모르기 때문이라 생각된다. 제주도를 아는데 있어 가장 큰 장애 요인은 육지에서의 풍토와 동일시하려는 데서 발생하기 시작하나 누구나 이국적(異國的)이라는 표현을 첫인상에서 감출 수 없듯이 이곳의 인문, 자연적 환경은 매우 특이하며 그 특이함은 육지와 상반(相反)됨을 뜻하기도 한다. 따라서 이들 풍속과 관례의 벽을 넘지 못하고서는 제주도를 이해할 수 없다고 판단되어 모든것에 앞서 간략히 소개를 해보았다. 물론 이 외에도 자식간에 제사를 나누어 모신다든지와 장남, 차남을 불문하고 재산의 균등분배 같은 전통도 육지와는 사뭇 다른 제주도의 관례이며 이러한 차이는 제주도를 알고자 하면 할수록 무수히 많이 발견된다.

이제 2장부터 소개되는 제주도의 자연환경, 방언, 역사, 풍물 등 이들이 살아 온 과정과 살고 있는 현실을 좀더 알게 되면 의문이 완전히 가시지는 않겠지만 다소 진정될 것이다. 그런 연후에 제주 관광을 떠나는 것이 순서가 아닐까?

제 2 장

제주도의 인문 및 자연개관

내 나이 스물 일곱 나던 해에 첫발을 내디딘 후 불과 2년도 안된 사이에 제주 방문을 일곱 번 경험했다.

서울서 비행기로 불과 50분 거리에 이런 지역이 있었는지 내심 놀라와 했던 것도 이제는 먼 지난 날의 회상일 뿐 지금의 나에게 있어 제주도는 마치 가까운 이웃과도 같다.

그러면서도 웬지 멀게만 느껴지는 것은 아무래도 쉽게 찾아갈 수 없는 곳이라는 점과 더불어 육지에서 들을 수 있는 제주도 소식의 한계성 때문이 아닌가 한다. 또한 관심을 갖더라도 뭘 어떻게 해야할 지 그저 난감할 뿐임을 서울에서 머무르는 동안 매번 느꼈기 때문일까?

제주도 개관하면 제주도의 모든 것이 다 들어 있을 것 같지만 한 지역을 파악하는데 가장 기초적인 몇 가지만을 분리해 모은 것이다. 마땅히 어울리는 서두도 없지만 제주도 최남단의 섬 가파도(加波島)와 마라도(馬羅島)를 가리켜 '갚아도 좋고 말아도 좋다'는 말이 참 잘 어울린다는 생각을 하며 연고지도 없이 처음 몇 개월 간 제주도에서 살고 온 나를 보고 '제주도 갔다 왔다고? 재주도 좋다'는 누군가의 말이 그 어울림을 대신했으면 한다.

1. 한라산에서 공을 차면 바다에 떨어져?
—지세(地勢) —

제주도는 부산과 약 288km(배로 12시간 거리), 목포와 155km, 완도와 90km, 추자도와는 50km 떨어져 있으며 한반도의 서남 해상에 위치한다. 지리적으로는 태평양과 마주하고 있으며 본도의 서남쪽 북위 20°∼25° 지점의 하계(夏季) 열대성 저기압과 북위 30° 부근의 중위도 고기압이 합치하여 발생하는 태풍의 진로선상에 위치하고 있다. 제주도의 크기는 가장 짧은 남북의 길이가 31km, 가장 긴 동서의 길이가 73km, 해안선의 길이는 253km, 면적은 약 1,825km²로서 남한 면적의 1.8%에 해당되는데 이는 서울특별시의 3배, 충청북도의 1/4정도 크기이다.

부속도서로는 유인도 8개, 무인도 54개로 도합 62개의 섬을 거느리고 있다.

제주도를 평면상 모양으로 보면 장축(長軸)이 북쪽을 기준으로 해서 동쪽으로 70° 기울어진(N70E) 달걀 모양의 타원형을 이루고 있다. 등고선으로 볼 때 섬 중

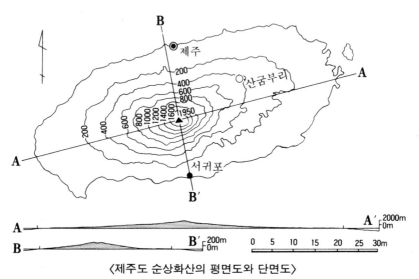

〈제주도 순상화산의 평면도와 단면도〉

앙에 있는 한라산(1950m)을 중심으로 동심원(同心圓)적인 모양을 하고 있어 전체적으로 하나의 거대한 산을 연상케 된다.

한라산에서 공을 차면 바다에 떨어진다는 우스개 소리는 좁은 지역이라는 뜻에서 시작되었지만 제주도의 동심원적인 형상에서 더욱 가능한 일이 아니었을까 생각되기도 한다. 산의 경사면을 보면 동서쪽은 매우 완만하나(3°~5°) 남북 방향은 이보다 급한 경사면(5°)을 갖고 있는데 한라산 정상부의 급경사를 제외하곤 전체적으로 완만한 경사를 갖춘 순상화산이다.

일견 단조로운 형상이나 제주도 전역에 골고루 산재해 있는 360여 개의 기생화산들은 다양한 크기와 형상을 갖추고 있어 평이한 제주의 지형에 기복있는 변화를 주고 있다.

지질은 조면암, 조면질안산암, 현무암 및 약간의 퇴적암으로 이루어져 있는데 이들 암석은 그 분포 면적으로 볼 때 현무암(玄武岩)이 90%를 차지하고 있다고 한다.

2. 제주도 날씨 원래 이래요? -기후-

1) 강수

제주도 북쪽에 위치한 제주시의 연평균 강수량은 1440mm 정도이며 남쪽인 서귀포 지역은 이보다 훨씬 많은 1700mm가 내리므로 전국과 비교해 볼 때(전국 평균은 약 1200mm) 다우(多雨) 지역에 속한다.

한편 제주도의 지질은 다공질(多孔質) 현무암으로서 투수성(透水性)이 매우 좋을 뿐만 아니라 수십 차례의 화산분출로 인해 지층내부의 절리(節理 : 갈라진 틈새)가 잘 발달되어 있으므로 이처럼 많은 강우량에도 불구하고 홍수로 인한 피해는 별로 들을 수 없다.

비가 오는 대로 빠른 속도로 지하로 스며들기 때문에 하천 역시 비가 올때만 잠시 흐르고 비가 개면 금새 말라버리는 건천(乾川)이 대부분이다. 이러한 지질 특성은 일견 장점이 있는 듯하지만 그에 반해 물의 이용에는 가장 취약하여 제주도는 1960년대 이전까지만 해도 식수의 이용에 가장 큰 어려움을 겪어야 했다. 물은 주로 해안 근처에서 솟아나는 용천수(湧泉水)를 이용했으며 중산간마을(해안에서 멀리 떨어진 산간 마을을 일컬음)에서는 빗물을 받아서 쓰기도 했다.

일반적으로 섬에서의 지하수 분포는 해수의 비중(1.03 g /㎤)이 물(1.0 g /㎤)보다 높으므로 지하수가 볼록렌즈 모양을 하면서 해수(海水) 위에 놓이게 된다. 바다로 뻗어 있는 이들 지하수는 해안 근처에 이르러 흘러 넘치거나 해수의 압력에 의해 지표로 솟아 오르는데 이를 용천(湧泉)이라 한다. 제주도 해안 부근에는 약 146개의 용천이 골고루 발달되어 있으며 지하수 개발이 이루어지기 전까지 사람들은 이 용천수를 식수및 생활수로 이용해왔다.

漢拏及州邑地 泉井絶少 村民或汲水於五里 則謂之近水 或有終日一汲 二汲……. (한라산과 제주읍지에는 샘물이 매우 적음으로서 마을 주민들은 혹은 5리(현재 거리로 약 3km 정도)나 떨어진 곳에 물을 길러 간다. 이것도 곧 가까운 곳의 물이라 하며 혹은 하루에 한두 번 길어오기도 한다.)   —— 충암 김정(金淨), 「제주풍토록」, 탐라문헌집, p.11. ——

물론 위의 표현은 1520년경의 제주도 모습이지만 근세까지만 하더라도 여자들의 **물허벅**(물항아리)지고 가는 발자국 소리에 동이 텄다고 할만큼 물이 귀했던 곳이었다. 그러나 1960년대부터 집중적인 지하수개발로 인해 '70년대부터는 전국에서 가장 높은 식수 보급율을 기록하고 있다. (p. 38 사진 참조)

2) 기온

제주도는 위도상 가장 남쪽에 있을 뿐만 아니라 겨울에는 제주도 주변을 흐르는 난류의 영향으로 우리나라에서 가장 온화하며 한서(寒暑)의 차 및 일교차가 가장 적은 곳이다. 연평균 기온은 15.5℃ 정도인데 가장 추운 1월도 5.5℃로서 영하로 떨어지는 날은 그리 흔치 않다. 소주병이 얼어터지기도 했던 경기도 양평지역과 비교해 보면 그야말로 남국(南國)임을 실감케 되는데 제주에서 맞이한 신정 날씨는 중부지방의 추석과도 같았다.

기온 역시 강우량과 마찬가지로 한라산 북쪽인 제주시 지역과 한라산 남쪽인 서귀포 지역이 차이가 있는데 산남(山南)인 서귀포 지역은 산북(山北)인 제주시 지역과 비교해 볼 때 평균 0.7℃ 높으며 바람부는 날도 산북에 비해 절반밖에 되지 않아 더욱 온화한 날씨를 보여준다. 그러나 7월만큼은 바람과 지형의 영향으로 인해 제주시 지역이 서귀포보다 높은 온도를 나타내는 역전현상을 일으키기도 한다.

즉, 여름철에는 남쪽 서귀포 지역에서 북쪽 제주시 지역으로 바람이 불며 산 정상을 넘어서기 전의 공기는 고도가 높아짐에 따라 기온이 하강하여 응결되므로 비나 눈을 내리는 경우가 많다. 그러나 산을 넘어선 공기는 이전에 비해 건조하고 따뜻한 높새바람이 되므로 여름철(7,8월)에는 오히려 산북인 제주시 기온이 산남인 서귀포보다 높은 날이 많다. 그런데 제주도는 바람이 많은 관계로 수치로 보는 온도와 실제 피부로 느끼는 체감 온도와는 사뭇 다르며 특히 겨울과 봄에는 비록 기온은 높을지라도 내륙보다 더 큰 추위를 느끼게 된다. 무조건 따뜻한 곳이라 생각하고 얇은 옷만을 준비해 온 육지 사람들은 의외로 춥게 느껴지는 날씨로 인해 이곳에서 두툼한 옷을 구입하는 모습을 가끔 보게 된다.

한편 제주도는 커다란 산의 형상을 하고 있으므로 고도(高度)에 따라서도 많은 기온차를 보여주고 있는데 고도가 100m 상승할 때마다 온도는 약 0.5~1.0℃ 감소하므로 한라산 정상부(1950m)는 지상과 비교해 약 10~20℃의 차이를 나타낸다.

이러한 특성으로 인해 제주도는 한대, 온대, 난대의 다양한 식물군 분포를 확연히 보여주고 있어 식물 자원의 보고(寶庫)라 일컬어지고 있다.

3) 바람

제주도는 사면이 바다로 둘러싸인 섬으로 바람이 많아 예로부터 풍다(風多)의 지역으로 알려져 왔다. 물론 통계상으로 보면 제주도보다 울릉도나 목포 등지에서 더 강한 바람이 분다. 그러나 제주도는 주거지와 생활터전이 해안선을 따라 바다와 근접한 지역에 설정되어 있을 뿐만 아니라 대부분의 관광지도 해안 가까운 지역에 있으므로 바람에 노출되는 확률이 다른 지역보다 많은 듯 싶다.

최근 30년 평균치를 보면 제주시의 경우 8.0~13.8m/sec(강풍)의 바람이 143일, 서귀포는 100일을 나타내고 있으며 13.9m/sec 이상(폭풍)이 부는 날수도 제주시가 28일, 서귀포는 8일 밖에 되지 않으므로 바람 역시 제주시와 서귀포 지역이 많은 차이를 보여주고 있다. 평균풍속으로 보면 서귀포는 바람이 가장 잔잔해 연평균 3.5m/sec이고 제주시 지역은 4.2m/sec이며 제주도 서남쪽 모슬포 지역은 가장 바람이 강한 곳으로 약 4.5m/sec의 풍속을 기록하고 있다.

모슬포를 가리켜 흔히 '못살포'라 하는 것은 6.25이후 이곳에 설치된 국군훈련소에서의 혹독한 훈련과 매서운 바람때문에 생겨났다고 한다. 제주의 어떤 젊은 여자는 바람이 불지 않는다는 조건 하나만으로 서울이 좋다고 말하기까지 했는데 단지 '바람이 분다'라는 정도가 아니라 이곳 사람의 표현대로 '할퀴고 간다' 또는 '휩쓸고 간다'라는 말이 어울릴 정도로 한번 불기 시작하면 이곳의 바람은 지독하다.

이처럼 바람도 강하고 바람부는 날도 많으므로 네덜란드처럼 풍차를 응용한 풍력 발전을 생각할 수 있으나 이곳 바람의 특성은 계절에 따라 시시각각으로 변하며 돌풍의 성격을 가지고 있으므로 잦은 태풍의 내습과 더불어 아직까지는 널리 이용되지 못하고 있는 실정이다.

또한 제주도는 지리적으로 태풍의 진로선상에 위치해 있기 때문에 매년 평균 1회 이상 강한 태풍의 피해를 받고 있다. 그중 '59년의 사라호, '70년의 빌리호, '79년의 어빙호, '81년의 에그니스호, '86년의 베라호, '87년의 다이너호 등은 각각 수십억원에 이른 피해를 가져왔으며 특히 '85년 한해에는 키트호, 리호, 브렌타호 등 3차례의 태풍이 내습하기도 했다.

대개 태풍은 강한 바람과 함께 폭우를 동반하는데 제주도의 지질이 아무리 투수성이 좋은 다공질(多孔質) 현무암이라 할지라도 이러한 폭우에는 어쩔 수 없이 많은 피해를 받게 된다.

4) 전반적인 날씨

강우량도 많고 바람이 많으니 자연히 쾌청한 날이 적을 수 밖에 없고 따라서 일조(日照) 시간은 전국과 비교해 볼 때 매우 적다.

일조시간의 경우 전국적으로 연 2,100~2,500시간 정도이나 제주도는 약 2,000시간 정도이다. 그러나 일조시간도 월별로 차이를 보이며 특히 제주시의 경우 8월 일조량은 전국과 비교해 가장 높은 수치를 나타내고 있다.

기타 최근 5년간 제주도의 평균 기후 상태를 보면 1년 중 맑은날이 약 44일, 흐린날 175일, 강수일 130일, 폭풍일 17일을 나타내고 있으므로 기온만 가지고 제주의 날씨가 온화하다는 것은 그리 타당치 못한 것임을 알 수 있다.

어쨌든 제주도는 기온과 강우량, 바람부는 정도가 한라산을 기준으로 산남(山

南)과 산북(山北)이 다르고 고도에 따라서도 많은 차이를 보여주고 있으므로 이곳의 날씨를 일률적으로 단정하기란 어려운 듯 싶다. 실제적으로 제주지역의 일기예보는 한라산 동부, 서부, 남부, 북부로 나누고 있으며 거기에다 한라산 지역까지 세분해서 발표하고 있는데 이는 서울시와 비교해 볼 때 북쪽의 도봉구와 남쪽의 관악구 일기를 분류해서 발표하는 것과 같다.

 이곳의 날씨는 하루에도 시간에 따라 국지적으로 다양하게 변모한다. 비가 금방이라도 쏟아질 듯 하다가는 해가 뜨고, 해가 뜨는 듯 싶더니 다시 먹구름이 끼는 등 가변적인 기상상태를 자주 관찰할 수 있다. 한마디로 변덕스러운 날씨라 볼 수 있으며 1520년(중종 15년) 기묘사화(己卯士禍)로 인해 제주도로 유배되어 이듬해 이곳에서 사약(賜藥)을 받은 충암 김정(金淨)은 그의 제주풍토록(濟州風土錄)에서 제주의 날씨를 다음과 같이 표현했다.

 기후는 겨울철에도 때론 따뜻하고 여름철에도 때론 서늘하다. 바람과 공기는 따뜻한 것 같으나 일기 변화가 많아 사람에게는 몸서리가 날만큼 날카롭고 의복과 음식도 조절하기 어려워 병이 나기 쉽다. 게다가 구름과 안개가 항상 음침하게 가리우고 맑게 개인 날이 적으며 질풍과 궂은 비가 때를 가리지 않고 일어나곤 해서 무덥고 축축하며 숨이 막힐듯이 답답하다.

 지금까지 말한 제주도의 기상 특성을 가장 적절히 표현한 것이라 생각된다. 언젠가는 강원도에 사시는 아주머니께서 제주도 관광을 다녀왔다기에
 "아주머니, 제주도가 살기 좋은 것 같지 않습니까?"라고 물었더니 "살기 좋다고요? 그게 어디 날씨래요? 내참, 우리같은 사람 돈주고 와서 살라고 해도 못살겠어요."라는 대답을 했다.

 날씨의 변화 무쌍함은 그 한마디 대답만으로도 짐작할 만하며 많은 사람들이 제주의 온화한 날씨를 극찬하기도 하지만 관광객이 오는 기간의 날씨여하에 따라 제주의 인상은 이렇듯 고약해지기도 한다. 이러한 제주의 날씨는 관광객의 수용에도 많은 영향을 주고 있다. 연중 맑은 날씨가 50일 정도밖에 안되고 비바람이 잦으므로 국민관광 수용 기반이 정착되는데 큰 장애요인이 되고 있다.

 여름철 해수욕이 가능한 기간도 불과 3주간에 불과하다고 한다. 그러나 어찌 궂은 날만 있으리오. 제주의 맑고 온화한 날씨를 대하면 진짜 제주의 정취를 흠뻑 맛볼 수 있다.

3. 고씨, 강씨가 많은 장수의 섬 -인구-

1992년 현재 제주도 상주 인구는 약 51만으로 남한 인구의 1.3%를 차지하고 있다. 성씨의 분포는 조금 특이한데 제주도 개벽신화의 주인공인 삼성인(高梁夫) 중 고씨, 양씨가 특히 많다. 남산에서 돌을 던지면 김서방네 집에 떨어진다고 하듯이 김씨의 수적인 우세는 이곳에서도 다름없지만 특히 강(康, 姜)씨가 많은 것도 특기할 만하다.

이 외에도 오, 현, 문(吳,玄,文)씨도 많은데 아래표는 제주도의 10대 성씨별 분포 현황이다.

金	李	高	姜	梁	朴	吳	康	玄	文
24.3	9.3	8.5	6.0	4.7	4.5	4.2	3.8	2.7	2.7
'85년 현재 488,300 명중 위의 성씨가 70%를 차지									

—— 한국인의 성씨 및 본관 조사보고, 경제기획원 조사통계국, 1988. ——

좁은 지역 사회와 하나의 식수원을 중심으로 형성된 부락촌, 그리고 특별한 성씨들의 밀집으로 어찌 어찌 해보면 모두 친척이되는 공동체 사회를 느끼게 된다. 한편 제주도는 1960대에도 장수(長壽)의 고장이라고 외국 잡지에 알려질만큼 고령자가 많은데 80세 이상의 연령층이 1.36%를 차지하고 있다. (전국 평균은 0.69%) 아래 기록은 지금부터 약 390년 전의 것인데 이로 볼 때 제주인의 장수는 오랜 전통을 유지하고 있음을 알 수 있다.

村中男女多有七八十者 而尚能強健無老態 猶往來官門 長應軍役 或至九十者亦多云. (마을 남녀들은 흔히 칠팔십 되는 자가 있으나 오히려 강건하여 늙은 태도가 없고 그래도 관문(官門)에 왕래하고 오래 군역(軍役)에 응하며 혹은 구십 세에 이르는 자도 또한 많다고 한다.) —— 청음 김상헌(金尚憲), 「남사록」, 탐라문헌집, p.51. ——

어떤 사람은 "버스 타서 할머니들한테 자리 양보할 필요 어서(없어). 제주도

할망(할머니)들 징그럽게도 오래 살멘(살아)!"이라며 역설적으로 그들의 장수를 칭찬하기도 하는데 지리산 청학동에 견줄만한 이 장수의 이유를 나비박사 석주명 씨는 제주의 생명 조사서(1946)에서 다음과 같이 분석한 바 있다.

① 치열한 자연도태의 결과 강장(强壯)한 사람뿐이 남는다.

② 식품에 동물질의 '자리'와 식물질의 '먹'이 극히 풍부하다.

③ 정신적 충동을 받는 일이 적고 원시생활(原始生活)을 한다.

한편 남녀의 성비(性比)에 있어서 과거에는 극심한 불균형을 이루어 여다(女多)의 섬이라고도 널리 알려졌으나 다음 통계에서 보다시피 현재 제주도의 남녀 비율은 전국 평균에 근접해 가고 있다.

	기준연도	전국	서울	부산	충남	전남	경북	강원	제주도
80세 이상	1990	0.69	0.43	0.43	1.10	1.26	1.17	0.73	1.36
남여 성비 (남/여)	1990	100.8	100.9	98.4	102.9	102.2	100.0	103.1	97.6

—— 한국 통계 연감, 경제기획원 조사통계국, 1990. ——

제주도의 인구 상황 중 또하나의 특징은 최소한 한가구당 한두명씩의 친척을 일본에 두고 있다는 점을 들 수 있다.

지금도 친지 방문이나 취업차 일본에 간다는 말은 이곳에서 볼 때 육지에 간다는 것 만큼이나 자연스럽게 받아 들여지고 있는데 재일교포들은 일본사회에서 자수성가하여 대부분 경제적으로 부족함이 없이 생활하고 있으므로 일본에 간다고 하면 오히려 환영하는 입장이다.

일본에 얼마나 많은 제주도 재일동포들이 있는가를 보면 현재 70만에 이르는 재일교포 사회에서 약 30%(18만명)가 제주도 출신 교포들이다. 전국 인구 비율 1.3%에 불과한 제주도 인구가 재일교포 사회에서 차지하는 30%의 비율이란 실로 엄청난 숫자라고 볼 수 있다.

이렇듯 제주 출신이 많은 이유는 1924년 부터 열린 일본 오오사카와 제주간의 해상 교통을 매개로 1차 대전 후 일본 공업의 발달로 인한 노동력의 필요성에 따른 이주와 당시 제주도 농토에서 삶을 터전을 찾을 수 없었던 제주의 척박한 환경을 들고 있다. 또한 2차 대전 말에는 주로 징용으로 많은 사람들이 끌려 갔으며 해방 후 제주도 4.3사건으로 인한 정치, 사회적 혼란으로 많은 사람들이 정든 고향을 등지고 타국으로 향하는 아픔을 낳기도 했다.

통계로 보면 1960년대 만 해도 제주도 인구는 30만이 못되었지만 일본에는 약 15만 명에 달하는 제주 출신 교포들이 있었다고 한다. 이들은 일본에서도 제주의 풍습과 언어를 그대로 지켜가고 있으며 과거 제주도 발전 초창기의 수도, 전기시설, 도로포장, 교육시설 등을 비롯해 각종 복지 향상에 지대한 공헌을 했다. 또한 현재도 헌납 내지 기부 등과 같은 형태를 통해 고향에 대한 애정을 표시하고 있다.

4. 관광산업보다 중요한 농업 −경제−

선진국의 산업구조는 대체로 1차산업 10%, 2차산업 45%, 3차산업 45%의 비율을 갖는 것이 통례라고 하며 우리나라의 경우 1차 산업이 차지하는 비중이 점점 줄어드는 반면 2,3차 산업은 늘어나 서서히 선진국형으로 탈바꿈하고 있다.

제주도는 섬이라는 고립성과 그리 많지 않은 인구, 또한 관광명소라는 특수성 등으로 인해 여타 지역과는 사뭇 다른 산업구조를 보여주고 있다. 첫째 2차 산업의 비중이 극히 저조하다는 것을 들 수 있는데 이는 공업이 입지하고 성장하는데 중요한 기본조건(대규모의 시장규모, 용수·용지의 확보, 동력 및 원료의 조달, 양질의 노동인력 확보 등)이 육지부와 비교하여 매우 불리한 입장에 있기 때문이다.

제주지역은 지역내의 시장이 협소하여 이를 대상으로 하는 대부분의 산업이 어느 정도 규모의 경제를 실현할 수 없을 뿐만 아니라 대량소비시장인 육지부의 대도시와도 격리되어 있기 때문에 운송상의 시간, 보관 비용 등의 측면에서 매우 불리한 입장에 놓여 있다. 이러한 수송상의 불리는 대부분 제주지역에서 생산이 불가능한 원료 및 연료 조달에서도 나타나고 있다.

그리고 제주도는 용암지대 특유의 지질 및 지형 조건으로 인하여 용수(用水)의 확보가 어렵고 하천은 대부분이 강우시에 한하여 일시적으로 존재하는 건천(乾川)이므로 현재 농업 및 공업 용수는 거의 지하수 개발에 의존하는 실정이다. 또한 제주도는 육지부의 여타 지역에 비하여 원자재 및 연료의 조달과 양질의 노동력 및 경영인 확보면에서 매우 취약하고 사회 간접자본에도 크게 낙후되어 있다.

──김태보,「제주경제의 실태와 활성화 전략」, 제주대 지역발전연구 2집. 1990──

이러한 지역적인 특성을 감안한다면 결국 1차와 3차 산업의 변화만 가지고도 제주 경제의 흐름을 파악할 수 있게 된다. 한편 '관광 제주' 또는 '환상의 섬'이라는 시각을 갖고 보면 이곳이 관광 위주로만 경제가 운영되고 있는 것으로 생각되나 통계상으로 보거나 실제 이곳에서 생활해 보면 전혀 다른 양상을 띠고 있음을 발견할 수 있다. 먼저 제주도의 산업별 주민 총생산과 고용구조 비율을 알아보기로 한다.

	1980		1985		1990	
	고용구조	주민총생산	고용구조	주민총생산	고용구조	주민총생산
1 차 산 업 (농업, 임업, 어업)	68.5	34.7	60.1	42.0	42.0	35.0
2 차 산 업 (광업, 제조업)	4.9	5.0	3.4	3.4	3.8	3.0
3 차 산 업 (사회간접자본 및 기타 서비스)	26.6	60.3	36.5	54.6	54.2	62.0

―― 주요 행정총람, 제주도, 1991. ――

위의 통계수치를 보면 제주도 2차산업의 비율은 앞서 예시된 이 지역 경제특성을 그대로 대변해 주고 있다. 결국 사회가 발전할수록 1차산업은 줄어들기 마련이므로 향후 제주도의 경제는 한정된 2차산업의 명맥을 유지하면서 1차산업은 줄고 대신 3차산업이 늘어날 것으로 전망된다.

그러나 최근 10년 간의 통계를 보면 아직도 1차산업의 비중이 상당히 높으며 고용구조로 볼 때 제주도인의 경제활동인구(15세 이상)중 과반수 정도가 1차산업에 종사하고 있음을 알 수 있다. 그런데 제주도의 특징은 도시와 농촌의 혼합형으로 제주시와 서귀포시의 일부지역만 도시화된 모습을 갖추었으며 기타 지역은 전형적인 농촌, 산촌, 어촌의 취락구조를 그대로 유지하고 있다. 즉, 부모세대가 이들 지역에 거주하며 1차산업에 종사하는 반면 자녀세대는 부모세대와 같이 살거나 시지역에 따로 살면서 2,3차 산업에 종사하고 있는데 자녀세대들은 집안의 일손이 바쁠 때마다 도와주고 있으므로 실제적으로 보았을 때 1차산업에 직·간접적으로 간

여된 인구는 제주도 경제활동인구의 70% 정도로 보아도 무리는 없을 것이다.

이렇게 높은 비중을 차지하고 있는 1차산업(농업, 임업, 수산업) 중에서도 농업이 주종을 이루고 있는데 수산업 분야는 사면이 바다인데 비해 매우 발전이 느린편에 속한다.

제주의 수산업 구조는 잠수(潛水 : 해녀)가 중심이 되어 바닷말과 조개류를 채취하는 잠수업과 소형어선을 타고 그물이나 낚시로 고기를 잡는 두가지 형태이나 어선을 이용한 어업은 이곳에서 농사나 장사보다 천한 직업으로 여겼으므로 매우 발전이 느리다고 한다. 이와 함께 제주 어업이 영세성을 벗어나지 못하고 있는 이유를 이곳에서는 과거 조선시대 1629년에서 1823년까지 근 200년간 제주도민의 출륙(出陸)을 금지시켰던 바(관리들의 수탈과 자연환경의 재난 등으로 제주도 인구의 반수 이상이 육지로 떠나자 내려진 조치) 자연히 출어금지와 조선기술 억제 조치가 뒤따른 것으로 파악하고 있다.

반면 해녀들의 역할은 대단하여 1980년경만 해도 제주도 전체 어획량의 4분의 3을 거두어 들일 정도였다. 그러나 해녀의 수는 해가 갈수록 줄어들어 '50년대 초반만 해도 3만명에 달하던 것이 '70년대에는 1만9천명으로 줄어들었고 현재는 3,000명(해녀일을 전문으로 하는 사람은 그리 많지 않고 대개 농업에 종사하면서 물때에 맞춰 물질을 한다)으로 줄어들었으므로 향후 20~30년 후면 제주의 해녀는 거의 사라질 것이고 그들이 담당했던 제주 수산업의 높은 비중도 크게 떨어질 것이다.

그러나 제주의 수산업 역시 농업을 겸업하고 있는 가구가 대부분이므로 제주도 1차산업의 주체는 역시 농업이라 할 수 있을 것이다. 농사를 짓는 토지에 있어 한가지 특기할 만한 것은 논이 극히 적다는 것인데 밭과 논의 비율로만 따진다면 논의 비율은 밭의 2.0%에도 못미치고 있다. 이는 제주도의 토질에 논농사가 부적합하기 때문인데 제주도에서 논을 구경하기란 강원도에서 평야지대를 찾는 것과 같다.

따라서 이곳의 농업은 밭농사를 근간으로 발전해 왔으며 현재 밭에서 재배하는 작물로는 주정(酒精)의 원료인 고구마, 식용기름의 원료인 유채, 맥주의 원료인 맥주보리, 식용보리, 콩, 참깨 등이며 과실로는 파인애플, 바나나, 키위 등이 재배되고 있다. 그러나 이상의 작물들이 시대에 따라 등락을 보여온 반면 60년대말부터 꾸준히 이 지역 경제의 밑거름이 된 것이 있는데 그것은 과거 '대학나무'라 불리웠던 감귤(이곳에서는 일본식 발음인 '미깡'이라 함)이다.

제주도에 감귤 재배가 언제부터 시작되었는지는 정확히 알 수 없으나 탐라지(耽羅志)에 의하면 고려 문종6년(1052) 3월 고려조정에서는 탐라에서 해마다 조공하는 귤을 백포(百包)로 개정하여 영원한 정재로 삼았다고 되어 있으므로 그 기원이 아주 오래되었음을 알 수 있다. 또한 조선시대에도 매우 귀중한 진상품에 속하였으며 귤이 서울에 도착하면 임금은 이 귤을 신하에게 나누어주면서 과시(科試)를 보게 하였는데 이를 황감제(黃柑製)라 하였다.

이렇듯 최고의 진상품이었던 감귤이 제주도에 본격 재배되어 농가의 주소득원이 되기 시작한 것은 1960년대말로 이때부터 황금나무로 각광받아 너도 나도 재배하기 시작한 제주도 감귤은 현재 전체 농경지의 약 28%를 차지할 정도로 신장을 했다. 감귤에 의한 총 생산액은 1986년을 고비로 관광수입과 반전되었지만 아직도 지역경제에 큰 밑거름이 되고 있다.

1990년 통계로 볼 때 관광수입이 약 4,300억원, 감귤수입이 약 3,200억원으로서 농산물 수입 중에 특히 감귤 수입만은 막아야 한다는 것은 감귤 재배를 통한 수익이 제주도 경제의 기반을 뒤흔들 만큼 높은 비중을 차지하고 있기 때문이다.

1980년대부터 시작된 바나나 재배는 고소득작물로 한동안 호황을 누렸으나 수입 자유화와 함께 1991년 34만톤 정도가 수입되면서 파산을 면치 못해 몇 군데의 농원을 제외하곤 모두 업종 전환을 한 실정이며 파인애플도 마찬가지이다. 이외에 1990년 통계자료로 제주도의 농경지 이용현황을 보면 전체 농경지의 28%를 차지하고 있는 감귤(19,414ha)에 이어 맥주용보리(8.890ha), 콩(8,722ha), 고구마(3,790ha), 유채(3,789ha), 감자(2,779ha)가 차지하고 있다. 기타 참깨, 당근, 파, 배추, 양배추, 수박 등의 작물을 합치면 제주도 전체 농경지의 80% 이상을 차지하고 있으므로 이들 작물이 제주도의 중요한 농가 소득원이 되고 있음을 알 수 있다. 이상과 같이 제주도의 1차산업 중 매우 높은 비중을 차지하고 있는 농업도 농산물 수입개방 등의 여파로 많은 어려움을 겪고 있으며 새로운 특용작물 재배를 통해 이를 극복하는 농가도 있으나 대책을 세울만한 충분한 기간과 대안없이 밀려오는 압력에 잔주름이 늘어가는 것은 육지의 전형적인 농가와 마찬가지인 듯 싶다.

한편 1276년 고려 삼별초가 제주에 들어와 패하게 되자 몽고는 탐라를 지배하여 일본정벌을 위한 전초기지로 삼았는데 이때 160마리의 몽고말을 들여와 지금의 남제주군 성산읍 수산리 일대인 수산평(水山平)에다 방목했다. 이어 양과 낙타도 들여왔는데 이때부터 제주의 목축업이 시작됐다 할 수 있을 것이다. 현재 제주도에는 121개의 크고 작은 목장이 있으며 본시 제주도의 목장 운영방식은 마을 공동목장제(말과 소의 관리를 한집이 맡는 것이 아니라 마을의 여러 집이 힘을 모아 당번제로 관리하는 방식)로 자연방목을 하였으나 지금은 이러한 방식이 급격히 줄어들고 있다고 한다. 1990년 통계로 제주에는 관영목장 4군데, 기업형목장 36군데, 부락공동목장 80군데가 있고 1,068군데의 초지(草地)가 조성되어 있어 이들 지역에서 한우, 젖소, 돼지, 말 등을 비롯해 개, 양, 토끼, 사슴, 오리 등이 사육되고 있다.

이러한 와중에서도 제주의 관광산업은 날로 발전하여 근간의 자료로 볼 때 제주도를 찾았던 관광객은 내외국인을 합쳐 1980년에 약 67만명이던 것이 1985년에는 약 130만명으로 2배 정도 증가했으며 1990년에는 290만명으로 급격한 신장세를 보여왔다. 이는 국민 전체적인 생활수준의 향상과 더불어 제주를 찾을 수 있는 교통편의 확충, 그리고 이곳에서 이렇듯 많은 관광객을 수용할 수 있는 능력을 완비하는 등 여러가지 조건이 모두 충족될 수 있었기 때문이다.

그러나 아이러니컬하게도 많은 관광객의 입도를 통한 관광수익이 제주도 사람에게 돌아가는 것은 아니다. 물론 관광객과 직접 연계된 사람들, 예를들면 여행사나 숙박업소, 토산품점, 개인택시 기사들은 계절별로 차이를 보이는 관광객의 숫자여하에 따라 가계(家系)의 수입원이 차이를 보일 수 있을지는 모르겠다. 그러나 이들 뿐만 아니라 관광과 별개의 일을 하고 있는 대다수의 제주도 사람들은 한해에 300만 명 정도가 찾아오는 시점에서도 관광에 대해 거의 무신경하다. 오히려 지나친 개발로 인한 피해 사례가 더 많은데 따라서 휴일만 되면 마땅히 쉴만한 장소가 없다는 것이 이곳 사람들의 불만이기도 하다. 물론 많은 수요가 있으면 좋겠지만 그러한 수요의 증가가 제주의 문화와 전통, 그리고 자연경관을 유지하는데 커다란 장애요인이 되고 관광수익의 많은 양이 육지의 대자본가들에 의해 도외(道外)로 유출된다면 그리 반길만한 일은 아닐 것이다. 그렇다고 해서 제주의 관광산업을 무시할 수도 없는데 이는 관광산업의 급격한 신장과 더불어 타산업으로의 파급효과도 적지 않을 것이기 때문이다.

그러나 앞으로의 관광객 증가는 제주도의 작은 면적과, 관광객을 수용할 수 있는 기후, 그리고 특정한 달과 요일에만 몰린다는점을 감안한다면 오히려 한적함보다는 짜증스러운 여행 결과를 가져올 수 있다. 즉 보다 많은 관광객을 유치하기 위해서는 분산된 지역에서 이들을 수용하기 위한 관광개발을 하게 되고 우리는 그 러한 곳에서 제주도적인 것보다는 문명화된 모습을 단지 자연경관이 이국적이라는 표현 하나만으로 가까운 근처보다는 먼 제주도에서 맛보는 모순을 낳을지도 모르 겠다. 제주도에 대해서 전반적인 상황을 모르던 육지인이 제주인과 얘기하는 것을 들어보면 항상 대화가 제대로 통하지 않는 것을 느끼게 되는데 이곳을 관광지로만 생각한다면 그것처럼 심한 편견도 없을 정도로 이곳 사람들 전체적인 삶의 모습은 지금까지 관광과 무관해왔다. 따라서 제주의 경제는 아직도 제주도에서 높은 비중 을 차지하고 있는 1차산업(특히 농업)의 향방 및 관광산업과 타산업과의 연결, 그 리고 이곳 사람들과의 연계(매우 힘든 일이지만) 여부에 따라 그 모습을 달리할 것 으로 예상된다.

5. 세계적인 화산박물관

제주도는 화산을 연구하는 학자들에게 있어 학술적 가치가 매우 높은 곳으로 평 가되고 있는데 생성 조건이 까다로와 보통의 화산체에서 볼 수 없다는 용암 동굴 의 숫자만 해도 지금까지 발견된 것이 60여 개나 되며 그 중에는 단일 화산동굴로 세계에서 제일 긴 빌레못굴(12,425m)이 있다. 또한 동굴 성인으로 볼 때 세계 3대 불가사의 중 하나라는 용암 석회 동굴(용암 동굴이 다시 2차적인 석회작용을 받아 종유석과 석순을 만들며 석회동굴로서의 특징을 갖춘 굴)도 있다.

나름대로 개개의 특징을 갖춘 기생 화산만 해도 제주 전역에 360여개나 산재해 있는데 이것도 단위 면적당 세계 최다라 한다. 이와 더불어 세계에서 가장 큰 화산 탄(Volcanic bomb : 화산 폭발시 용암 덩어리가 공중에 치솟아 올라 굳은 것)마저 있으니 가히 세계적이라 할 만하다. 이렇듯 제주 전역에 있는 각종 분화구와 용암 동굴은 지질학자의 관심거리이기도 하지만 대부분 관광코스로 정해져 있으므로 이 분야에서의 가치도 상당하다고 볼 수 있을 것이다. 말 그대로 화산박물관이라는 제주도 화산섬이 갖는 특징을 간략히 알아보기로 한다.

1) 화산의 분류로 본 제주도

① 화산 형태에 의한 분류

제주도를 가르켜 흔히 순상화산(楯狀火山 : Aspite, 아스피테)이라고 하는데 이는 쉽게 말해 분출하는 용암의 점성(粘性 : 끈적임)이 낮아 경사가 완만한 형태의 화산체를 이룬 것을 말하며 글자 뜻 그대로 방패 같은 모양이다. 이와 반대로 용암의 점성이 높으면 경사가 급한 종(鍾) 모양을 갖는데 이런 형태의 화산체는 성층화산(成層火山 : Konide, 코니데)이라 칭하고 있다.

그러나 엄밀히 따지면 제주도의 기저부는 경사가 완만한 순상화산이지만 한라산 정상부(해발 1400m 이상)는 경사가 급한 성층화산으로 되어 있으므로 제주도는 순상화산과 성층화산의 복합적인 형태를 갖추었다고 할 수 있다.

한편 용암의 점성이 매우 낮으면서 지각의 갈라진 틈으로 용암이 흘러나오면 개마고원과 같은 용암대지(熔岩臺地)를 만들고 점성이 극단적으로 높으면 그대로 솟아올라 용암탑(熔岩塔)을 만들기도 한다.

② 화산 활동에 의한 분류

화산을 그 활동 상태에 따라 분류해 보면 다음 세가지로 나누어 지는데 제주도는 휴화산으로 분류되고 있다.

활화산(活火山)-현재 활동중인 화산. (일본열도, 하와이)

휴화산(休火山)-현재 활동은 하지 않으나 역사 시대(인류 생활에 관한 문헌 자료가 전해져 있는 시대) 이후 화산 활동의 기록이 있었던 화산. (제주도)

사화산(死火山)-역사시대 이전에는 화산 활동이 있었으나 그 이후로는 화산 활동의 기록이 없는 화산.

역사시대 이후 제주도에서의 화산활동은 고려시대 중엽인 1002년과 1007년에 있었으며 이에 대한 기록은 신증동국여지승람(新增東國與地勝覽) 등에도 나타나 있는데 그 역사적 사실은 다음과 같다.

穆宗五年 夏六月 耽羅山開四孔 赤水湧出五日而止 其水皆成瓦石 十年 瑞山湧出東海中

山之始出也雲霧晦冥 地動如雷 凡七晝夜 始開霽 山高可百餘丈 周圍可四十餘里 無草木 烟
氣冪其上 望之如石硫黃 人恐懼不敢近 王遣太學 博士 田拱之 來視之 拱之躬至山下 圖其形
以去(목종5년(1002년) 여름 6월 탐라산에서 네 구멍으로 붉은물(용암)이 5일 동안 용출하
였다. 그 용암은 모두 와석(瓦石)이 되었다. 목종10년(1007년) 상서로운 산이 탐라 해중에
서 솟아나왔다. 산이 처음 솟아날 때 구름과 안개로 어두웠으며 우뢰같이 땅이 흔들리기
를 7일 동안 계속하더니 비로소 개었다. 산의 높이는 거의 백여장(丈)이 되며 주위는 40여
리나 되고 초목은 없고 연기가 그 위를 뒤덮었다. 보기에 유황같아 사람들이 두려워 접근
하지 못했다. 왕이 태학박사 전공지를 파견하여 이 산을 시찰토록 한 바 몸소 전공지가 산
아래까지 이르러 그 형태를 그려 돌아갔다.)

—— 심재 김석익(金錫翼)의 탐라기년, 탐라문헌집, pp.348~349. ——

이 화산 폭발은 군산(軍山)과 비양도로 알려지고 있지만 정확한 위치는 아직 확
실히 밝혀지지 않고 있다. 앞서 화산활동에 의한 분류는 단지 시점상의 구분일 뿐
향후 화산활동의 가능성에 대한 구분이 아니므로 제주도의 어느지역에서 또다른
화산분화나 지각변동이 있을지는 알 수 없다. 그리고 그 '알 수 없음'을 알고서 한
라산을 등반하면 이마에 맺힌 구슬땀이 잠시나마 등뒤의 식은땀으로 변할지도 모
를 일이다.

한편 제주도의 최초 화산분출은 신생대 제3기말 플라이오세(지금부터 약 100만
년 전)로 파악되고 있으며 몇가지 암석의 절대연령 자료에 의하면 산방산(기생화
산 중 하나)은 약 73만년 전, 한라산 백록담은 약 2만 5천년전, 만장굴에 있는 용
암석주(일명 사랑의 바위)는 약 2만년 전의 것으로 밝혀졌다. 따라서 제주도는 지
금부터 약 100만년 전의 최초 화산분출로부터 고려시대 화산분화에 이르기까지 장
구한 세월에 걸쳐 화산활동을 지속했음을 알 수 있다.

2) 360여 개의 기생화산

제주도 전역에는 그 높이와 형태를 달리하는 기생화산이 360여개나 산재해 있는
데 이곳에서는 이들 기생화산을 가리켜 '오름'이라 부르며 한자로는 악(岳), 봉
(峯), 산(山) 등으로 표기하고 있다.

제주도에 있는 기생화산의 높이는 대부분이 50~200m 내외이고 그 이상의 것은
그리 많지 않다. 그러나 제주도 전체가 거대한 산의 모양을 하고 있으므로 어느 등

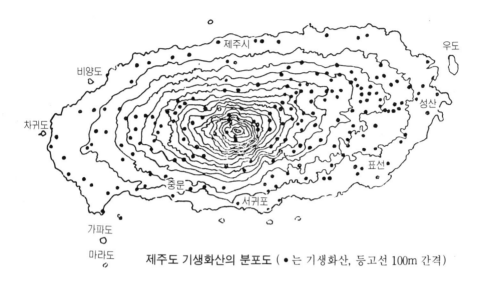

제주도 기생화산의 분포도 (•는 기생화산, 등고선 100m 간격)

고선상에 위치하느냐에 따라 해발 고도는 상당한 차이를 나타내기도 한다.

이들 기생화산 역시 작은 화산에 속하므로 용암의 점성이나 폭발 형식에 따라 여러가지 모양을 갖추게 되는데 제주도의 기생화산 중 중요한 것들은 다음과 같다.

① 둥근형 화구 (성산일출봉, p.6 사진참조)

일반적으로 화산이라고 하면 백두산 천지나 한라산 백록담처럼 움푹 패인 화구(火口)가 있을 것으로 생각하나 제주도에 있는 기생화산 중 약 5% 만 화구를 갖추고 있을 뿐이다. 그 중 성산 일출봉이 대표적이며 이렇게 움푹패인 분화구는 용암이 분출을 다한 후 내부로 수축함으로서 생기게 된다.

이런 화구에 물이 고이면 화구호(火口湖)가 생기게 되는데 성산 일출봉의 경우는 지질적 특성으로 빗물이 모두 밑으로 빠져나가므로 화구호가 생성되어 있지 않다. 그러나 한라산 백록담의 경우는 암석의 구조가 치밀하여 화구호가 생성되어 있다. 한편 백두산 천지(天池)는 화구호라 하지 않고 칼데라호(Caldera lake)라 부르는데 이러한 것은 마그마가 분출을 다한 후 지각 내부에 커다란 공동이 생겨 산의 정상부가 밑으로 함몰하여 생긴 호수이다. 따라서 화구호에 비해 상당히 규모가 큰데 미국 오레건주에 있는 크레이터호는 직경이 약 10km에 달하는 초대형 칼데라호이다.

② **폭렬화구**(산굼부리, p.7 사진참조)

마그마에 녹아 있는 고압의 가스류와 수증기는 지표면 가까이 옴에 따라 팽창하여 폭발적인 힘을 갖기도 한다. 이 폭렬화구는 용암을 분출하지 않고 다만 기체의 폭발적인 힘에 의해 지표를 덮고 있던 껍질을 부수기만 한 것이다.

따라서 화구벽의 높이는 수십 미터 밖에 되지 않으나 내부의 깊이는 100~140m에 이른다. 모양은 포탄이 떨어진 것과 같으며 이렇게 만들어진 화구를 마르(Marr)라고 하는데 360여개의 기생화산 중 산굼부리 하나뿐이다.

③ **용암 원정구**(산방산, p.12 사진 참조)

제주도는 용암의 점성이 낮아 경사가 완만한 순상화산을 이루고 있으나 한라산 정상부(1400m 이상부터 1950m 까지)는 점성이 높은 용암을 분출하여 경사가 매우 가파르다. 기생화산들 역시 한라산의 최후 분출을 전후하여 만들어졌으므로 이들도 점성이 높은 용암을 분출하였을 것이다. 그중에서도 특히 점성이 높은 용암을 분출한 곳이 있는데 이때의 용암은 화구에서 멀리까지 흐르지 못하고 일반적으로 돔(Dome) 모양의 둥근 원정구를 만든다.

산방산(山房山)이 가장 대표적인 것이며 투구 모양을 하고 있어 360여 개의 기생화산 중 다른 것은 몰라도 이것만은 누구나 쉽게 알아볼 수 있다. 이렇듯 극단적으로 점성이 높은 용암을 분출한 것은 이 외에 두서너 군데 뿐이다.

④ **암설구**(岩屑丘)

용암 분출은 거의 없고 주로 화산쇄설물(화산 폭발시 발생하는 용암이나 기존 암석의 파편)로 만들어진 것으로 원추형의 모양을 하고 있다. 특히 분석(噴石 : 암편의 지름이 4~32mm)으로만 되어 있으면 분석구(噴石丘)라 하며 경사는 30°내외이다. 모양은 달리하지만 제주도에 있는 기생화산의 70% 정도가 이들 분석구로 되어 있다고 한다.

3) 동굴

제주도 전역에는 현재 발견된 60여개의 용암동굴뿐 아니라 바닷물의 침식에 의한 해식동굴(海飾洞窟), 그리고 일제 말기 일본군의 참호 및 군수물자 보존을 위해 파놓은 인공동굴 등 수 많은 종류의 굴이 있다. 이중 용암동굴은 화산지역이라

해서 만들어지는 것은 아니라 다음과 같은 몇가지 물리적 조건이 구비되어야 한다.

첫째, 용암이 다량 유출되어야 하며 점성이 낮아 멀리까지 잘 흐를 수 있어야 한다.

둘째, 용암이 모여 흐를 수 있는 긴 평면의 계곡을 이루고 있어야 한다.

제주도에 수많은 용암동굴이 산재해 있다는 것은 위의 조건, 즉 용암의 점성이 낮았고 용암이 모여 흐를 수 있는 구조가 제대로 갖추어져 있음을 알 수 있다. 이러한 용암동굴의 생성 과정을 설명하면 다음과 같다.

① 용암이 흐르기 전 편평한 기반암(基盤岩)이 있다.

② 그 위를 점성도가 낮은 다량의 용암이 흐르면 약 1100℃에 이르는 용암은 공기와 접하는 부분이 가장 빨리 식어 굳어지기 시작한다. 그러나 내부는 아직도 용융상태이다. 이러한 상태가 지속되면 내부의 용암마저 모두 굳어 버리므로 용암동굴을 만들지 못한다.

③ 그러나 이 때 화산 활동에 의해 용암 공급이 다시 시작되거나 끝부분에 어떠한 이유로 충격이 가해지면 내부의 용암은 끝부분을 부수면서 흘러 나가고 내부에는 빈 공간이 생긴다.

④ 이러한 과정이 반복되면 매우 긴 용암 터널을 만들 수 있다.

—— 이문원·손인석, 『제주도는 어떻게 만들어진 섬일까』——

이와 같이 생성된 용암 동굴 외에 제주에는 **용암·석회동굴**이 한 군데 있다. 이것은 북제주군 한림공원내에 있는 협재·쌍용굴로서 생성된 용암동굴이 다시 석회화 작용을 거쳐 석회동굴로서의 특징을 갖춘 것이다. 대부분이 현무암인 제주 지역에서 어떻게 석회 작용을 받을 수 있었을까?

불가사의라고 표현되는 것은 원인을 알 수 없다는 뜻이지만 이 동굴의 성인을 모르는 것은 아니며 단지 자연의 오묘한 조화 덕분에 생긴 것이니 그렇게 칭해도 과찬은 아닌 듯 싶다.

이 동굴은 완성된 상태가 아니며 지금도 계속해서 석회 작용을 받으면서 석회동굴의 특징을 더 한층 갖추어 가고 있는 중인데 이렇게 석회작용을 받는 것은 패사(貝沙) 덕분이다. 한림공원 저 멀리에는 바로 협재 해수욕장이 자리 잡고 있는데 여기에 쌓인 패사는 강한 바람에 의해 이동하여 이 동굴 위에 평균 3m 두께로 퇴적되어 있다. 본래 용암동굴인 협재·쌍용굴은 빗물(H_2O)과 빗물에 녹아있는 이산화탄소(CO_2), 그리고 패사성분($CaCO_3$)이 서로 화학작용을 일으키며 동굴 내부로 스며들면서 석회동굴로 변화되고 있는 것이다. (p.17 사진 참조)

이러한 2차 동굴은 전세계적으로 매우 드문 경우라 하며 동굴의 성인으로 볼 때 세계 3대 불가사의로 꼽히고 있으니 매우 의미있는 자연 보고(寶庫)라 할 수 있다.

또한 이 협재·쌍용굴은 세계 제일의 화산동굴계(동일시기에 생성되었으나 천장의 함몰 등으로 여러 개의 굴로 나누어진 것으로 재암천굴, 황금굴, 초깃굴, 소천굴 등이 이 협재·쌍용굴계에 포함된다)이며 비록 국제 공인은 못받았지만 단일 화산동굴로 기네스북에 올라있는 빌레못굴보다도 약 5,000m가 긴 17,175m를 기록하고 있다.

4) 용암의 성질로 나타나는 특징들

① 구멍이 송송 뚫린 잿빛 현무암

여기서는 벌집처럼 구멍이 송송 뚫려 있어 매우 이채로와 보이는 제주도의 잿빛 현무암에 대해 알아보기로 한다.

보통 지하 깊은 곳에 위치한 고온, 고압의 마그마(Magma : 이것이 지표로 나와 흐를 때는 용암이라고 부른다.)에는 많은 화산 가스가 녹아 있다. 화산가스는 이산화탄소, 황, 황화수소, 수증기 등이며 이중 60~90%가 수증기이다. 이들 가스를 함유하고 있던 마그마가 지각을 뚫고 기압이 현저히 낮은 지표로 분출하기 시작하면 가스류는 대기중으로 빠져 나가게 되는데 이는 사이다 병을 딸 때 이산화탄소 기포가 빠져 나가는 것과 마찬가지 원리이다. 또한 대개의 용암은 점성이 낮을수록 더 많은 화산가스를 함유한다고 한다. 따라서 제주도처럼 점성이 낮은 용암을 분출했던 곳은 다량의 가스가 방출되면서 용암이 굳어 버렸으므로 대부분의 암석이 벌집처럼 구멍이 뚫려 있다.

한편 제주도에 있는 암석은 거의 대부분 검은색을 띄고 있는데 이는 이곳을 처음 찾는 사람들에게 이국적인 감정을 불러 일으키는데 있어 으뜸이다. 초가와 밭 사이에 가지런히 쌓여 있는 이 검은 돌이 없다면 제주도는 여하한 많은 특징에도 불구하고 외관상 제주도적인 모습을 지닐 수 없었을 것이다. 용암이 식은 후 만들어진 화산암은 이산화규소(SiO_2 : 바닷가의 모래 성분) 함유 정도에 따라 산성암, 중성암, 염기성암 등으로 나누어 지는데 이산화규소 함유율이 45~52%인 염기성의 화산암을 색이 검다하여 검을 현(玄)자 현무암(玄武岩)이라 부르고 있다.

대개 이산화규소 함유량이 적을수록 용암의 온도는 높고 점성은 낮으므로 용암이 잘 흐르게 되고 따라서 완만한 경사의 화산체를 만들게 된다.

또한 용암은 이산화규소(백색)를 비롯해서 마그네슘 및 철(흑색)등이 혼합되어 있으므로 이산화규소가 적게 들어 있을수록 검은색을 띠게 되고 반대로 이산화규소가 많을수록 백색에 가까워지게 된다.

그러나 제주도의 몇몇 지역에서는 암석의 색이 희고 구멍도 뚫리지 않은 것을 발견할 수 있는데 그 대표적인 지역으로 영실코스(한라산 남서쪽 등산로)와 돈내코 계곡 등을 들 수 있다. 앞서 제주도의 기저부는 용암의 점성이 낮은 것이었으나 한라산 정상부는 점성이 높아 종모양을 이룬다고 했는데 이들 지역이 바로 점성이 높은 용암이 흘렀던 지역이다. 따라서 이들 지역은 제주도에서 거의 보긴 힘든 백색의 암질을 띠고 있으며 전혀 구멍도 뚫려있지 않다.

또한 구멍이 뚫리지 않아 치밀하므로 이러한 용암이 흘렀던 계곡에서는 사시사철 맑은 물이 흐르고 있다. 그러나 이러한 곳은 서너곳에 불과하며 한라산을 중심으로 방사상으로 흩어져 있는 20여개의 하천 대부분은 점성이 낮은 용암이 흘렀던 지역에 생긴 것으로 암석에 공극이 많아 투수성(透水性)이 좋으므로 비가 올 때만 물이 흐르고 비가 개면 금새 말라버리는 제주도 특유의 건천(乾川)을 이루고 있다.

② 해변의 색이 육지와 다르다.

제주도의 지질은 제주만이 갖는 또하나의 특징을 만들어냈는데 이는 바로 해수욕장의 바닷물 색깔이다. 처음보는 사람은 누구든지 탄성을 자아낼만큼 바닷물의 색이 연한 하늘색(수심이 얕은곳)에서 짙푸른 청색(수심이 깊은곳)을 띠고 있어 과연 저런 색이 있는지 스스로의 색감을 의심케 해 준다.

이러한 바닷물 색은 물이 맑아서 그런 것은 아니며 만약 해변에 모래(SiO_2가 주성분)가 깔렸다면 그런 환상적인 색은 결코 나오지 않는다. 제주도의 여러 해수욕장에 깔려 있는 것은 외관상 모래처럼 보일 뿐 성분면에서는 전혀 다른 패사(貝沙 : 조개 껍질의 파편)들이다. 실제로 해안가의 패사를 손으로 비벼보면 진흙처럼 무른 것을 알 수 있다. 패사는 탄산칼슘($CaCO_3$)이 주성분이며 일반 모래와 비교해 백색도(白色度)가 크고 치밀하게 모여있어 반사율이 높으므로 제주도 해수욕장의 색은 육지의 그것과 달리 아름다운 애머랄드 빛을 띠고 있다.

대부분의 암석에는 적든 많든 석영(이산화규소, 즉 SiO_2성분이 광물을 이루고 있을 때는 석영이라함)이란 광물이 들어 있는데 이 광물은 풍화에 견디는 힘이 가장 강하고 경도(硬度 : 긁힘에 대한 저항) 또한 다이아몬드 다음으로 높다. 따라서 해안가의 암석이 수십만년에 걸쳐 풍화를 받으면 잔류되는 것은 이 석영 뿐이며 이들 석영이 모여 해안가의 백사장을 만들게 된다. 그런데 육지의 암석과는 달리 화산암(용암이 식어 굳어져 만들어진 암석)의 경우는 광물의 결정이 완전하게 성장하지 못해 유리질(glassy)을 이루는 특징이 있다. 즉 제주도 현무암의 경우 이산화규소(SiO_2) 함유율이 40% 정도가 되지만 육안으로는 석영의 결정을 볼 수 없고 따라서 이들 암석은 수십만년에 걸친 풍화를 받아도 석영 결정이 모아지지는 않으며 대신 패사(貝沙)가 해안 주변을 뒤덮을 뿐이다.

T.V의 선전에서 가끔 보게 되는 애머랄드 빛의 바닷물 색은 결국 패사 또는 산호(산호역시 주성분은 $CaCO_3$)가 만든 것임을 우리는 직접 가보지 않더라도 알 수 있다.

또 한가지 제주도 해수욕장에서 발견되는 특징은 그 어디서 볼 수 없었던 검은색 모래 사장이 두어 군데 있다는 점이다. 그러나 이 역시도 일반 모래는 아니며 주성분은 철분(Fe_2O_3)으로 되어 있다. 이곳은 모래찜질을 하는 곳으로 신경통 환자들이 많이 찾고 있는데 의학적으로는 알 수 없지만 들리는 말로는 그 효과가 매우 크다고 한다. 실제적으로 자석을 갖다 대면 검은색 모래는 거의가 달라 붙는데 철분이 주성분이니 일반 모래와 달리 그 온도가 매우 높을 것이고 온도가 높은 만큼 찜질 효과도 클 것이다.

여하간 육지부의 해수욕장은 석영(SiO_2)이 주성분이고 제주도의 패사는 칼슘($CaCO_3$)이 주성분이며 제주도 흑사는 철분(Fe_2O_3)이 주성분이니 매우 흥미로운 사실중의 하나이다.

이상은 제주도 화산에 대한 간략한 모음이다. 역사에는 가정이 있을 수 없다고 하지만 자연과학은 하나의 가설(假說)을 출발로 해서 발전해 온 면이 없지는 않다. 만약 제주도의 용암 성분이 전체적으로 점성이 높은 것이었다고 가정하면 우리는 구멍이 송송 뚫린 검은색 현무암도 볼 수 없고 웅장한 용암동굴도 볼 수가 없었을 것이다.

또한 사시사철 물이 흐르는 계곡을 찾을 수 있으나 대신 전국에서 가장 많은 강우량과 집중호우의 성격을 갖고 있는 제주도는 해마다 물난리를 겪는 수해지역으로 변모했을지도 모른다.

그러나 용암은 결국 제주도다운 용트림을 했으니 우리는 자연을 지배할 수 없고 단지 순응할 따름이다.

제 3 장

제주방언을 배워봅서예

　제주도를 제외한 타 지역의 방언(方言)은 독특한 억양 내지 몇 가지 특징만 알면 쉽게 이해할 수 있는데 그 이유는 지역적인 방언이 어렵지 않다는 점도 있고 그곳 토박이들과도 쉽게 접할 수 있는 기회가 많기 때문이다. 더구나 매스컴의 발달로 인해 흔한 연속극이나 코메디 소재로서 오래 전부터 우리의 안방에 전해져 왔으므로 전혀 낯설지가 않다. 그러나 제주방언만은 이 두 가지 조건이 모두 갖추어져 있지 않다. 즉, 적은 인구이기 때문에 육지의 곳곳에서 제주도 토박이를 쉽사리 만날 수 없거니와 그 언어가 대중매체를 통해 전달되려면 지면(紙面)의 경우 해석이 딸려야 하고 T.V를 통해서라면 극장에서의 외국영화 상영과 마찬가지로 자막이 필요하다는 고충이 있다.

　따라서 육지인이 제주인의 의중(意中)을 헤아릴 수 있는 어감까지 이해하려면 적게나마 문법적인 연구도 있어야 하거니와 부수적으로 많은 시간을 필요로 한다. 한마디로 줄여 제주방언은 제주인 스스로가 말하듯이 제2외국어로서 어순을 제외하곤 모든 것이 다르므로, 결국 우리에게 전혀 알려질 수 없었던 근본적인 이유는 제주방언 자체의 어려움에서 발생했다고 볼 수 있을 것이다.

　흔히 언어를 연구하지 않고는 그것이 쓰이는 지역의 역사와 문화를 알 수 없다고 하는데 언어는 그만큼 지역적인 특성을 잘 대변해 준다. 그런데 9박 10일 등과 같은 장기여행이나 우연한 기회로 두번씩이나 제주도를 다녀 온 사람들을 만나 보면 제주방언이 있는지조차 모르는 경우가 있었다. 이는 만나는 사람이 한정되어 있을 뿐만 아니라 관광안내원 또한 표준어를 적절히 구사해주기 때문이며 육지인에게는 자발적으로 표준어를 써주는 이곳 사람들의 배려 덕분이다. 이러한 이유를 종합해 보면 언어학자 이외의 사람들에게는 제주방언이 제대로 알려지지 않았다는 결론에 이르게 된다.

　그러면 굳이 1.8%의 면적과 1.3%의 인구를 가진 이곳의 방언을 힘들여 알 필요가 있을까? 물론 육지와 멀리 떨어져 있어 단지 행정력의 편의만을 위해 일개 도(道)로 나누었다면 애써 알 필요가 없을지도 모른다. 그러나 아무리 작은 면적과 인구라 할지라도 엄연한 행정구역의 하나요 언어학의 보고라 불릴만큼 제주방언은 언어학에 있어서도 매우 중요한 가치를 지니고 있다. 또한 제주방언이라기보다는 우리 나라 언어의 고어(古語) 형태라 할 정도로 옛것이 많이 남아있는 곳이다.

　그러므로 제주방언을 조금이나마 아는 것은 우리 언어에 대한 최소한의 관심이라고 볼 수 있다. 어찌했건 제주 방언이 매우 어려운 것은 사실이며 처음 듣게 되면 북한 말씨 같고 때론 중국이나 일본 말씨 같기도 하다. 반말인 듯한 것이 존칭의 뜻이 되고 투박함과 부드러운 어감이 공유하기도 하는데 이 글을 읽다 보면 쉽게 이해가 될 것으로 믿는다. 주로 육지인이 혼동하고 오해하기 쉬운 것과 기본적인 문법체계, 그리고 동사의 변형과 그 어감(語感)에 중점을 두어 가능한한 쉽게 설명하고자 한다.

　가끔 제주도의 민속이나 방언 등을 연구하기 위해 이곳에 들렀던 사람들의 기행문에는 '거의 알아들을 수 없는' 또는 '반 이상을 이해할 수 없는' 등의 표현이 들어있는데 어느 정도의 지식을 갖추고도 이해할 수 없는 것과 전혀 몰랐던 상태에서 맞이하게 되는 것과는 차이가 있으리라 생각한다. 이 글이 전자의 '어느 정도의 지식'에 도움이 되었으면 싶다.

　참고로 이 장에 나오는 예문은 제주도 어느 곳에 가서 어느 계층과 얘기를 해도 무슨 뜻이냐고 되묻는 사람은 없다는 사실이며 이를 통해 과거 제주도가 육지와의 교통에 있어 어느 정도 격리되었는지를 알 수 있을 것이다.

1. 제주 방언의 존칭

1. 긍정문과 의문문의 종결 어미

제주방언에서 긍정과 의문을 나타내는 존칭형어미 형태로 가장 기본적인 것으로는 '-수다, -쿠다, -우다' 세가지가 있다.

1) -수다 형(形)
이 형태로 과거, 현재 및 과거완료를 표현할 수 있다.
① 과거

연 결 법	표준어	예	비 고
어간+앗, 엇+수과? 수다.	-습니까? -습니다.	알앗수과?(알았습니까) 알앗수다.(알았습니다)	'과'의 발음은 '과, 꽈, 꽝, 꽝'으로 한다.

점심 먹엇수과?　　　　　　　(점심 먹었습니까?)
예, 먹엇수다.　　　　　　　　(예, 먹었습니다.)
어제 뭐 햇수과?　　　　　　　(어제 뭐 했습니까?)
시험공부 햇수다.　　　　　　　(시험공부 했습니다.)
제주도엔 언제 왓수과?　　　　(제주도엔 언제 왔습니까?)
어제 왓수다.　　　　　　　　(어제 왔습니다.)

② 현재 : '-수다'의 현재형은 현재와 현재진행 두가지를 나타낼 수 있고 표준어와의 차이는 '아'나 '어'음과 함께 반드시 'ㅁ'이 삽입된다는 점이다.

연 결 법	예	비 고
어간+암, 엄+수과? 수다.	감수과?(갑니까, 가고 있습니까) 감수다.(갑니다, 가고 있습니다)	'과'의 발음은 '과, 꽝, 꽈, 꽝' 등으로 한다.

어디 감수광?	(어디 가십니까?)
학교에 감수다.	(학교에 갑니다.)
제주도를 알암수꽈?	(제주도를 아십니까?)
잘 몰람수다.	(잘 모릅니다.)
지금 뭐 햄수꽈?	(지금 뭐 하십니까?)
밥 먹엄수다.	(밥 먹습니다.)
고맙수다.	(고맙습니다.)
반갑수다.	(반갑습니다.)

위의 예문을 통해 볼 때 혜은이씨의 노래 '감수광'은 어떤 명사류를 지칭하는 것이 아니고 '가십니까?(가세요?)'란 뜻의 제주방언임을 알 수 있다.

③ **과거완료** : 한국어는 영어와 달리 시제(時制)에 대한 제약을 크게 받지 않으므로 흔히 과거완료는 과거와 대체되어 쓰이기도 하는데 제주 방언에서 과거완료형의 특징은 '낫'음이 들어간다는 점이다.

연 결 법	예
어간+아, 어+ 낫 + 수과? 수다.	봐낫수과?(봤었습니까?) 봐낫수다.(봤었습니다)

어제 극장에 가낫수과?	(어제 극장에 갔었습니까?)
예, 가낫수다.	(예, 갔었습니다.)
전에 제주에 와낫수과?	(전에 제주도에 왔었습니까?)
그땐 뭐 해낫수과?	(그땐 뭐 했었습니까?)
그 영화 봐낫수과?	(그 영화 봤었습니까?)
예, 봐낫수다.	(예, 봤었습니다.)

이상 '—수다'형은 과거, 현재, 과거완료 모두 존칭의 뜻이며 처음에는 북한 말씨처럼 들리기도 하는데 이는 평양 말씨의 '—수다래'란 것이 귀에 익은 탓인 것 같다. 표준어와 비교해 볼 때 표준어에서의 '—시다(내가 했시다), 또는 —수다(좋수다)' 등과 같은 표현은 극히 드물게 쓰이지만 좀 비아냥거리는 표현이 되고 발음이 거의 같으므로 존칭의 뜻이 아닌 것으로 오해하지 않기를 바란다.

시제에 있어 제주 방언의 현재형에는 반드시 'ㅁ'이 들어가며 과거완료형에는 반드시 '낫'이 들어가는 데 이는 매우 중요하다. 처음 듣게 되는 제주방언은 매우 생소한데 여기다가 시제까지 혼동하게 되면 더더욱 이해할 수 없는 말이 되고 말 것이다.

한편 제주 방언에서는 쌍시옷(ㅆ)이 표준어와 달리 매우 약하게 발음되며 거의 발음하지 않기도 한다. 그러므로 앞으로의 모든 표기는 시옷(ㅅ) 하나만을 할 것이며 이것의 발음은 쌍시옷(ㅆ)을 매우 약하게 하거나 거의 하지 않으면서 읽으면 된다. (예 : 먹엇수과?→먹어쑤과로 발음하면 됨) 특히 존재의 유무 및 가능을 나타내는 말인 있다(有)에서는 더욱 그러하다. 또한 없다(無)의 변형에서는 표준어와 달리 비읍(ㅂ) 발음을 하지 않는 특징이 있다.

철수 집에 이수과?	(철수 집에 있습니까?)
철수 집에 엇수다.	(철수 집에 없습니다.)
돈 가진거 엇수과?	(돈 가진거 없습니까?)
호끔 이수다.	(조금 있습니다.)
너 정신 이서 어서?	(너 정신 있어 없어?)
정신 하나도 어서.	(정신 하나도 없어.)

제주 방언의 매력 중 몇가지를 꼽으라면 이 형태의 발음이 들어가는데 이는 나뿐만이 아니라 제주도에 정착해서 살기 시작한 사람들이 매우 흥미롭게 느끼는 것 중 하나이다. 마치 경상도 사람들이 '쌀'을 '살'로 발음하는 것이 매우 신기하게 느껴지는 것과 같은 감정이 일어난다. 육지에서 결혼한 후 제주도에 내려온지 얼마 안된 친구는 집에 가면 부인이 매일 이 말을 하면서 웃는다고 하는데 나 역시 한동안은 '이서, 어서'를 중얼거리며 혼자서 웃던 일도 있었다. 하지만 이것은 발음을 할 수 없어서가 아니라 '있다, 없다'의 제주 방언은 고어(古語) 형태를 아직껏 갖고 있기 때문이다. 즉, 우리말의 '있다, 없다'에 해당하는 고어형은 '**이다, 이시다(有)와 엇다(無)**'였다.

2) ─쿠다 형(形)

'수다'형으로 과거, 현재, 과거완료의 시제를 표현할 수 있으나 미래형은 표현할 수 없다. 의지미래를 나타내는 것은 '─쿠다'형으로 표현할 수 있는데 표준어에서 전혀 찾아볼 수 없는 이 형태의 연결법은 아래와 같다. 표준어로는 '겠습니다, 할 겁니다' 정도의 뜻이다.

연 결 법	표 준 어	예	비 고
어간+(으)+쿠과?	─겠습니까?	가쿠과(가겠습니까)	'으'음은 간혹 생략되기도
쿠다.	─겠습니다.	가쿠다(가겠습니다)	한다.

내일 집에 이시쿠과?　　　　　(집에 있을 겁니까?)
예, 이시쿠다　　　　　　　　　(예, 있겠습니다)
내일 비 오쿠과?　　　　　　　(내일 비가 오겠습니까?)
잘 모르쿠다.　　　　　　　　　(잘 모르겠습니다.)
이래도 괜찮(으)쿠과?　　　　　(이래도 괜찮겠습니까?)
안되쿠다　　　　　　　　　　　(안되겠습니다.)
지금 점심 먹(으)쿠과?　　　　（지금 점심 먹겠습니까?)
예, 먹(으)쿠다.　　　　　　　　(예, 먹겠습니다.)
가인 그거 안 먹으쿠다.　　　　(걔는 그거 안 먹을 겁니다.)
가인 그거 잘 못허키어.　　　　(걔는 그거 잘 못할거야.)

　의지미래를 나타내는 이 형태는 격음(ㅋ)이 들어가서인지 매우 투박한 느낌을 준다. 처음 들었을 때는 웬지 불친절하고 멸시(?)하는 듯이 들리기조차 했는데 (특히 무엇을 물어보았을 때 '잘 모르쿠다'라고 대답하면) 시간이 지나 자주 듣다 보니 그러한 어감에서 다가오는 감정은 저절로 없어졌다. 전혀 생소한 말의 뜻을 알고 어감을 이해하기까지에는 아무래도 꽤 많은 시간이 필요한 것 같다. 여하간 제주방언에서 'ㅁ'이 들어가면 현재형이고 '낫'음이 들어가면 과거완료형이 되는 것에 비해 'ㅋ'음(쿠, 키, 커, 크, 켜)음이 들어가면 반드시 미래형이 된다.

나가 허쿠다.　　　　　　　(내가 하겠습니다.)
집에 가커(크)냐?　　　　　(집에 가겠냐.)
잘 모르키어.　　　　　　　(잘 모르겠어.)
난 안허크라.　　　　　　　(난 안하겠어.)

3) ―우다 형(形)

'수다, 쿠다'형 외에 일반 서술 형태로 '우다'형이 있는데 대개 '입니다, 겁니다, 합니다'에 국한되어 쓰이는 말이다.

연결법	표준어	비 고
―우과?	―ㅂ니까?	'과'의 발음은 '꽈'가 일반적이며 의문형에서의
―우다.	―ㅂ니다.	'우'음은 대개 생략된다.

저것은 몰이우다.　　　　　　　　(저것은 말입니다.)

미안허우다.　　　　　　　　　　(미안합니다.)

이게 뭐(우)꽈?　　　　　　　　　(이게 뭡니까?)

집에 갈 거(우)꽈?　　　　　　　 (집에 갈 겁니까?)

이거 얼마(우)꽈?　　　　　　　　(이거 얼마입니까?)

어머니가 불쌍허우다.　　　　　　(어머니가 불쌍합니다.)

제주 방언은 어렵수다.　　　　　　(어렵습니다.)

기(우)꽈?　　　　　　　　　　　(그래요?)

이 과자 잘도 맛 좋으메.　　　　　(아주 맛 좋아.)

기?　　　　　　　　　　　　　 (그래?, 정말?)

한편 제주어로 '기우꽈?'라는 말이 있는데 풀이하면 '깁니까?'로 바꿀 수 있으니 표준어로 '그래요?' 또는 '정말요?'란 뜻이 된다. 그리고 그냥 '기?'하게 되면 '그래?' 또는 '정말?'이란 뜻으로 친한 사이에 통용되는 말이 된다.

4) ―ㅂ디가? 형(形)

이는 당사자에게 물을 때는 과거형이 되고 제3자의 동향을 묻거나 대답할 때는 현재형이 되는 특이한 형태이다. 그러나 대부분 육지 사람들은 모두 현재형으로 듣게 되므로 적응하기가 조금은 어렵다. '―디강?'으로도 발음될 수 있다.

점심 먹읍디가?　　　　　　(점심 먹었습니까?)

예, 먹엇수다.

철수 지금 공부 헙디가?　　(공부하고 있습니까?)

자고 이십디다.	(자고 있던데요.)
옵디가?	(오셨습니까?)
와십디가?	(왔었습니까?)
동희 낮에 여기 와십디가?	(동희 낮에 여기 왔었습니까?)

이상 '수다, 쿠다, 우다, ㅂ디가'는 제주 방언의 가장 기본적이자 연령에 관계 없이 누구나가 쓰는 말이다. 네가지 형태 모두가 존칭형이지만 육지인이 처음 듣게 되면 반말 같기도 하고 투박한 어감을 가지고 있어 제주어를 처음 배우기 시작한 나로서도 아주 오랜 시간(수개월)이 지나서야 윗사람에게 사용할 수 있었다. 이상의 서술 형태로 알 수 있는 중요한 사실은 다음과 같다.

① 과거 완료형−표준어에 없는 '낫'음이 들어 간다. (표준어의 '었'에 해당)
② 과거형−표준어와 큰 차이는 없다.
③ 현재형−'어, 아'음과 함께 'ㅁ'음이 들어 간다.
④ 미래형−표준어에 없는 형태로 반드시 'ㅋ'음이 들어간다. (표준어의 '겠'에 해당)
⑤ 쌍시옷(ㅆ)발음은 매우 약하게 하며 거의 발음하지 않기도 한다.

2. 명령형

이제는 제주방언의 명령형 존칭에 대해 알아 보기로 하자. 이 형태는 경상남도 남해안 지역 사람들도 흔히 쓰고 있는데 연결법은 다음과 같다.

연 결 법	표준어	예	존칭정도
어간+으+ㅂ서	−세요	먹읍서(먹으세요)	존칭
ㅂ십서	−십시요	먹으십서(먹으십시오)	극존칭

한편 명령형에서는 문장 뒤에 '양, 예, 게' 등의 말이 붙는데 이는 주의깊게 보아야 할 것 같다. 명령형의 뒤에 '양'이나 '예'가 붙으면 어감상도 그렇지만 한결 부드러운 뜻이 된다. 대개 '예'가 일반적으로 많이 쓰이는 편이며 '양'도 드물지만 쓰이고 있다. 또한 이것은 말의 중간 중간에도 번번히 삽입되며 명령형이 아닌 일반적인 형태의 문장 끝에도 들어가 훨씬 부드러운 뜻을 나타낸다. 그러나 이와

달리 '게'가 붙으면 명령을 재차 촉구하는 뜻이 되고 일반적인 형태의 문장도 강조의 뜻이 된다.

잘 갑서=잘 갑서예=잘 갑서양! (잘가세요, 안녕히 가세요)
또 옵서=또 옵서예=또 옵서양! (또 오세요)
이십서=이십서예=이십서양! (있으세요, 안녕히 계세요)
고맙수다=고맙수다예=고맙수다양! (고맙습니다)
혼저 옵서=혼저 옵서예=혼저 옵서양! (어서 오세요)
난예, 그 사람이 좋수다. (난 그 사람이 좋습니다.)
난양, 안헐 거우다. (난 안할 겁니다.)

해 줍서게! (해 달라는 강조의 의미)
더 줍서게! (더 달라는 강조의 의미)
빨리 걸읍서게! (빨리 걸으라는 재촉의 의미)
여기 이십서게! (여기에 있으라는 강조의 의미)
돈 엇수다게! (돈이 없다는 강조의 의미)
안 가쿠다게! (안 가겠다는 강조 의미)

앞의 예문 중 혼저(표기는 흔저)는 표준어의 '혼자'란 뜻이 아니고 '어서, 얼른, 빨리' 등의 뜻을 가진 제주 방언이다. 따라서 혜은이씨의 노래 중 '가거들랑 혼저 옵서예'는 '(서울) 가거든 빨리 오세요'란 말임을 알 수 있다.

그런데 듣기 좋은 명령형 존칭도 얼핏 다음과 같이 들리기도 하므로 오해 없기를 바란다.

잘 갑서예!→잘 갑세! (잠시 존칭이 아닌 것으로 알기 쉽다)
또 봅서예!→또 봅세! (〃 〃)
잘 잡서예!→잘 잡세! (〃 〃)

3. 기타

1) ―마씀 형?(形)

전혀 생소한 말로 처음 들을 때 그 뜻을 알 수 없는데 발음은 '마씸' 또는 '마시'

로도 하며 일반적으로 '마시'가 가장 많이 쓰이고 있다. 일본어의 마스(ます)와 발음이 비슷해서 혹시 그 지역의 영향으로 생긴 것이 아닌가 오해하기 쉬우나 순수한 제주 방언임을 먼저 밝혀 둔다. '~라는 말씀입니까'에서 변형된 것이라 하는데 아직 그 어원(語原)이 정확하게 밝혀진 것은 아니다.

이 형태의 기능은 영어의 'please'와 같아서 존칭어가 아닌 평어(平語)에 붙어 존칭의 뜻을 나타내게 해준다. 따라서 어떠한 문장 끝이든 이 형태가 붙은 것은 무조건 존칭의 뜻이라고 생각하면 된다. 또한 명사 뒤에도 올 수 있으며 '마씀'대신에 '요', '예요' 또는 '입니다'를 대체시켜 보면 표준어와 거의 같은 뜻이 된다.

이 형태가 쓰이는 범위는 매우 광범위하므로 정확히 알아두면 제주 방언을 이해하는데 많은 도움이 된다.

얼마 마씀 ?   (얼마요 ?, 얼마입니까 ?)

2000원 마시.   (2000원요, 2000원 입니다.)

집에 갈거마시 ?   (집에 갈거예요 ?)

아니마씀   (아니요.)

화장실이 어디 이수과 ?   (어디에 있습니까 ?)

저쪽마시 (저쪽요.), 이층마시(이층요.), 위에마시(위에요.)

고맙수다예   (고맙습니다.)

제주도가 좋수다.   (좋습니다)

기 ?   (그래 ?)

기마시 ? (그래요 ?)=기우꽈

승차권 이수과 ?   (승차권 있습니까 ?)

어서마시 (없어요.), 이서마시 (있어요.)

2) 무사 ?

이 역시 처음 듣는 것으로 뜻을 묻지 않고서는 알 수 없는 말인데 표준어로 '왜 ? '라는 뜻이다. 제주 방언의 경우 언어의 축약이 잘 발달되어 있는데 이 '무사'만은 그렇지 못한 것 같다. '왜'라는 간단한 말이 있으면서도 제주도에서 이 말을 들을 수 없는 이유는 혹시 과거에 왜구(倭寇)의 침입이 잦아 '왜(倭)'를 의미할 수 있기에 그렇지 않을까라는 생각도 해보았으나 이 말의 근원 역시 정확히 알 수 없다. 여기에도 위에서 말한 '마씀'형이 붙으면 존칭의 뜻이 된다.

그냥 집에 가쿠다	(집에 가겠습니다.)
무사마씀=무사마시=무사마씸?	(왜요?)
저기 좀 봐!	
무사?	(왜?)
오늘은 무사 늦엇수과?	(왜 늦었습니까?)

3) 영, 경, 정

많은 축약을 나타내는 제주 방언 중 대표적이라 할 수 있는 것으로 '장소와 방법' 두가지 뜻을 갖고 있는 말이다. 이 말 뒤에 붙는 말에 따라 다음과 같은 여러 가지 뜻을 표현할 수 있다.

영(이리, 이렇게)　　**영해도**(이래도), **영허난**(이러니까), **영허지**(이렇지),
　　　　　　　　　　영해야(이래야)

경(그리, 그렇게)　　**경해도**(그래도), **경허난**(그러니까), **경헌디**(그런데)
　　　　　　　　　※ '경'은 '겅'으로도 흔히 발음된다.

정(저리, 저렇게)　　**정해도**(저래도), **정허난**(저러니까), **정허민**(저러면)

1990년 방송의 날을 맞이해서 제주도방언이 전국적인 방송망을 탄 적이 있다. 물론 라디오방송이었지만 제주도말을 듣고난 박용호 아나운서는 "영해도(이래도), 경해도(그래도) 하는 말이 무슨 뜻인지 도무지 모르겠다"라고 그 소감을 말하기도 했는데 바로 다음의 예문과 같은 뜻이다.

그게 경 쉬운 일인가?	(그리 쉬운 일인가?)
경해도마씀.	(그래도요.)
영해도 여기서 살으쿠과?	(이래도 여기서 살겠습니까?)
영 해봅서예!	(이렇게 해보세요!)
경허민 안될거우다.	(그러면 안될겁니다.)
무사 경 햄수꽈?	(왜 그러합니까, 즉 왜 그렇지요?)
영 정 해봐도 잘 안될거우다.	(이렇게 저렇게 해봐도 잘 안될 겁니다.)
영 옵서예	(이쪽으로 오세요)

한편 제주방언에서 자주 쓰는 말로 '게난'이 있는데 이것은 '경허난'과 같은 뜻이다. 그러나 두가지 다 문장의 흐름과 억양에 따라 '그래서, 그러게'의 뜻이 되기도 한다.

'게난'과 비슷한 것으로 '게메'가 있다. 이것은 표준어로 '글쎄'란 뜻이지만 이역시 억양에 따라 '그러게'의 뜻도 된다.

게난 나가 뭐랜 햇수과?	(그러니까 내가 뭐라고 했습니까?)
게난!=경허난!=경허난!	(그러게 말이야!)
너 서울대 갈 수 이서?	(너 서울대 갈 수 있어?)
게메.	(글쎄)
게메마시. 잘 모르쿠다.	(글쎄요, 잘 모르겠습니다)
그 아이 공부 잘 해낫신디……	(공부 잘 했었는데……)
게메!=게난!=경허난!	(그러게!)

4) 흔히 쓰이는 단어

하르방 (할아버지)	하영(많이)	누게(누구)
할망 (할머니)	호끔(조금)	어떵(어떻게, 어때)
아방 (아버지)	잘도(아주, 매우)	닮수다(같습니다)
어멍 (어머니)	막 (아주, 매우)	

그런데 사람을 부르는 호칭에서 보면 대개 직접 부르는 호칭에는 표준어가 사용되고 아는 사람과 이야기하면서 거론될 때는 방언이 사용되고 있다. 그러나 장년층 이상에서는 '아무개 어멍' 또는 '아무개 아방' 등과 같이 직접 부르는 호칭에도 사용된다. 중년층 이하는 대개 표준어 그대로 사용하는 경향을 보인다.

어머니, 밥 줍서예!	(밥 주세요!)
아버지 갔다 오쿠다.	(갔다 오겠습니다)
우리 아방은 무서우메.	(우리 아버지는 무서워)
괴기 하영 잡앗수과?	(고기 많이 잡았습니까?)
호끔만 줍서예!	(조금만 주세요!)

누게 아는 사람 엇수과?　　　　　(누구 아는 사람 없습니까?)

어서 마시.　　　　　　　　　　(없어요)

정윤씨, 이 옷 어떵?　　　　　　(정윤씨, 이 옷 어때?)

이거 어떵 햄수꽈?　　　　　　　(어떻게 합니까?)

어떵은 어떵!　　　　　　　　　(어떡하긴 어떻게 해!)

오늘 날씨 잘도 추운 거 닮수다예.(아주 추운 것 같습니다.)

오늘 날씨 막 추운 거 닮아.　　　(아주 추운 것 같아.)

　이상은 제주 방언을 이해하는데 있어 가장 기초적인 것만을 설명한 것이다. 비록 짧은 설명이었지만 제주 방언이 타지방과는 상당한 차이가 있다는 것을 느꼈을 것이다. 그러나 이것만 가지고는 제주도 말을 듣고서 완전히 이해할 수 없는데 이는 동사의 활용을 비롯해서 여러 가지가 또한 표준어와 다르기 때문이다. 2절에서는 가장 중요한 동사활용과 조사류 및 지시, 인칭 대명사 등에 대해 설명하고자 한다.

2. 중간 지식

1) 동사의 어미 변화

① '이응(ㅇ)'이 붙는 형태
　제주 방언은 동사를 필두로 하여 명사, 형용사까지 이 'ㅇ'이 대단히 많이 붙는데 노년층의 경우 웬만한 단어에는 거의 이것이 따라오는 것 같다. 이러한 형태의 말씨가 연이어 나올 때는 흡사 중국어처럼 들리기도 하는데 투박한 말투의 제주어에 섞여 한층 부드러움을 주고 있으므로 전체적으로는 좋은 조화를 이루게 해 준다.
　처음 듣게 되면 우스꽝스러운 면도 없지는 않다. 동사에 이 'ㅇ'이 붙으면 축약된 것을 나타내며 표준어로 해석하려면 'ㅇ'을 탈락시키면 된다. 또 'ㅇ'을 탈락시킨 후 '서'나 '고'를 붙여 보면 문장 해석이 그런대로 순조로와진다.

전화행 찾앙 갑서.   (전화하고 찾아가세요.)

왕 밥 먹읍서예 !   (와서 밥 먹으세요 !)

시에 강 살고 싶으냐 ?   (시에 가서 살고 싶으냐 ?)

왕 상 갑서 !   (와서 사 가세요 !)

가당 물엉 가쿠다.   (가다가 물어서 가겠습니다)

제주말 몰랑 어떵 햄수꽈 ?   (제주말 몰라서 어떻게 하십니까 ?)

여기 도장 가정 왔수다.   (여기 도장 가져 왔습니다)

밥 먹엉 갑서 !   (밥 먹고 가세요)

강 도장 가정 (어정, 아상) 오라.   (가서 도장 가지고 와라)

② -그네[으네] 형(形)

처음 듣게 되어도 문맥의 흐름을 통해 대략은 알 수 있는데 이는 동작의 연속성을 나타내는 어미 형태이다. 위에서 말한 'ㅇ'이 붙는 형태와 대체해도 거의 같은 뜻이다. 아래와 같이 두가지 형태가 있으나 모두 같은 뜻이다.

연 결 법	예	비 고
어간+아, 어+그네	미국 가그네 뭐 햇수과 ? (미국 가서 뭐 했습니까 ?)	'-그네'에서 '그'음은 생략되기도 한다.
어간+앙, 엉+으네	미국 강으네 뭐 햇수과 ? (미국 가서 뭐 했습니까 ?)	

강 빵 잇걸랑 상 옵서.   (가 보아서 있거든 사오세요)

강 봐(그)네 잇걸랑 상 옵서.   (가 보아서 있거든 사오세요)

강 빵으네 잇걸랑 상 옵서.   (가 보아서 있거든 사오세요)

식게 이서(그)네 촌에 갓당 왔수다. (제사 있어서 촌에 갔다 왔습니다)

③ -신디 형(形)

이는 '마시'형만큼 자주 쓰이는 것으로 처음 들으면 쉽게 그 뜻을 알 수 없는데 표준어로 정확히 '는데'의 뜻이다.

점심 먹엇신디 돈이 엇수다.   (먹었는데 돈이 없습니다)

공부 하영 햇신디예, 다 잊엇수다. (공부 많이 했는데 다 잊었습니다)

점심 먹엄신디 친구 왔수다.　　　（점심 먹고 있는데 친구가 왔습니다）

돈이 어신디 어떵 햄수꽈?　　　（돈이 없는데 어떻게 합니까?）

감신디　　（가는데）　　　　　햄신디　　　（하는데）

갓신디　　（갔는데）　　　　　햇신디　　　（했는데）

가낫신디　（갔었는데）　　　　해낫신디　　（했었는데）

이신디　　（있는데）　　　　　어신디　　　（없는데）

이서낫신디（있었는데）　　　　어서낫신디　（없었는데）

④ ─멍 형(形)

이는 표준어로 '며, 면서'의 뜻이며 문맥을 통해 쉽게 알 수 있는 말이다.

시에 강 뭐허멍 살메?　　　　（시에 가서 뭐하며 살아?）

밭이나 갈멍 사는 거주.　　　（밭이나 갈면서 사는 거지）

아이가 울멍 감수다.　　　　（아이가 울면서 갑니다）

⑤ ─민 형(形)

이는 표준어로 '면'에 해당하며 '믄'으로 흔히 발음 된다. 이 역시 문맥을 통해 쉽게 알 수 있다.

오민 가쿠다.　　　　　　　　（오면 가겠습니다）

경허믄 안될 거우다.　　　　　（그러면 안될 겁니다）

이거 먹으민예, 몸에 좋을 거우다.　（먹으면 몸에 좋을 겁니다）

⑥ ─난 형(形)

이는 표준어로 '니, 니까'의 뜻이며 문맥을 통해 쉽게 알 수 있는 말이다.

먹어보난 맛 이수꽈?　　　（먹어보니까 맛 있습니까?）

경허난 요모양 요꼴입주.　　（그러니까 요모양 요꼴이죠）

⑦ ─레 형(形)

이는 표준어로 '─러'에 해당되며 쉽게 알 수 있다. 젊은층에서는 표준어식으로 발음하기도 한다.

밥 먹으레 갈거우꽈?　　　　（밥 먹으러 갈 겁니까?）

식게(제사) 먹으레 감수다.　　　(제사 먹으러 갑니다)

영화보레 갓신디 재미 어슬거 닮아 그냥 왓수다.

(영화보러 갔는데 재미 없을것 같아서 그냥 왔습니다.)

⑧ —젠 형(形)

이는 미래의 의지를 묻거나 대답할 때 쓰는 말로서 표준어로 풀이하면 '**하려고, 하자고, 할 거야**'의 뜻이다. 이 형태는 상황에 따라 약간의 의미 차이가 있을 뿐만 아니라 처음 듣는 형태이므로 조금은 어려운 말에 속한다. 여기에 '마씀'형이 붙으면 존칭이 된다.

너도 곹이 가젠 ?　　　　　　(너도 같이 가려고 ?)

아니, 난 그냥 집이 가젠.　　　(그냥 집에 갈거야)

어제 저녁 극장 가젠 햇신디……　(극장 가려고 했는데)

지금 밥 먹젠 ?　　　　　　　(지금 밥 먹을거야 ?)

지금 가젠마시 ?　　　　　　　(지금 가려고요 ?)

과장님이 병원에 곹이 가젠 햇신디예.　(같이 가자고 했는데요.)

⑨ —켄 형(形)

이것은 제 3자의 말을 전할 때 쓰는 것으로 문장 끝에 올 때는 '**하겠대**'의 뜻이 며 문장 중간에 쓰일 때는 '**하겠다고, 하겠다는**'등의 뜻이 된다. 여기에도 '마씀' 형이 붙으면 존칭의 뜻이 된다.

가이 놀러 오켄 ?　　　　　(그 아이 놀러 오겠대 ?)

오켄 햇신디예, 아직 안 왓수다.(오겠다고 했는데 아직 안 왔습니다)

영미도 오켄마시 ?　　　　　(영미도 오겠대요 ?)

오켄 말은 햇신디예, 잘 모르쿠다.(오겠다는 말은 했는데 잘 모르겠습니다)

현나도 먹으켄마시 ?　　　　(현나도 먹겠대요 ?)

⑩ —카 형(形)

단순미래 또는 의지미래를 나타내는 말로 표준어로 '**ㄹ까**'의 뜻이며 '마씀'형이 붙으면 존칭이 된다.

집에 가카 ?　　　　　　　(집에 갈까 ?)

집에 가카마시?	(집에 갈까요?)
나가 해보카마시?	(내가 해 볼까요?)
경 헙서!	(그렇게 하세요!)
오늘 오후 영화 보카마씀?	(영화 볼까요?)

⑪ —랜 형(形)

표준어의 '래'의 뜻이나 문장 중간에 오면 '라고, 라는'의 뜻이 된다. '마씀'형
이 붙으면 존칭의 뜻이 된다.

나안티 가랜 말이우꽈?	(나에게 가라는 말입니까?)
나안티 가랜마씀?	(나에게 가라는 말입니까?)
곹이 오랜 햇신디예, 혼자 왔수다.	(같이 오라고 했는데 혼자 왔습니다.)
집에 가난 어멍이 뭐랜?	(집에 가니까 엄마가 뭐래?)

⑫ —댄 형(形)

표준어의 '대' 뜻이나 문장 중간에 오게되면 '다고, 다는'의 뜻이 된다. '마씀'
형이 붙으면 존칭의 뜻이 된다.

정식이형도 온댄?	(정식이형도 온대?)
온댄 햇신디 아직 안 왔수다.	(온다고 했는데 아직 안 왔습니다.)
온댄 간댄 말도 어시……	(온다 간다는 말도 없이)
쟈이도 곹이 간댄마시?	(저아이도 같이 간대요?)
용재 서울 갓댄 햄수다	(용재 서울 갔다고 합니다)

⑬ —멘, 메 형(形)

이 형태는 매우 부드러운 어감을 주는것 중의 하나로 평칭으로 사용되는 말이며
'메'로도 표현한다. '마씀'형이 붙으면 존칭의 뜻이 된다.

우리 아방은 잘도 무서우메.	(아버지는 아주 무서워)
지금 공부하멘?	(지금 공부하니?)
지금 밥 먹으메.	(지금 밥 먹어)
쟈이 무사 울멘?	(저아이 왜 우냐?)

⑭ 'ㄴ'이 붙는 형(形)

이 형태는 단지 어간에 'ㄴ'이 붙어 과거가 되는 것으로 빈도면에서 가장 흔히 사용되는 말이다. 주로 과거형으로 쓰이지만 상황에 따라 현재의 뜻을 갖기도 하며 '마씀'형이 붙으면 존칭의 뜻이 된다.

영미 시집 간?	(영미 시집 갔어?)
아직 안간.	(아직 안 갔어)
점심 먹언?	(점심 먹었어?)
집이 갔다 완?	(집에 갔다 왔어?)
숙제 다 핸?	(숙제 다 했어?)
제주에 언제 완마씀?	(언제 왔어요?)
어제 완마시.	(어제 왔어요)
태영이도 오켄 핸마시?	(태영이도 오겠다고 했어요?)
지금 뭐 햄수꽈	(뭐 하십니까?)
책 읽언.	(책 읽어.)
테레비 봔.	(테레비 봐.) ※ 간혹 현재형으로도 쓰인다.

⑮ -(어, 아)난 형(形)

'ㄴ'의 형태가 과거를 나타낸다면 이것은 과거완료의 뜻을 갖는다. 과거완료형이므로 '~을 해봤느냐'의 뜻이며 문장 중간에서 쓰이면 '~했던 것' 정도의 뜻이다. '마씀'형이 붙으면 존칭의 뜻이 된다.

곰 발바닥 요리 먹어난? [=먹어봔]	(곰 발바닥 요리 먹어봤어?)
그 영화 봐난?	(그 영화 봤었어?)
그 영화 봐난마시?	(그 영화 봤었어요?)
나가 아까 먹어난 빵 이신디예…	(먹었던 빵 있는데…)

이 외에도 제주방언에 있어 동사 및 기타 어미 변화는 '지카부댄, 성게, 싱게(수께), 주, 큰게, 쩬, 땐' 등을 비롯해 여러가지가 더 있다. 그러나 모두 설명하기는 어렵고 표준어로의 정확한 표현도 쉽지 않으므로 생략하기로 한다.

2) 조사류

① 여격(~에게)

제주방언의 여격은 '~안티'가 가장 일반적으로 쓰이며 '~신디'가 쓰이기도 한다. 앞서 '신디'는 표준어로 '는데'의 뜻이라 했으나 (갓신디=갔는데) 이것이 명사에 붙으면 여격(~에게)의 뜻이 된다. 이 외에도 '~고라'도 있으며 이는 장년층 이상에서만 가끔 사용된다.

뜻에 있어서는 모두 표준어의 '~에게'에 해당되나 그 사용 용법에 있어서는 약간의 차이가 있다.

나안티 하는 말이우꽈?   (나에게 하는 말입니까?)

이거 영미안티 전해줍서예!   (영미에게 전해주세요!)

어멍신디 욕 들엇수다.   (어머니에게 욕 들었습니다)

누게고라 하소연을 해집니까?   (누구에게 하소연을 할 수 있겠습니까?)

② 공동격(~와)

이것은 표준어로 '와, 과'의 뜻이며 흔히 쓰이는 형태로 연결은 아래와 같이 된다.

ⓐ 앞에 글자가 모음으로 끝나면—영

ⓑ 앞에 글자가 자음으로 끝나면—이영

느영 나영(너랑 나랑)=니캉 내캉(경상도말)

나영 가게! (나와 가자!)

그 떡이영 이 귤이영 다 먹으라. (그 떡과 이 귤 다 먹어라)

아방광 어멍광 싸왐수다.   (아버지와 어머니가 싸웁니다)

이밤광 저밤 새에   (이밤과 저밤 사이에)

제주도광 서울광 어디가 좋수과? (제주도랑 서울이랑 어디가 좋습니까?)

※ '(이)영'외에 '광'을 쓰기도 하는데 이는 장년층 이상에서 주로 쓰며 제주도 옛 문헌에서 많이 찾아볼 수 있다.

3) 인칭 대명사

①1인칭은 연령에 관계없이 '나'가 쓰인다.

②2인칭은 '느'가 있으나 젊은층에 대개 표준어의 '너'가 쓰이며 '느'는 중년층 이상에서 주로 쓰인다.

③가이, 쟈이, 야이로 들리는 말은 그아이, 저아이, 이아이의 축약된 말로 표준 어의 '개, 쟤, 얘'와 같은 뜻이다.

④표준어로 '남(他)'은 제주 방언으로 '놈'으로 발음되는데 처음 듣게 되면 오 해하기에 딱 알맞지만, 이 말은 우리말의 고어(古語) 형태이다. 중년층 이상이면 대개 이 말을 쓴다. 실제표기는 '눔'으로 한다.

> **나가 야이 아방되는 사람이우다.** (내가 이아이 아버지되는 사람입니다)
> **나것도 좋수다.** (내것도 좋습니다)
> **가이영 놀(으)쿠과?** (그아이와 놀겠습니까?)
> **놈들곹이 살아그네 어떵 허쿠과?** (남들처럼 살아서 어떻게 하겠습니까?)

4) 오해의 소지를 갖고 있는 것들

제주 방언 중 처음 들을 때 본래의 뜻과는 달리 들리는 것이 있는데 첫째는 '잘 도'라는 부사이다. 이는 '아주, 매우'의 뜻이나 표준어의 '잘도 한다'에서 알 수 있듯이 표준어의 뜻은 약간 비웃는 투로 사용되므로 오해의 소지가 없지 않다.

둘째는 '요망지다(으망지다로 표기)'라는 말로 표준어로는 거의 사용되지 않으 나 그 뜻은 요사스럽고 망령됨을 뜻한다. 어감상으로도 볼 때 웬지 좋은 뜻 같지는 않아 보인다. 그러나 제주방언에서는 똑똑하고 야무진 사람을 지칭할 때 스인다.

> **나 영화 잘도 좋아하멘.** (나 영화 아주 좋아해)
> **쟈이 잘도 요망지메.** (저아이 아주 야무져)
> **우리 오빠예, 수영 잘도 잘햄수다.** (우리 오빠는 수영 아주 잘합니다)

이외에도 제주도를 처음 찾는 육지인들은 어리둥절하게 하는 낱말은 많다. 제주어로 '속앗수다'라는 말은 표준어의 '속았습니다'가 아니라 '수고했습니다'의 뜻이다. '속았습니다'와 같은 제주어는 말머리가 된소리인 '쏙앗수다'이다.

또한 제주도에서 호미를 가져오라고 하면 낫을 가져와야 하는데 여기서는 **골갱이**가 호미를, 호미가 낫을 의미한다. **감저**가 고구마를 가리키고 감자는 **지슬**[지실 : 地實]이라고 한다. 동사에 있어서도 '고르다'는 말하다의 뜻이고 물건을 고르다의 의미는 '골르다'이다. '심다'도 여기서는 '잡다'의 뜻이고 '심다(植)'는 '심그다'로 말하고 있다.

사람을 부르는 호칭인 '예!'도 제주 방언의 독특한 말이다. 이것은 낯선 사람에게 무언가를 물어보려 할 적에 쓰는 말로 표준어로 치면 '여보세요!' 또는 '여기요!'의 뜻이다. 그러나 표준어에서 이와 발음이 거의 같은 '얘'라는 호칭은 손아랫 사람을 부르거나 여자들과 아이들이 친한 동무를 부를 때 쓰이므로 오해하기 쉽다.

속앗수다예!   (수고했습니다!)
예! 할머니, 말좀 물으쿠다. (여보세요! 할머니 말좀 묻겠습니다)
예!(여기요!) [다방이나 음식점에서 주문할 때]
예!(예!)   [대답할 때]

앞서 말한 놈들은(남들은) 역시 처음 들으면 누구나 고개를 갸우뚱하게 된다. 또 한가지는 만약 제주도 사람이 육지인에게 "점심 먹읍디가?"하고 물으면 육지인은 바로 답변을 못하게 된다. 표준어에 익숙한 사람은 그 말이 제3자가 밥을 먹고 있느냐는 말로 들리기 때문인데 이곳에서는 당사자에게 "점심 먹었습니까?"라고 묻는 말이다. 제주방언은 시제 및 존칭정도, 실행여부 뿐만 아니라 특히 어감에서 많은 오해의 소지가 있다. 제주도 사람이 육지인에게 제주말을 잘 쓰지 않는 이유도 상대가 어려워서 못 알아듣는다는 의식보다 이 어감의 차이에서 느끼는 감정이 더 크기 때문이다. 아주 작은 예로 '수다'형만해도 그렇다. 친구(제주도 남자와 여자)들과 함께 한라산 등반했을 때의 일이다. 육지에서 온 50대 중반의 남자에게 카메라의 셔터를 눌러 달라고 부탁한 20대 중반의 여자는 촬영이 끝나 카메라를 돌려주는 육지인 남자에게 다음과 같은 말을 했다.

고맙수다예!(고맙습니다!)
이말을 듣고난 남자의 얼굴 표정이 그리 밝지 않았고 아무런 대답이 없자 인사를 한 여자분도 괜히 멋쩍어서 나를 쳐다본 일이 있었다. 결국 로마에 가서는 로마의 법을 따라야 하듯이 언어란 것도 듣는 사람의 기준이 아닌, 말하는 지역의 기준으로 이해해야 될 것이다. 물론 육지인이 제주방언을 배운다 해도 과연 이런 말을 써도 되는지 내심 불안감이 있기 마련인데 이는 영어를 처음 배우면서 윗사람에게 유(you)라는 단어를 꺼내고 조금은 무안한 기분을 느끼는 것과 마찬가지라 생각된다.

전라도에서는 '자네'란 호칭이 약한 존칭의 뜻을 갖고 있으므로 타지역 방언의 특징을 어느 정도 알지 못하고서는 필요없는 오해만 잔뜩 일으키게 된다.

지금까지 소개한 제주 방언을 모두 이해하게 되면 젊은층에서 하는 말의 3분의 2 정도는 알아들을 수 있다. 이제 3절에서는 제주 방언의 평칭에 대해 알아보기로 하겠다. 또한 지금까지는 제주 방언에 남아있는 아래아(ㆍ) 음가(音價)에 대해 설명하지 않았는데 모든 것을 포함해서 설명하면 가뜩이나 어려운 제주방언에 혼란만 가중시킬것 같아서이다. 이것은 4절 제주방언의 특징에서 설명하기로 한다.

3. 제주 방언의 평칭

1) 긍정문과 의문문의 종결어미

① —서, 시냐, 서냐, 저 형(形)

이는 1절 첫머리에서 소개한 존칭형의 '수다'형과 그대로 대체할 수 있는 것으로 평칭도 존칭과 마찬가지로 'ㅁ'이 들어가면 현재형이고 '낫'음이 들어가면 과거완료형이 된다. '저'는 대개 '쩌'로 발음된다.

밥 먹어서?　　　　　(밥 먹었어?)

밥 먹어시냐?　　　　(밥 먹었냐?)

예, 먹엇수다.　　　　(예, 먹었습니다)

이, 먹엇쩌.　　　　　(응, 먹었어)

영미 어디서 놀암샤?　　　(영미 어디서 놀고 있냐?)

저디서 놀암수다.　　　　（저기서 놀고 있습니다）

저디서 놀암쩌.　　　　（저기서 놀아, 놀고 있어）

너 어제 철수집에 가낫시냐?　（철수 집에 갔었냐?）

예, 가낫수다.　　　　（예, 갔었습니다）

이, 가낫쩌.　　　　（응, 갔었어）

지붕 날아감쩌!　　　　（지붕 날아간다!）

2) 미래형의 평칭

미래형의 평칭 역시 첫장에 설명한 '쿠다'형과 그 연결법이 같다. 다시 한 번 얘기하지만 제주 방언에서 '키읔(ㅋ)'음이 들어간 것은 모두 미래의 뜻이나 의지를 나타낸다. 표준어로 치면 '~하겠냐?（하겠어.）' '~할거야?（할거야.）' 정도의 뜻이다.

의　문	긍　정	예
어간+으+커냐?	키어(켜) 크라	지금 가커냐?（가겠냐, 갈거냐?） 가키어.（가겠어, 갈거야）

지금 밥 먹으커냐?　　　（밥 먹겠냐?, 먹을 거냐?）

난 이땅 먹으키어. [=먹으켜]　（난 이따 먹겠어, 먹을 거야）

지금 가커냐?　　　（지금 갈 거냐?, 가겠냐?）

이, 가키어.　　　（응, 가겠어, 갈 거야）

이 시간에 가지커냐?　（갈 수 있겠냐?）

가지키어.　　　（갈 수 있을 거야）

물에 들어 강 수영헙서.　（들어가 수영하세요）

난 안 허키어.　　（난 안 하겠어）

난 안 허크라!　　（난 안 하겠어!）

난 안 허크라마시!　（난 안 하겠어요!）

'키어'는 아랫사람의 질문에 윗사람이 사용할 수 있으며 '크라'는 동년배끼리의 대답에 사용된다. 또한 '크라'에만 '마씀'형이 붙어 존칭의 뜻을 나타낼 수 있다.

3) 명령형

명령형의 평칭은 다음과 같다. 명령형은 일반적으로 재촉의 의미인 '게'가 문장 끝에 붙는다고 했는데 평칭에서는 거의 관용적으로 '게'가 뒤따라온다.

연결법	제주방언의 예	비 고
어간+으+라	먹으라게	'-불라'는 '~해버려' 정도
어간+아, 어+불라	먹어불라게	의 뜻이다

　　혼저 먹으라.　　　　（어서 먹어라）※ 혼저=어서
　　혼저 먹으라게 !　　　 （어서 먹어라）
　　불 끄라게 !　　　　 （불 꺼라）
　　밥만 먹지 말앙 반찬도 먹으라게 !（밥만 먹지 말고 반찬도 먹어라）
　　밥 빨리 허라게 !　　　 （밥 빨리 해라）

4) 권유형

　　제주 방언 중 이 형태만큼 표준어를 쓰는 사람에게 혼동을 주는 것도 없을 것이다. 그 이유는 첫째 표준어와 다른 뜻을 갖기 때문이고 둘째 일반 재촉형어미 '게'와 혼동되기 때문인 듯 싶다. 권유형에 쓰이는 '게'는 같이 '-하자'는 의미이며 전라도 지역 사람들은 현재 간혹 쓰고 있기는 하다.

연결법	예	표 준 어	제 주 방 언
어간+게	가게	혼자 가라는 뜻	같이 가자는 뜻
	하게	혼자 하라는 뜻	같이 하자는 뜻

　　곹이 가게 !　　　　（같이 가자 !）
　　곹이 가게마시 !　　 （같이 갑시다, 같이 가시지요 !）
　　길 건너게 !　　　　（길 건너자 !）
　　길 건너게마시 !　　 （길 건넙시다 !）
　　그릅서（같이 가시죠의 뜻）=**곹이 가게마시**

5) 기타

① 가능의 뜻 '지'

제주 방언에서는 '지'음이 들어가면 가능의 뜻, 즉 '~할 수 있다'는 뜻이 된다.

이거 먹어지쿠과?	(이거 먹을 수 있겠습니까?)
예, 먹어져마씀.	(예, 먹을 수 있어요)
이 시간에 가지쿠과?	(이 시간에 갈 수 있겠습니까?)
예, 가지쿠다.	(예, 갈 수 있겠습니다)
이 일 오늘 다 해지쿠과?	(이 일 오늘 다 할 수 있겠습니까?)
예, 다 해지쿠다.	(예, 다 할 수 있겠습니다)

② ~한거 닮다(~한 것 같다)

제주 방언에서는 '~같다'를 '~닮다'로 표현한다. 이 말은 표준어에서도 극히 드물게 쓰이기도 하지만 이곳에서는 거의 대부분 이 말을 사용한다.

자이 성질 급한 거 닮아.	(쟤는 성질이 급한 것 같아.)
홍석씨는 기억력이 좋은거 닮수다.	(좋은것 같습니다.)
비가 올거 닮아마시.	(올 것 같아요.)
어느 게 더 좋은 거 닮수꽈?	(좋은것 같습니까?)
꼭 닮수다예.	(꼭 같습니다)

③ ~할거(냐), ~할거 아니(냐)

제주방언에서는 표준어의 '냐'음이 모두 생략된다. '마씀'형이 붙어 존칭이 된다.

너 지금 갈거?	(너 지금 갈 거냐?)
아직 안 갈거.	(아직 안 갈 거야)
지금 밥 먹을거?	(지금 밥 먹을 거냐?)
지금 공부 할거 아니?	(공부 할 거 아냐?)
아직 안 할거.	(아직 안 할 거야)

지금 갈 거마시?   (지금 갈 겁니까?)

아니마시.   (아니요)

저걸로 할 거마시?   (저걸로 할 겁니까?)

④ 부정감탄어(메, 어게, 어고게, 무사게 등)

적당한 표현이 없어 부정감탄어라고 한 이 말은 상대의 의외스러운 말이나 행동에 부정하거나 놀라움을 표시할 때 쓸 수 있다. '무사게'는 남자들이 쓰는 형태이고 '메', '어게', '어고게'는 여자들이 주로 사용한다.

이거 받읍서예.   (받으세요)

그게 뭐꽈?   (그게 뭡니까?)

애기 옷인디예.   (애기 옷인데요)

메=어게=어고게!

무사게!

6) 동사 활용의 총괄

지금까지 배운 지식을 토대로 '가다'와 '고르다' 두가지 동사의 활용을 해보기로 하자. 고르다(표기는 ᄀ르다)는 '말하다'의 뜻으로 대개 중년층 이상에서는 거의 이 말을 사용하는데 그 변형에 따라 전혀 새롭게 들리므로 매우 중요한 단어 중 하나인 것 같다. 이 두가지 동사의 변형만 알면 중년층에서 쓰는 제주방언의 70% 정도는 정복된 셈이다.

① 가다

존칭	'수다'	감수과? (갑니까)	감수다(갑니다)
		갓수과? (갔습니까)	갓수다(갔습니다)
		가낫수과?(갔었습니까)	가낫수다(갔었습니다)
	'쿠다'	가쿠과?(가겠습니까?)	가쿠다.(가겠습니다)
	'우다'	갈거우꽈?(갈 겁니까)	갈거우다.(갈 겁니다)
	'ㅂ디가'	갑디가?(갔습니까)	갑디다.(가던데요)

형	명령형	(가던가요)	
		갑서=갑서예=갑서양(가세요)	
		가십서=가십서예=가십서양(가십시요)	
		갑서게! [가라는 재촉의 의미]	
		가십서게! [가시라는 재촉의 의미]	
동사변형	−그네 −으네	강=가그네=강으네(가서)	
		가당=가다그네=가당으네(가다가)	
		제주도 강[가그네, 강으네] 뭐 햇수과?(제주도 가서 뭐 했습니까?)	
	−신디	감신디(가는데)	감신디마시(가는데요)
		갓신디(갔는데)	갓신디마시(갔는데요)
		가낫신디(갔었는데)	가낫신디마시(갔었는데요)
		가젠?(가려고?)	가젠마시?(가려고요?)
		가켄?(가겠대?)	가켄마시?(가겠대요?)
		가카?(갈까?)	가카마시?(갈까요?)
		가랜?(가래?)	가랜마시?(가래요?)
		간댄?(간대?)	간댄마시?(간대요?)
		가멘?(가니?)	가멘마시?(갑니까?)
		간?(갔어?)	간마시?(갔어요?)
		가난?(갔었어?)	가난마시?(갔었어요?)
평칭		감시냐?(가냐?)	감쩌.(간다)
		갓시냐?(갔냐?)	갓쩌.(갔어)
		가서?(갔어?)	가서.(갔어)
		가낫시냐?(갔었냐?)	가낫쩌.(갔었어)
		가커냐?(갈 거냐?)	가크라.(가겠어)
		가키어.(갈 거야)	가크라마시(가겠어요)
	명령형	가라!(가라)	가라게![재촉형 의미]
		가불라!(가라!)	가불라게![재촉형 의미]
	권유	가게!(가자!)	가게마시!(갑시다!)

② 고르다(말하다)

존	'수다'	고람수과(말합니까?)	고람수다(말합니다)
		고랏수과?(말했습니까?)	고랏수다(말했습니다)
		고라낫수과?(말했었습니까?)	고라낫수다(말했었습니다)
	'쿠다'	고르쿠과?(말하겠습니까?)	고르쿠다(말하겠습니다)
	'우다'	고를거우꽈?(말할 겁니까?)	고를거우다(말할 겁니다)
	'ㅂ디가'	고릅디가?(말했습니까?)(말 하던가요?)	고릅디다.(말하던데요)
	명령형	고릅서=고릅서예=고릅서양!(말하세요)	
		고르십서=고르십서예=고르십서양!(말하십시요)	
		고릅서게![재촉의 뜻]	
		고르십서게![재촉의 뜻]	
칭	-그네-으네	골앙=골앙으네=고라그네(말해서)	
		경 골앙 알아지쿠과?(그렇게 말해서 알 수 있겠습니까?)	
	-신디	고람신디(말하는데)	고람신디마씀(말하는데요)
		고랏신디(말했는데)	고랏신디마씸(말했는데요)
		고라낫신디(말했었는데)	고라낫신디마시(말했었는데요)
형		곧젠?(말하려고?)	곧젠마시?(말하려고요?)
		고르켄?(말하겠대?)	고르켄마씀?(말하겠대요?)
		고르카?(말할까?)	고르카마시?(말할까요?)
		고르랜?(말하래?)	고르랜마시?(말하래요?)
		고른댄?(말한대?)	고른댄마시?(말한대요?)
		고르멘?(말하니?)	고르멘마시?(말합니까?)
		고란?(말했어?)	고란마시?(말했어요?)
		고라난?(말했었어?)	고라난마시?(말했었어요?)
평		고람시냐?(말하냐)	고람쩌(말한다, 말하고 있어)
		고랏시냐?(말했냐?)	고랏쩌(말했어)
		고라서?(말했어?)	고라서(말했어)
		고라낫시냐?(말했었냐?)	고라낫쩌(말했었어)

칭	고르커냐?(말할 거냐?)	
	고르키어　(말하겠어)	
	고르크라　(말하겠어)	
	고르크라마시(말하겠어요)	
명령	고르라.(말해라)	고르라게!〔말하라는 재촉의 뜻〕
권유	고르게!(말하자!)	고르게마시!(말합시다)

※ 고릅써(말하세요)　골릅써(고르세요)　그릅써(같이 가시죠)

4. 제주 방언의 특징

제주도의 자연적 환경에 비추어 보면 제주 방언은 크게 두가지 특징으로 나누어 진다. 그 첫째는 본토와의 지리적 격리로 인해 발견되는 특징으로서 언어학 전문 용어로 언어포켓(lingustic pocket)에 해당된다. 이 말은 한 지역이 본토와 지리적 으로 멀리 떨어져 있을 경우 그곳 나름대로의 언어 변화과정을 거쳐 본토와는 상 이한 언어체계를 갖는다는 뜻이다. 이러한 지리적 장벽으로 인해 제주에는 많은 고어(古語)가 남아 있고 그 중 15세기 문헌에서나 볼 수 있는 아래아(ㅇ)음이 아직 껏 자연스레 표기되고 있다. 또한 표준어나 여타 지역 방언과는 극히 상이한 문법 체계를 갖추었음은 3절까지 간략히 알아본 바와 같다.

두번째 특징은 본토와의 격리와는 상관없이 제주도의 자연적 특성에 의한 것으 로서 음성이 높고 크며 언어의 축약이 매우 잘 발달되어 있다는 점이다. 대부분 바 닷가에 사는 사람들을 보면 목소리가 크고 높다고 하는데 이는 파도소리와 바람소 리에 웬만큼 큰소리로 말하지 않고서는 의사전달이 되지 않으며 그렇게 하다 보면 습성처럼 되어버린다는 것이다.

사면이 바다로 유난히 바람 많은 곳이니 남녀를 불문하고 음성이 높고 빠르다. 또한 이러한 거친 환경과 더불어 예로부터 왜적의 침입이 빈번했던 곳이었으니 척 박한 토질과 함께 언어가 부드러울 수도, 잔잔할 수도 없었을 것이다. 제주어를 처 음 듣는 사람 거의 대부분이 '제주말은 투박한 것 같다'는 인상을 나타내고 있으며 표준어에 비해 대부분 한 음절 이상이 줄어들고 어떤 경우는 극단적인 축약을 이루기도 해서 쉽게 그 뜻을 알아차리지 못하기도 한다. 옛문헌에서 육지인이 제주의 언어를 처음 듣고 느낀 것을 찾아보면 다음과 같은 것이 있는데 현재 제주의 노년층이 사용하고 있는 언어와 비교해 볼 때 거의 흡사한 표현으로 생각된다.

土人語音 細高如針刺 且多不可曉 居之旣久 自能通文 右云兒童 解蠻語者此也. (지방사람들의 말은 가늘고 높아서 마치 침(針)으로 찌르는 것 같고 또 가히 알지 못하는 것이 많다. 적거한지 오래됨에 비로소 능통하게 되니 마치 어린아이가 중국어를 해독하는 것과 같다.)　　——충암 김정(金淨)의 제주풍토록(1520년경저술), 탐라문헌집, p.9. ——

初聞人語 如鴂舌啁啾不可辨也(처음으로 사람들의 말을 들으니 비비새가 떠드는 소리와 같아서 알아들을 수 없었다.)
　　——청음 김상헌(金尙憲)의 남사록(1601년경 저술), 탐라문헌집, p.43. ——

여하간 제주 방언은 음운, 어휘, 문법체계 등 여러 면에서의 특징이 발견되지만 여기서는 지금까지 자세한 설명을 꺼렸던 아래아(ㅇ)음에 대해서만 간략하게 알아보기로 하자.

1) 아래아(ㅇ) 음가

제주도에 오면 가장 흔히 볼 수 있는 글귀가 있는데 그것은 물론 '혼저 옵서예'이다. 처음 이 문장을 대하면 뜻은 둘째 치고 도대체 뭐라 읽어야 할지 잠시 난감해진다. 원래 아래아(ㅇ)음은 15세기부터 서서히 음가(音價)가 변하기 시작해 표준어에서는 이미 모두 사라져버린 것으로서 글자는 한글 맞춤법 통일안 제정(1933년)때에 제거되었다고 한다.

원래의 발음은 '오와 어'의 중간으로 하였으나 세월이 지남에 따라 몇단계의 과정을 거쳐 현재는 'ㅏ, ㅡ, ㅗ, ㅓ, ㅣ'등으로 변했다.

그러나 제주방언은 표준어로 완전히 변화되지 않았으며 노년층에서는 거의 모두 원래의 아래아음으로 발음하고 있다. 우리가 듣기에는 단지 '오'음에 가까울 뿐이나 실제로는 흉내낼 수 없는 어려운 발음이다. 그러나 중년층에서는 표준어와 거의 같은 '오'음으로 발음하므로 일단 아래아로 표기된 것을 대하게 되면 '오'음으

로 발음하는 도리밖에 없다. 왜냐하면 문자를 이해하는 것은 읽을 수 있다는 데서
출발하기 때문이다.

표기	발음	뜻	예
ᄒ저	혼저	어서	혼저 먹읍서. (어서 먹으세요)
ᄒ루	호루	하루	호루에 혼번(하루에 한번)
ᄆ	몰	말(馬)	말과 몰[言과 馬]
ᄀᆮ이	곹이	같이	나영 곹이 가게 ! (나와 같이 가자)
ᄒᆞᆷ	호끔	조금	문 호끔 열읍서. (문 조금여세요)
ᄀᆞ새	고새	가위	고새 가졍 오라. (가위 가져와라)
※ᄒ다	허다	하다	"하다" 동사는 '오'보다 '어'음에 가깝게 발음한다

이들 아래아 음의 표기는 제주도 관련 책(민담, 민요, 전설)에 상당히 많이 등장
하며 대학 교내의 게시판과 식당의 차림표에서도 간혹 눈에 띈다.
한편 제주 향토 음식 중에 몸국(이곳에서는 '몸국'이라 발음)이라는 것이 있는
데 이는 돼지고기를 삶은 물에 바닷말을 넣고 끓인 것으로 결혼식 잔치나 식게(제
사)에 반드시 사용되는 제주도의 전통국 중의 하나이다. 이 음식은 식당에서도 팔
리고 있는데 이 '몸국'이란 간판 글자를 보고 어떤 육지인은 한자와 모양새가 비슷
해 '여(呂)국'이라 한 적이 있다 하니 이것도 제주방언의 고유성에서 오는 숱한 여
담 중 한가지이다.
아래아 음가와는 다른 우스개 소리지만 제주도 사람이 서울의 어느 가게에 가서
'새우깡 이수꽝?(새우깡 있습니까?)'했더니 가게 주인이 '새우깡은 있지만 이수
꽝은 없는데요?'라고 했다는 표현도 재미있다.
그런데 아래아 음으로 인해 주의해야 할 한가지로 ᄒ다(허다, 爲)와 하다(多)
동사가 있다. 이 역시 고어(古語)형태를 아직까지 간직하고 있는것으로 발음상 약
간 혼동되는 일이 있다.

　　일 허당(ᄒ당) 갑서.　　　(일하고 가세요)
　　숙제 다 허(ᄒ)엿수과? [=햇수과?] (숙제 다 했습니까?)
　　제주도엔예 잠수들 막 하우다. (해녀들이 아주 많습니다.)
　　무사 사람들 하냐?　　　(왜 사람들이 많지?)

2) 발음상 특징

제주도 사람은 육지에서 표준어를 쓰며 거의 완벽하기 때문에 쉽게 알아차릴 수 없다. 그러나 유독 발음상에서 제주도 사람임을 나타내는 것이 있다. 즉 'ㄹ'과 'ㅎ'이 이어 올 때의 발음을 아래와 같이 하는데 내 경우도 육지에서 거의 일주일간 같이 생활했던 사람이 어느 지역 사람인지 모르고 있었으나 바로 이 발음상 특징을 보고 제주인임을 알 수 있었다.

> **열흘**→'열를'으로 발음함
> **특별히**→'특별리'로 발음함
> **1호광장**→'일로광장'으로 발음함
> **올해(금년)**→대개 '올리'로 발음한다.

3) 제주어의 유래

그러면 과연 제주어는 어디서 유래한 것일까? 아쉽지만 앞서 예로 들었던 제주방언의 여러가지 형태 각각이 어디에서 유래하였는지는 아직 정확히 밝혀지지 않았다고 한다. 다만 어휘에 대해서는 나비박사 석주명씨가 『제주도 방언집』이라는 책을 통해 그 유형을 분석한 바 있다. 그는 해방되기 전 전국의 나비분포와 생태를 연구하던 중 제주에 2년간 머물 기회가 주어지자 별도의 시간을 내어 제주방언을 채록하였으며 이를 각 지방어 및 외국어와 비교해 보았다. 그는 제주방언을 가리켜 "제주도어는 조선의 제1방언이다. 그러나 제주도어라도 단순한 것이 아니고 3개의 지방어로 세분된다. 즉 제주, 정의, 대정 3지방어인데 그 유래는 옛날의 3군시대로 시작되었을까? 1島中 3지방어가 있고 부락에 따라 조금씩 상이하며 극단으로 개인마다 상이하다 할 형편으로 도무지 통일되지 않았다"라고 하였는데 현재도 제주도 북부와 남부, 그리고 북부에서도 동쪽과 서쪽의 언어는 명사류와 형태론에 있어 약간씩 차이를 보이고 있다.

그가 제주어 7,000여 어휘를 채록하여 전국의 각 지방어 및 외국어와 비교한 통계는 다음 표와 같다.

〈단위 : 개〉

7,000여 어휘 中	전라	경상	함경	평안
제주어와 공통어로 볼 수 있는 어휘	445	521	412	156
제주어와 全同어로 볼 수 있는 어휘	340	338	328	118

몽 고 어	중 국 어	만 주 어	일 본 어
240	53	22	50

——— 외국어에서 유래한 제주방언 ———

이 조사에 의하면 제주방언은 우리 나라의 다른 여러 지역 방언과 전혀 다르고 지역적으로 가장 가까운 전라도 방언과의 공통요소도 10%가 안된다. 또한 제주어와 외국어의 경우 몽고어, 중국어, 만주어, 일본어 등의 순으로 들었는데 양으로나 질로나 몽고어는 단연 제주도 방언의 한 큰 기본요소로 되어 있다고 분석해 놓았다. 제주도는 삼별초군이 제주에서 몽고군에 최후의 항쟁을 한 후 약 100여년간 직·간접적으로 몽고의 지배를 받았는데 그러한 역사적 사실로 볼 때 어휘, 특히 목축에 관련된 용어나 지명에 있어서는 많은 영향을 받았음을 알 수 있다. 그러나 이것은 어휘면에서의 조사이고 우리가 일제의 36년간의 지배하에서 나타난 것도 단지 어휘임을 감안해 볼 때(형태론에서의 변화는 없다) 수많은 고어(古語) 형태를 간직한 채 극도의 축약과 다양한 뜻을 갖기도 하는 제주방언은 앞서 지리적 장벽에 대해서 말한 바 있듯이 언어포켓에 의해 형성된, 석주명씨의 표현대로 조선 제1의 방언이라고 볼 수 있음이 타당하다.

4) 제주인이 쓰는 제주방언

지금까지 설명한 제주방언의 형태를 완전히 이해하고 이 책을 통해 설명된 제주도 고유 개념의 단어를 모두 알아도 노년층의 말은 20%도 이해하기 어렵다. 제주방언을 처음 들을 때는 뜻보다도 어감에 더 신경이 쓰여질 뿐만 아니라 언어란 것은 직접 들어가면서 차근차근 이해해야 되며 한순간에 터득되는 것은 아니다. 심지어 제주도 토박이들도 노년층의 말을 다 알아들을 수 없다고 하니 그 어려움은 짐작할 만하다.

그러나 중년층 정도의 말은 어휘 부문을 제외한다면 80% 정도 이해할 수 있을 것이다. 물론 제주방언의 사용정도는 연령별로 상당한 차이가 있고 어떤 이는 요즘 제주도 사람들 별로 방언을 사용하지 않는다고 말하기도 했는데 실제적으로 완벽한 표준어를 구사하는 사람들도 더러 있다.

그런데 이곳 사람들의 언어 사용은 여타 지역과 비교해 매우 특이하다고 볼 수 있는데 그것은 일단 육지인에게는 표준어를 사용한다는 점이다. 내 경우 여러 사람을 만나다 보면 상대방이 항상 표준어로 대답을 해주기 때문에 대화의 중간에 혹시 제주도가 고향이 아니냐며 되물을 때가 종종 있었다. 특히 길을 묻거나 할 때는 연령에 상관없이 대부분 표준어로 말해주므로 관광객의 입장으로 봐서는 편리한 점도 있다.

물론 제주 방언을 처음 듣고서 그 뜻을 알 사람은 없으므로 이렇게 방언과 표준어가 혼용되어 쓰일 수 밖에 없지만 가장 난감한 때는 육지 친구들이 제주도에 놀러 왔을 때이다. 서울에 있을 때 제주방언을 설명해 주면 정말 그런 말을 쓰는지 되묻던 사람들이 이곳에 직접 와서는 제주도 방언의 쓰임 정도를 발견하지 못하고 간다.

이러한 이유에서인지는 몰라도 나 역시 제주방언을 안 것은 28년만에 처음이었고 그것도 제주에서 생활하며 수 주일이 지나면서부터였다. 어찌했건 이러한 언어가 쓰이고 있다는 사실만이라도 알고 갔으면 하는 바램으로 제주방언의 기본적인 형태이자 가장 빈번하게 쓰이는 것들만을 모아 보았다. 이 이상 더 설명하고 싶은 것이 있으나 지면 관계도 그렇고 오히려 혼란만 가중시킬 것 같아 생략한 것이 아쉽기는 하다. 또한 제주방언의 독특한 억양을 글로써 설명할 수 없는 것도 아쉽다. 간혹 8도 방언을 가장 잘 구사한다는 탤런트나 코메디언을 보면 조금은 쓴웃음을 짓기도 하는데 아마 '제주도를 제외한 전국 방언'이라고 해야 정확한 표현이 될 것이다. 이 장은 관광객들보다 제주에 처음 이주해 온 사람들에게 더 도움이 될 것으로 기대하며 얼핏 듣는 상태에서 느끼는 제주방언을 평가하기보다 조금 더 깊이 있게 알고자 하는 자세에서 제주방언의 참맛과 멋을 누렸으면 한다.

또한 제주인들도 일단 처음 대하게 되는 육지인에게는 제주방언으로 얘기를 해준 다음 상대가 모른다 싶으면 표준어를 쓰기를 부탁드리고 싶다. 현재 제주도에는 많은 육지인들이 거주하고 있는데 이들은 극소수일망정 어느 정도 제주방언을 알고 있다. 그러나 제주방언을 듣고서 이해하는 것은 가능해도 직접 사용하기란 억양상의 문제 등으로 그리 쉽지는 않은 것 같다. 즉 제주방언을 듣고 이해하면서도 표준어로 질문하게 되므로 이러한 부류의 사람들에게도 제주도에 처음 온 사람으로 알고 제주도 사람들은 표준어로 답해주는 경우가 많은 것 같다. 제주도 사람끼리 표준어를 사용하는 해프닝도 별로 좋아 보이지 않는다.

제주방언이 없어진다면 여하간 많은 특징에도 불구하고 제주도는 제주도다운 맛을 잃어갈 것이므로 장소에 따라 표준어와 방언을 섞어 쓰되 일단 육지인에게는 제주방언 쓰기를 재차 부탁드리고 싶다. 제주도에 7년간 머무른 어떤 국문과 교수님은 처음에 제주방언을 배우려 했지만 이곳 사람들이 모두 자신에게 표준어를 써주고 있기 때문에 거의 불편을 못 느끼고 있으며 따라서 무려 7년간 있었음에도 제주방언은 거의 모르며, 불편이 없기때문에 배울 필요성을 느끼지 못하겠다는 말씀을 하기도 했는데 이는 두고두고 상기해야 할 것이다.

왜 제주방언을 육지사람한테 쓰지 않는가라는 의문에 대한 정답을 뻔히 알고 있으면서 오늘도 지나가는 말로 슬쩍 묻곤 하는데 거기에 대한 답변에는 조선 제1방언이라는 제주방언의 이중적 쓰임과 그 은밀성, 그리고 다양성을 말해주는 정답이 들어있다.

"제주말로 고라불민예, 육지사람들 잘 못알아들언마씨. 경허고예, 실은 그런 뜻이 아닌데도 오해하는 게 잘도 한거 닮수다게. 게난, 상대에 따라 다르게 말핸마시. (제주방언으로 말해버리면 육지사람들 잘 못 알아듣지요. 그리고 실은 그런 뜻이 아닌데 오해하는 게 너무 많은 거 같습니다. 그러니까 상대에 따라서 다르게[육지사람에게는 표준어로, 같은 제주사람끼리는 방언으로] 말합니다.)"

제 4 장

삼다(三多)와 삼무(三無)의 섬 제주

　원래 제주도는 지정학적 위치와 지질적 특성으로 풍재(風災), 수재(水災), 한재(旱災)의 세가지 재난이 끊이질 않았던 삼재다(三災多)의 섬이었다. 우리가 흔히 말하는 삼다(三多 : 돌, 바람, 여자 많음)는 일제시대에 일본인들이 제주도를 일컬어 흥미 위주로 만든 것이라 한다. 물론 제주의 옛 문헌을 보면 풍다(風多), 석다(石多), 여다(女多)라는 문구가 공통적으로 들어 있으므로 이 말이 전적으로 틀리다고는 볼 수 없을 것이다. 한편 이곳은 삼무(三無 : 도둑, 거지, 맹수 없음)의 고장이라고도 알려져 있는데 이 역시 해방 후 외지인(外地人)들이 들어와 육지와 비교해 대문이 없다고 해서 도둑, 거지, 대문 없음의 삼무로 바뀌어버린 것이라 한다.

　여하간 작금의 제주도 모습에서 육지와 비교해 많거나 없다고 판단되는 것을 단정적으로 말하기란 그리 쉽지 않다. 워낙 육지와 풍토가 다른 곳이므로 보는 사람, 머무는 기간에 따라 달리 보일 수 있기 때문이다. 더구나 제주 사회 전반적인 급속한 발전은 기존의 풍속과 풍물을 급속히 변모시켜 가고 있으므로 보는 시점에 따라서도 다른 모습을 보여주게 된다.

　그러나 보다 중요한 것은 무엇이 많고, 무엇이 없고가 아니라 그럼으로써 나타났던 제주도의 풍물이며 이들 풍물은 인간이 자연의 환경에 얼마만큼 지혜롭게 대처했는지를 선명하게 일깨워 주고 있다는 점에서 그 의미를 찾을 수 있겠다.

1. 삼다(三多)

1) 돌의 문화, 석다(石多)

　제주도에 돌이 많음은 이 지역이 화산의 분화에 의해 생성된 곳이므로 어쩌면 당연한 일로 생각될지 모른다. 그러면 왜 같은 화산섬이면서 대만이나 하와이에서는 제주도처럼 많은 돌들을 볼 수 없는 것일까? 이를 알기 위해서는 다시 한번 제주도의 화산 분화로 되돌아가야 할 것 같다.

　화산 분화시에는 조용히 용암만 분출하기도 하지만 그 폭발적인 힘에 의해 기존 화산체의 파편을 날리기도 하고 용암이 하늘로 치솟아 공중에서 굳은 후 지상에 떨어지기도 한다. 또한 핵폭발 후에 생기는 낙진과 같이 화산회(火山灰)를 주변에 퇴적시킨다. 화산회의 경우 기류를 타고 먼 곳까지 이동하기도 하는데 중국의 황사(黃沙)가 한반도까지 날아오듯 울릉도 화산 분화시 생긴 화산회가 일본에서도 발견된다고 한다.

　이처럼 화산 분화시 생기는 크고 작은 암편을 일컬어 화산쇄설물(火山瑣屑物)이라 하는데 그 크기에 따라 화산회(火山灰 : 4mm 이하), 화산자갈(4~32mm), 화산암괴(火山岩塊 : 32mm 이상)로 나누어진다. 특히 화산자갈과 화산암괴 중 특정한 모양을 나타내는 것을 화산탄(火山彈)이라 한다.

　이러한 화산쇄설물은 용암의 점성이 낮아 큰 폭발없이 조용히 용암만 분출하는 하와이식 분화보다 용암의 점성이 커서 큰 폭발을 수반하는 스트롬볼리식 분화에서 더 많이 발생한다. 제주도의 경우 초기에는 큰 폭발없이 점성이 낮은 용암을 분출했으나 최후에 분출한 용암은 점성이 높은 것으로 한라산 정상부를 만들었고 한라산 정상부의 생성시기와 거의 같은 때에 수백개의 기생화산도 생성되었다. 이 때에는 용암 분출과 함께 큰 폭발이 수반되었으므로 화산쇄설물은 이들 기생화산 주변에서 가장 많이 발견된다고 한다.

　이런 이유로 제주에는 그 어느곳보다 돌이 많은데 제주도민은 땅을 갈아 씨를 뿌리기 시작함과 동시에 이 많은 돌의 처리에 땀을 흘려야 했고 그 땀은 지혜로 바뀌어 일상 생활의 구석구석에서 그 흔적을 찾아 볼 수 있다. 먼저 큼직큼직한 돌들은 집을 짓거나 울타리를 쌓는 데 이용되었고 그보다 작은 돌은 밭과 밭의 경계를 가르는데 사용되었다. 그런데 제주도의 밭은 돌 자갈이 많을수록 값이 비싸다고 한다. 왜냐하면 제주도의 토양은 화산회(火山灰)가 쌓여 만들어졌기 때문에 매우 가볍고 따라서 바람이 한바탕 불면 기름진 흙가루와 애써 뿌린 씨앗이 모두 날아가 버리기 때문이다.

그러나 밭에 깔린 많은 돌 자갈은 바람의 영향에도 토양과 씨앗이 잘 보존되게 다져줄 뿐만 아니라 해가 진 후에도 온기를 간직해주어서 농작물이 잘 자랄 수 있게 해준다. 그래서 도민들은 이 돌자갈을 귀찮게 여기지 않고 오히려 **지름작지**(기름자갈)라 하며 더욱 소중히 여긴다는 것이다.

이렇듯 돌이 많은 밭이므로 이를 경작하기 위한 농기구가 육지부와 그 형태가 다른데 밭을 가는 쟁기의 보습과 **검질**(김)매는 **골갱이**(호미이며 제주에서 '호미'라고 하면 '낫'을 가리킨다)의 날이 매우 가늘게 되어 있다. 즉, 농기구와 땅과의 접촉면적을 최소한으로 작게 함으로서 커다란 돌에 걸려도 농기구가 파손되지 않고 손쉽게 옆으로 빠져나올 수 있도록 하였다.

반면에 경작하는 일손은 배 이상의 노력과 시간이 들 수 밖에 없는데 1601년 제주에 온 김상헌(金尙憲)은 그의 남사록(南槎錄)에서 거칠고 척박한 제주땅에서의 농사짓는 모습을 다음과 같이 술회하였다.

땅에 바위나 돌이 많아 흙을 두어치 정도밖에 팔 수 없고, 또 흙은 가볍고 건조하여 바람에 쉽게 날아가므로 씨를 뿌릴 때는 반드시 마소를 몰아서 밟는다……. 내가 밭가는 사람을 보니 그 쟁기에 달린 보습이 하도 작아서 어린애 장난감 같았다. 그 연유를 물어보니 농부들이 말하기를 보습이 흙바닥 속으로 두어 치만 들어가도 바위와 돌에 부딪혀 더 깊이 갈 수 없기 때문이라 하였다.

한편 밭과 밭 사이에 가지런히 쌓여진 돌들의 정취는 매우 강한 인상을 주는데 이러한 **밭담**은 밭의 경계 뿐만 아니라 바람을 막아주는 역할도 아울러 수행한다. 촘촘히 쌓지 않고 듬성듬성 쌓아 어느 정도의 공기가 빠져나가도록 해 놓은 것은 강한 바람의 풍압(風壓)을 줄여주므로 일견 매우 허술하게 쌓인 듯하지만 어지간한 태풍에도 끄덕없다고 한다.

동문감(東文鑑)이란 옛 기록에는 **돌담**에 대한 다음과 같은 유래가 실려 있는데 아무곳에나 널려 있던 제주의 돌들이 효과적으로 쓰여지기 시작한 것은 이때부터 라고 한다.

제주도는 예로부터 돌이 많고 땅이 건조하여 본시부터 논이란 없고 다만 밀, 보리, 콩, 조등과 같은 잡곡만 나는데 그나마 내밭 네밭의 경계가 없었다. 따라서 세력 있는 집에서 는 누에가 뽕잎을 먹듯이 이웃집 밭을 침범하였고 힘없는 백성은 심히 괴로움을 당하였 다. 어느 해 김구란 사람이 판관으로 부임하자 백성들은 그들의 고충을 이야기하였다. 김 구는 백성들의 탄원을 듣고 돌을 모으게 한 뒤 밭의 경계에 돌담을 두르게 하였다. 이로서 밭과 밭의 경계가 분명해졌고 그로부터 백성들이 편해졌다.

김구는 고려 의종 때 사람으로 이미 800년 전에 제주도의 돌 정리사업이 시작된 것이다. 이 돌 정리사업은 그외에 몇가지 부수적인 효과를 가져다 주었는데 첫째 우마 침입의 방지이다. 제주도는 예로부터 우마를 방목하는 풍속이 있어 이런 가 축들이 밭에 침입하여 농작물의 피해가 컸으나 돌담으로 경계를 쌓고서는 그런 폐 단이 없어졌다.

둘째 경지 면적이 확대되었다. 농사를 지을 수 없었던 곳의 돌들을 제거함으로 서 경지 면적이 늘어났고 이는 식량 증산에 도움이 되었다. 세째 작업능률의 향상 이다. 사방에 널려 있던 울퉁불퉁한 돌들을 제거하였으므로 밭을 갈거나 곡물 등 을 운반하기가 용이해졌다. 이외에 돌들을 정리하고 반듯하게 쌓아 미관상 좋아졌 을 뿐 아니라 앞서 말한 대로 자기밭의 경계가 확실해져 민심이 안정되었으니 김 구의 돌 정리사업은 제주도 유사 이래 획기적인 대사업이라 할 수 있을 것이다.

이러한 돌정리사업과는 별개로 돌의 이용면에서 본다면 먼저 **산담**(무덤 주위를 둘러싼 돌담)에서 볼 수 있는데 육지부와 달리 밭 한가운데 위치한 것이 많아 유난 히 시선을 끌게 해준다. 이 산담은 우마의 침입으로 인한 파손과 산불로부터의 위 험을 막기 위해 쌓은 것으로 자세히 보면 특징적인 것을 볼 수 있다. 산담의 모양 은 대부분 사각형(사다리꼴 내지 직사각형)이며 어느 한 쪽에 구멍이 뚫려 있거나 요철(凹) 모양으로 트여 놓은 것을 볼 수 있는데 이를 **신문**(神門 : 신이 출입하는 문)이라 한다. 남자의 경우는 왼쪽을, 여자의 경우는 오른쪽을 터놓았으며 밭 한 가운데 위치한 이유는 풍수지리(風水地理)에 의해 선택되었기 때문이라 한다.

또한 제주도의 여러곳에서 원추형 모양으로 쌓은 돌탑을 볼 수 있는데 이곳에서는 이를 **방사탑**(防邪塔 : 거욱대, 거욱이라고도 하며 몽고에도 '오보'라고 해서 이런 돌무더기를 쌓은 곳이 있다.)이라한다. 이는 육지부에서도 간혹 볼 수 있는데 그 의미로 볼 때 육지부의 돌탑이 소망을 축수하는데 있다면 제주의 방사탑은 어느 한쪽의 터진 방위에서 오는 액운(厄運)을 막기 위해 쌓은 것이다.

이외에도 일상 민가에서 볼 수 있는 **고레**(맷돌), **물팡**(물 항아리를 내려 두던 곳), **봉덕**(돌로된 화로로 부섭이라고도 함), **정주석**(과거 제주도 가옥의 출입구 양쪽에 세워 나무를 걸쳐 놓을 수 있도록 한 것), **돌태**(씨를 뿌린 후 바람에 날아가지 않게 땅을 다져주는 농기구), **올래**(제주도 전통민가에서 집으로 들어서는 S자형의 골목), **몰방애**(연자매)가 있고 그외 제주 전역에 있는 봉수대(烽燧臺), 돌하르방, 성터와 해녀들의 **불턱**(해녀들의 탈의장 겸 몸을 녹이기 위한 장소), 무덤을 지키는 **동자석**(童子石)에 이르기까지 어느 것 하나 돌이 이용되지 않은 것이 없으니 제주도를 일컬어 돌의 문화란 한들 손색이 없을 듯 싶다.

이렇듯 돌이 많기에 무거운 돌을 옮기는 힘센 사람들이 필요했을 것이고 이러한 역사의 수레바퀴 아래서 제주인은 해마다 축제일이 되면 '듬돌 들기 대회'라 하여 누가 무거운 돌을 들 수 있는지 힘내기 자랑을 한껏 과시하고 있다. 듬돌은 동네 어귀에 있는 큼지막한 돌인데 만약 어느 동네의 처녀에게 장가를 들려면 처녀가 사는 동네의 청년들이 가리키는 듬돌을 들어야만 장가를 들 수 있었다고도 한다. 또한 과거 연자매는 제주도의 각 마을에 하나씩 있었던 것으로 연자매에 쓰이는 돌은 먼거리에서 돌을 찾아 쪼아 만든 후 마을 사람들이 힘을 합해 마을까지 운반했으며 이때 돌을 마을까지 굴려오면서 부르던 '방앗돌 굴리는 노래'는 무형문화재로 지정되어 전승되고 있기도 하다. 이상과 같은 것들이 돌을 이용한 것이라면 돌이 많기 때문에 자신을 지키기 위한 수단은 곧 제주 여인 고유의 풍물이 되기도 했다. 제주의 여자들이 물건을 머리에 이지 않는 이유가 그것이다.

과거에 제주 여인들은 물동이를 나를 때 육지처럼 머리에 이지 않고 등에 짊어졌는데 이는 돌 많은 고장이라 자칫하면 돌에 걸려 넘어지거나 중심을 잃을 우려가 있어 그것을 방지하려고 한데서 비롯된 것이다.

島中 女人之汲水者 不載於頭 而負於背 作一長桶 女蜂桶之狀 汲水負行 見之甚怪 不惟汲水 凡可以載行之物(섬 중에 여인들이 물을 긷는 자는 머리 위에 이지 않고 등에 짊어지는데 벌통 같은 긴 통에 물을 길어서 짊어지고 가는 것이 매우 괴상하다. 비단 물을 나르는

것 뿐만 아니라 무엇이든지 지고 다닐 수 있는 물건은 모두 머리에 이지 않고 등에 짊어진
다.)　　　　—— 이건(李健)의 제주풍토기(1630년경 저술), 탐라문헌집, p.197. ——

대개 **물허벅**(허벅은 항아리란 뜻이다)은 **물구덕**(구덕은 바구니란 뜻)에 넣어 **물
배**(물구덕에 쓰는 질빵)로 짊어졌다. 물허벅은 지름이 30~40cm 정도로 주둥이는
병처럼 좁아 출렁거려도 물이 쏟아지지 않도록 되어 있다. 물구덕은 대나무로 만
든 것으로 바닥은 넓적하게 쪼갠 대나무로 엮어져 있어 물배로 짊어지기 편하도록
되어 있다. 물허벅은 이러한 용도뿐만 아니라 마을에 잔치가 있거나 하면 손으로
두들겨 소리를 내어 흥을 돋구는데도 사용되므로 악기로서의 구실도 톡톡히 했다
고 한다.

많은 돌들이 정리되고 아스팔트가 깔려 옛날과 같은 일은 없으련만 아직도 사람
들은 크고 작은 짐을 등에 짊어져 나르는데 실제적으로 머리에 이는 것보다 행동
도 자유스럽고 더 많은 짐을 운반할 수 있다는 장점이 있다. 다만 바뀐 것이 있다
면 물 길러 가는 일이 없어졌고 구덕(바구니)이 대나무가 아닌 현대식 플라스틱으
로 변모되었을 뿐이며 제주의 여자들이 물건을 등에 지고 나르는 모습을 지금도
어디에서건 쉽게 볼 수 있다.

등으로 짊어져 날랐던 것은 물허벅과 짐 뿐만이 아니라 **애기구덕**(구덕은 바구니
란 뜻)도 마찬가지였다. 애기구덕이란 말 그대로 애기를 담는 바구니를 말하며 대
나무를 주재료로 사용해서 만든 것이다. 대개 갓 태어나서 세살 무렵까지의 아기
를 이 애기구덕에서 키웠는데 길이 1m, 높이 50cm, 폭 35m 정도의 장방형 크기이
고 밑쪽을 둥그스럼하게 만들어 흔들리기 좋도록 하였다.

그 중간에는 그물을 받쳐서 바람이 잘 통하도록 하였고 그 위에 평소에는 요를
깔고 더운 여름철에는 삼베를 깔아 편안한 잠자리를 만들었다. 대부분 온 가족이
일을 해야 했던 과거에는 이 애기구덕을 밭에 나갈 때 끈으로 엮어 짊어지고 가서
밭이랑에 두고서는 일을 하였고 일이 끝나면 다시 애기구덕을 짊어지고 집에 돌아
와서는 한손이나 한발로 흔들어 주면서 다른 일을 할 수가 있었다.

현재 대나무로 만든 애기구덕이 남아 있는 집은 그렇게 많지 않으나 5일장에 가
보면 대나무 대신 쇠 막대기로 만든 애기구덕이 있는 것으로 보아 사용하는 가구
가 아직도 꽤 되는 듯 싶다. 재질이야 어찌됐건 이 애기구덕은 한반도적인 특허감
(?)이라 할만큼 그 기능이 다채로운데 내가 있던 하숙집에서도 쇠막대기로 만든

애기구덕이 있었으므로 거기에서 보고 느낀 것을 적어보면

첫째 다른 일을 하면서도 애기를 볼 수 있다는 점이다. T.V를 보거나 바느질을 하면서 또는 밥을 먹으면서도 한손이나 한발로 살짝만 힘을 주어도 요람(搖籃)의 구실을 해주므로 애기를 보는데 전혀 시간이나 일손을 뺏기지 않는다.

둘째 울며 보채는 아이도 이 애기구덕에 뉘여놓고 흔들어주면 신기할 정도로 금새 울음을 멈추고 잠에 빠져 든다. 성인 남자라도 그렇게 흔들어 주면 정신이 없을 거라고 생각될 정도로 심하게 흔들어줘도 아기는 잠을 깨지 않는다.

세째 이것은 물론 애기구덕의 흔들리는 특성으로 인해 부수적으로 생긴 효과인지는 모르겠으나 어려서부터 흔들리며 자란 까닭에 제주도 사람들은 배멀미를 잘 하지 않는다고 한다. 일부러 몇몇 제주도 젊은 여자들에게 배멀미를 하느냐고 물어 보았는데 물론 전부는 아니지만 전혀 배멀미를 하지 않는다는 여자들의 답변도 상당히 들을 수가 있었다.

육지에서는 어린애기가 보챌 경우 일으켜 안아서 얼르고 토닥거리고 하지만 이곳에서는 요리를 하면서도 한쪽 발로 애기구덕을 흔들어주면 되므로 이 제주의 전통 요람을 좀 더 미관적으로 다듬기만 하면 육지에서도 크게 환영받을 만한 애기 용품으로 될 지도 모른다.

2) 풍다(風多)

제주도에 얼마나 자주 바람이 부는지와 그 바람의 세기가 어느 정도인지는 앞의 제주도 개관에서 통계적으로 알아보았는데 계절에 관계없이 제주도 전지역을 휩쓸고 돌아다니는 이 바람을 이겨내기 위한 흔적은 제주의 초가지붕에서 가장 먼저 발견할 수 있다. 지금은 슬레이트 지붕으로 바뀐 곳도 많지만 아직도 도처에서 바둑판 무늬처럼 꽁꽁 묶은 지붕을 쉽게 볼 수 있다.

이들 초가 지붕의 재료는 육지처럼 볏짚을 이용한 것이 아니다. 제주의 토질로는 예로부터 벼농사를 할 수 없었으므로 볏짚을 구할 수 없었고 이와 비슷한 재료로 '새'라는 들판에서 자라는 풀을 이용하였다. '새'가 자라는 밭을 이곳에서는 '새왓'이라고 하는데 지붕을 꽁꽁 동여매는데 사용했던 '배(밧줄)' 역시 새를 꼬아서 만들었다.

지붕 뿐만 아니라 방 내부도 바람으로부터 보호하려고 '풍채'를 만들어서 달았

다. 이는 일종의 차양막으로 '새'를 이용하여 돗자리처럼 엮은 것인데 평소에는 긴 막대기로 받쳐 햇빛을 차단하거나 비를 막았고 바람이 심하게 부는 날에는 이를 내려 흙먼지들이 방안으로 들어오지 못하게 하였다.

오래 전 제주도의 유물을 보면 **풍안**(風眼 : 바람에 실려오는 흙먼지를 막기위한 돗수 없는 안경)이라는 것도 있는데 사막이 아닌 지역에서 흙먼지를 막기위해 안경이 이용된 곳은 제주도 뿐이 아닌가 싶다. 제주의 풍다(風多)는 이곳 토양의 특징과 더불어 농사를 지을 때 밭을 밟아주는 답전(踏田)의 풍물을 창조해내기도 했다. 제주도의 토양은 화산회(火山灰)가 쌓여 만들어졌기 때문에 매우 가볍고 따라서 바람이 한바탕 불면 흙가루와 함께 애써 뿌린 씨앗이 날아가버리고 만다. 이를 막기 위해서는 조나 보리 등을 파종한 다음 먼저 복토(覆土)를 해야 한다. 복토는 **섬피**(길죽한 잎나무를 엮어 부채모양으로 만든 것으로 뿌린 씨를 묻고 밭이랑을 고르는데 쓰는 농기구)에 밧줄을 매달아 사람 두어 명이 끌고 다니면 밭이랑이 편평해진다.

복토가 끝나면 다시 수십 마리의 우마(牛馬)를 동원해 밭을 다져 주었는데 이러한 작업을 **'둔쇠치기'**라한다. 우마가 많지 않은 곳에서는 **남태**(가축이 끌면 회전하면서 밭을 다져주는 나무로 된 장비)나 **돌태**(남태와 같은 기능을 하며 돌로 만들어졌다)를 이용해서 밭을 다져주었는데 이렇게 해야만 땀흘려 뿌린 씨앗이 바람에 날라가지 않고 비로소 싹을 틔울 수가 있었다.

한편 농부들은 농사나 기타 허드렛일을 할 때 제주 특유의 농부복인 **갈옷**(무명에 감물을 들인 것)을 입었는데 윗옷을 **갈적삼**, 아래옷을 **갈중이**라 부르고 있다.

갈옷의 형태는 한복의 바지, 저고리와 같다. 만드는 방법은 7~8월경에 딴 풋감을 으깨어 무명옷에 골고루 묻힌 다음 손으로 주물러 감물을 흠뻑 들이면 된다. 이것을 다시 그늘에서 10일 정도 말리면 차차 황토빛 색깔이 짙어지면서 풀먹인 옷처럼 **빳빳**해지는데 몇번 입으면 부드러워진다. 이 옷의 장점은 세탁할 때 비누를 쓸 필요가 없고 세탁 후에도 손질이 필요없으며 통기성도 매우 좋다고 한다. 또한 설익은 풋감에는 떫은 맛을 지닌 타닌(Tannin) 성분이 있는데 이는 염분이나 기름기를 분리해주는 작용이 있으므로 땀 묻은 옷을 그냥 두어도 썩지 않고 냄새가 나지 않는 장점도 있다. 지금도 농가에서는 이 감물들인 옷을 많이 애용하고 있으며 젊은 대학생들이나 기타 갈옷의 가치를 아는 사람만이 제주도 전통 농부복의 멋을 과시하고 있다.

눈이 많은 울릉도에서는 모든 장독이 실내에 있듯이 자연환경은 이렇듯 풍물과 생활상의 차이를 선명하게 구별해 놓기도 한다.

제주의 바람은 농사의 방법에서 뿐만 아니라 언어학적으로 볼 때 제주도 사람들의 목소리를 크고 높게 만들기도 했다. 물론 이 특징은 젊은층에서는 발견되지 않는 듯하나 장년층 이상의 사람들은 음성이 매우 높고 크다. 바람이 부는 날은 바로 옆사람이 말을 해도 제대로 들리지 않으므로 자연히 소리 높여 얘기를 하게 될 것이고 이것이 습성이 되어버린 것이 해안근처에 사는 사람들이라고 한다. 남부 다도해의 통영(統營)지방에서는 그 일대가 시끄러우면 '와 이리 시끄럽노, 제줏배가 들어왔나?'라고 말한다고 하는데 목소리가 크기보다는 음성의 톤(tone)이 매우 높은 듯 싶다.

계절별로 보면 한라산 북쪽인 제주시 지역은 대개 1월~3월 사이에 가장 강한 바람이 불고 서귀포 지역도 1월~4월까지 제법 강한 바람이 분다. 제주 속담 중에 '(음력) 2월 바람에 가문쇠(검은소) 뿔이 오그라진다(휘어진다)'는 것으로 보면 음력 2월에 가장 강한 바람이 불 것 같은데 통계상으로 보면 그렇지 않다. 아마도 봄이 오는 길목에 찾아오는 꽃샘추위가 유달리 크게 느껴지기 때문이거나 아니면 바람의 신(神)인 '영등할망'이 찾아오는 계절이기 때문일 것이다.

영등할망은 봄을 질투하는 바람의 신으로 겨울이 지나고 봄기운이 돋기시작하는 2월 초순에 찾아오는데 이 때 제주도에는 강한 바람이 어김없이 분다고 한다. 이 영등할망이 올 때는 자기의 딸이나 며느리 중 누구 하나를 꼭 대려오는데 딸을 데리고 올 때는 예쁜 의상을 과시하기 위해 강한 바람을 일으키고 며느리와 동행할 때는 며느리의 나들이옷을 더럽히기 위해 비를 내린다는 것이다. 이 차가운 계절풍을 만나면 사람들은 감기에 걸리고 농작물에도 나쁜 영향을 끼치는데 그녀가 지상에 머무르는 기간(음력 2월 1일~2월 15일)은 바다에 나가 일하는 것을 금기로 여겼다. 영등할망이 지나가면 제주에는 포근한 봄기운이 찾아온다.

영등할망이 오는 음력 2월을 제주에서는 '**영등달**'이라고도 부르며 해녀들은 바다의 신이기도 한 이 영등할망이 오는 음력 2월 1일과 제주도를 떠나는 2월 15일에 성대한 의례를 행하고 있다.

제주의 풍다(風多)는 이곳에 온 관광객의 사고력마저 두가지로 나누어 버렸다. 바람이 비교적 잔잔한 날에 이곳에 온 관광객들은 제주의 온화한 날씨에 많은 찬사를 보내지만 비바람이 몰아치는 날 이곳에 왔던 사람들은 또한 정반대의 느낌을

애기한다. 졸업여행을 제주도로 왔던 어떤 학생은 도대체 이곳 사람들은 어떻게
사는지 모르겠다며 앞으로 두번 다시 제주에는 가지 않겠다고 했다는데 그야말로
평생에 한번 뿐인 제주 관광을 강한 비바람 때문에 3박 4일 동안 숙소에서 한발짝
도 나가지 못했으니 누구라도 나올 법한 얘기인 듯 싶다.

그러나 시냇물에 물레방아가 돌고 바람에 풍차가 돌 듯 제주를 강하게 만든 것
은, 그 원동력은 역시 바람이었음을 이곳 사람들은 알고 있을 것이다.

3) 남자가 많이 태어나는 여다(女多)

여러 학자들의 연구 결과에 의하면 세계의 인구 집단은 여아(女兒) 출생 100명
에 대해 남아 출생 105명 정도로 항상 남아의 출생이 숫적으로 많다고 보고되어 있
다. 한편 우리나라의 남아 출생률은 다른 나라의 평균(105명)에 비해 매우 높아 세
계 1, 2위를 다투는데 1958년과 1962년의 연구에 의하면 여아 100에 대해 남아 115
를 나타내었다고 한다. 또한 근간에 조사된 제주도 분만아의 출생성비(出生性比)
에 의하면 113.17로 나타나 있으므로 일단 육지와 제주도에 있어 출생 성비는 남자
가 월등히 많음을 알 수 있다.

세계의 출생 성비(Hertwig, 1927)

나 라	성 비
영 국	103.6
프 랑 스	104.6
이 탈 리 아	105.8
소 련	105.4
스 위 스	104.0
일 본	104.0

제주도의 출생성비(1971~1978)

병원	남자	여자	성비
A	654	536	122.01
B	969	897	108.02
C	604	539	112.06
D	653	535	122.06
E	849	788	107.74
계	3729	3795	113.17

──오문유, 「제주도인의 유전학적 연구 Ⅰ」, 제주대논문집, 1978, pp.173~174.──

그럼에도 불구하고 제주도가 과거부터 지금까지 여다(女多)의 고장이라 불리었
던 것은 남자가 적음으로서 상대적으로 여자가 많다고 보아야 할 것이니 결국 남
자가 적어진 이유를 아는 것이 실질적인 여다의 근원을 밝히는 것이라 할 수 있을
것이다.

그러면 통계 숫자는 신뢰하기 어렵지만 조선시대의 남여 인구조사 기록과 근대적 의미의 인구센서스가 시작된 1925년 이후의 자료를 혼합하여 제주도 남여의 성비(性比) 변화를 먼저 알아보도록 하자.

연 도	남	여	성 비	전국평균
1601년	9530	13460	70. 8	
1791〜93	27870	36712	75. 9	
1925년	95281	109034	87. 4	104. 6
1960년	131371	150292	90. 9	100. 8
1990년	254208	260400	97. 6	100. 8

—— 제주도청, 「제주도지 上」, 1982, pp.600〜603. ——

지역적인 통계를 보면 1990년 부산의 성비가 97.6(제주 97.6)으로 나와 있으므로 작금에 와서 제주도를 일컬어 여다의 고장이라 칭하는 것은 그리 썩 어울리지는 않는다. 그러나 조선시대에서 근세에 이르기까지는 극심한 성비의 불균형을 여실히 보여 주고 있다. 우리나라의 경우 제주뿐만 아니라 바다를 생활터전으로 삼는 해안 지역의 대부분이 여다 현상을 나타내고 있다. 하물며 사면이 바다인 제주에서는 남자의 사망율이 매우 높았을 것이며 자연과 대항할 단 하나의 수단도 갖고 있지 않던 시대에 파도와 폭풍에 휩쓸려 살아남을 수는 없는 일이었다.

漂海錄 濟州人 孫孝枝曰 我州邈在大海中 波濤視諸海 尤爲凶暴 貢船商船 絡繹不絶 漂流沈沒 十居五六 州人不死於前 則必死於後 故境中男墳最少 閭閻之間女多三倍於男 爲父母者生女則必曰 是善孝我子 生男則皆曰此物我兒 乃鯨龜之食也云(표해록에 의하면 제주사람 손효지가 말하기를 "우리 제주는 멀리 대해(大海) 가운데 있어 파도가 여러 바다에 비해 더욱 사납다. 진상(進上)하는 배와 상선은 육지와의 교통에 표류하고 침몰하는 것이 열에 다섯 여섯에 이른다. 섬사람들은 표류해서 죽지 아니하면 반드시 배가 침몰하여 죽기 때문에 제주에는 남자 무덤이 가장 적고 마을에서 여자가 많기는 남자의 세곱이나 된다. 따라서 부모된 자는 여자를 낳으면 반드시 말하기를 '이 애는 우리를 잘 섬길 애다'하고 남자를 낳으면 '이것은 우리 애가 아니라 곧 고래의 먹이다'라고 한다")
—— 청음 김상헌, 「남사록」, 탐라문헌집, p.54. ——

이러한 해상사고와 더불어 제주도 토질의 척박함은 많은 남자들을 이곳에 정착시킬 의지를 상실시켰으며 조선시대 1629년(인조 7년)에서 1823년(순조23년)에 이르기까지 장장 200년 동안 조선 조정에서 제주도민의 출륙(出陸)을 금지시켰던 이유도 자연 환경의 재난과 관리들의 수탈에서 벗어나기 위해 육지로 떠나는 제주도민의 수가 16세기 말에는 제주도 인구의 반수에까지 이르렀기 때문이다. 출륙금지령과 더불어 제주의 여인과 육지인과의 혼인을 금할 것을 국법으로 정하여 여인의 출륙은 더 엄금하였다고 한다.

근세에·이르러 2차대전시에는 많은 사람들이 징용으로 일본과 기타 등지로 끌려가서 전사했거나 생존한 사람들은 해방 후 대부분이 귀향하지 않았다. 또한 해방 후 일어난 제주도 4·3사건은 전도에 걸쳐 많은 사상자를 냈으며 지역에 따라서는 과부촌이 생길만큼 남자들의 희생이 컸다.

결국 2차대전시의 징용과 4·3의 혼란으로 인한 이도(離島)는 현재 일본에 거주하는 재일 동포의 수(70만) 중 약 30%(20만명)를 제주 출신이 차지하게 만들었다.

즉 근세에 이르기까지 많은 사람들의 입을 통해 거론됐던 제주도의 여다(女多)는 여자가 많이 태어나서 생기는 현상이 아니라 남자가 많이 죽고 많이 떠나버림으로서 생긴 상대적 우위 현상인 것이다.

그러나 사람들은 이러한 통계수치에 의한 것보다는 제주 여성의 근면함에 비유하여 여자가 많음을 이야기하기도 한다. 모든 해안지역과 강원도 산골의 아낙들이 부지런하듯 제주의 여성 역시 부지런하다. 생활력이 강해서인지 자존심도 세며 마치 주어진 운명을 쪽박 깨듯 살아가는 듯한 억척스러움이 있다.

과거를 예로 들면 제주의 남자들이 배를 타고 바다에 나가 있는 동안 여자들은 새벽에 일어나 물허벅에 물을 길어와야 했고 낮에는 쉴새없이 불어오는 바람과 싸우며 밭에서 일을 해야 했다. 또 물때가 되면 손에 든 골갱이(호미)를 내던지고 바다로 달려나가 차디찬 물속에 뛰어들어야 했으니 외래객(外來客)의 눈에는 밭에도 여자, 바다에도 여자들 뿐 자연히 여자가 많이 눈에 띠었을 거라는 해석이다.

어쩌면 제주의 여자처럼 육지인의 입에 공통적으로 저울질되는 대상도 없을 듯싶다. 물론 이러한 평가는 관광객이 아니라 이곳에서 몇달간만이라도 거주했던 사람들의 입을 통해서인데 첫째는 뭐니뭐니 해도 그녀들의 경제 능력과 부지런함이다.

"제주도 여성의 노동 경제적 능력은 타지방에서도 본받아야 할 가정관리자로서의 훌륭한 자질 중의 하나"라는 육지인의 평가도 있지만 이곳의 여자들은 어떤 일이든지 하려 하며 도대체 노는 사람이 없다. 특히 장년층 이상의 여성들을 보면 마치 일하기 위해 태어난듯 억척스러운 면이 있는데 과연 저렇게 살아서 무엇하나 싶을 정도로 열심히 생활한다.

이러한 찬사와 더불어 그들의 무뚝뚝하고 애교없음 또한 누구든지 꼬집고 있다. 실제적으로 육지 여자와 비교하면 투박한 듯한 제주방언과 더불어 매우 활발하고 적극적이므로 육지에서 말하는 '수줍음'이란 단어를 이곳에 적용시키기는 무리란 생각이 들 때도 있었다. 제주 특유의 거친 자연환경과 역사의 질곡 속에서 남자는 어떠해야 하고 여자는 또 어떠해야 한다는 유교적 구분이 실상 이곳에서는 불필요한 제약이었으므로 남자일 또는 여자일과 같은 구분이 없었던 것이다.

이러한 제주 여성의 특성을 조금이라도 알면 좋으련만 그렇지 않고 육지의 여성들에게서 나타나는 것과 같은 양의 애교를 기대했다가는 돌아오는 것은 실망 뿐이다.

물론 이러한 것들을 일률적으로 단정짓기는 무리한 점도 있지만 어찌했건 많은 육지사람들의 객관적 판단에서 모아지는 제주 여성의 특징은 부지런함, 무뚝뚝함, 활발함 세가지이며 사회과학적인 면에서의 연구마저 필요하다는 제주 여성의 이러한 특징은 이제는 어색하지만 근세까지 타당했던 여다(女多)의 섬 제주에서만 찾을 수 있을 것이다. 연령별로도 그러하지만 성별로도 가장 평등하다고 느껴지는 곳이 바로 제주가 아닐까 생각된다.

2. 삼무(三無)

삼무(三無)라 함은 경상북도 소재지인 울릉도에서도 들어볼 수 있는데 정확히 말해 울릉도는 삼무오다(三無五多)의 섬이며 도둑, 거지, 바퀴달린 물건이 없고 눈, 바람, 오징어, 향나무, 미인이 많다고 해서 붙여진 이름이다. 울릉도의 크기는 제주도의 1/5에 불과하나 실제 화산의 분출은 2,000m 해수면 아래에서 시작되었고 해수면 위로는 980m 밖에 나와 있지 않으므로 상당한 규모의 화산섬임을 알 수 있다.

제주도의 삼무(三無)도 울릉도와 비슷한 도둑, 거지, 그리고 대문이 없음을 뜻한다. 제주도는 고래(古來)로 부터 땅이 척박하고 주민생활은 넉넉하지 못했을망정 남의 집에 가서 빌어먹지 않고 훔치는 일도 하지 않았다고 한다. 좁은 지역사회여서 서로가 너무나 잘 알고 있는 처지이기 때문에 거지노릇이나 도둑질을 할 수가 없었으며 섬이기에 도둑질을 하고도 피할 곳이 없었다. 즉, 도둑과 거지가 없으므로 대문이 없음은 자명한 일이라는 것이다. 이 외에 과거 너무나 못살았기 때문에 훔쳐갈 물건도 없었고 따라서 대문도 필요치 않았다는 말도 있다.

그러나 제주도에 대문이 없음은 해방 후에 외지인들이 들어와 육지와 비해 대문이 없다고 하여 생긴 말이고, 원래 제주도의 삼무는 도둑, 거지, 맹수 없음, 즉 도무(盜無), 걸무(乞無), 맹무(猛無)라고 한다. 실제적으로 제주도에 관련된 여러 문헌을 보아도 도무(盜無), 걸무(乞無)라는 표현과 여우, 호랑이, 곰 등의 맹수가 없다는 기록은 있으나 대문무(大門無)라는 것은 전혀 발견할 수 없다. 오히려 과거 제주도에서의 '대문'이라 함은 집으로 들어서는 출입문이 아니라 상방(마루)으로 들어서는 현관의 출입문을 가리켰었다고 하는데 지역에 따라 동일한 명칭이 상이한 개념으로 이해된 듯 싶다.

어찌했건 맹무(猛無)가 대문무(大門無)로 변했다는 것은 그만큼 제주도의 전통적인 '정낭'과 '정주목'이 외지인의 눈에 특이하게 보였다는 것을 의미한다. 일반적인 문의 형태가 열고 닫는 것으로 되어 있고 그 기능이 출입과 동시에 재산보호의 기능을 가진다는 것을 생각해 볼 때 제주도의 대문은 끼워넣는 형태로 되어 있고 기능 역시 단지 출입만을 위한 것이므로 매우 인상적인 것이 사실이다.

지금도 볼 수 있지만 제주도의 전통가옥은 집으로 들어오는 길 양옆에 돌을 쌓아 에스(S)자 형의 골목을 만들었는데 여기서는 이를 '올래'라고 한다. 그 길이는 10여 미터 정도, 긴 곳은 50m에 달하는 것도 있는데 이 '올래'를 지나 집으로 들어서는 출입구 양쪽에 정주목(정낭이 들어갈 수 있도록 서너개의 구멍을 뚫어 놓은 나무)을 세워놓고 여기에 정낭(긴 통나무)을 끼워 넣어 대문의 구실을 하도록 했다. 정주목은 돌로 된 것도 있는데 이는 정주석이라 한다.

정주목이나 정주석에 정낭을 끼워 놓으면 우마(牛馬)는 물론이고 주인을 찾아간 사람도 집안에 사람이 없는 줄 알고 들어가지 않았다. 흥미로운 것은 정낭을 한개 걸쳐 놓으면 근처의 밭이나 가까운 거리에 있음을 알려주고 두개 걸쳐 놓으면 좀 더 먼거리에 있음을 나타낸다고 한다. 세개가 끼워져 있을 때는 육지를 나간다든가 하여 며칠 간 올 수 없음을 상징했다 하니 통신수단으로서의 기능도 적절히 수

행했던 것 같다.

이러한 정낭과 정주목도 시대의 변화에 따라 나무대문으로 바뀌고 도시화된 지역에서는 철문으로 바뀌기도 하였지만 아직도 제주도내 여러곳에서는 옛모습 그대로를 간직한 것을 볼 수 있다. 한편 나무대문의 경우도 앞뒤로 열고 닫는 여닫이문 뿐만 아니라 좌우로 열고 닫는 미닫이문도 많은데 바람 많은 지역에서 찾아볼 수 있는 또하나의 특징인 듯 싶다.

시대는 변하여 강, 절도 사건보도가 나올 때마다 언론에서는 '정낭정신'이 어디 갔느냐며 안타까와하지만 아직은 서울처럼 문을 꽁꽁 잠그지 않아 믿음 있어 보인다. 이 책을 구상하던 가운데 서울의 집 대문이 고장나(잠금부분) 한시간 동안 고치며 종국에는 발로 걷어찰 수 밖에 없었던 이유는 내가 못고친 이유도 있지만 대문이 꼭 필요한 사회에서 살고 있다는 것이 아니라 대문을 고치는 일이 촌각을 다투는 급박한 문제라는 사실을 발견했기 때문이다.

어쩌면 풍속과 풍물은 변해간다는 것을 전제로 하여 존재하는 것인지 모르겠으나 발로 찼던 당시 제주도의 정낭과 정주목을 떠올렸음은 물론이다. 언젠가 서울에서 제주도로 이주해 간(1985년 이주) 사람으로부터 다음과 같은 말을 듣기도 했는데 사람들이 항상 과거를 회상하며 그리워하는 것은 어떠한 현재보다도 과거의 믿음이 더 강했기 때문일 것이다.

처음 제주도에 와 가지고 해안에 가까운 부락에서 집을 구해 생활을 시작했어요. 그런데 다음날 밖에 나가려고 하는데 방문을 잠그는 고리가 없는 거예요. 생각해 보세요. 대문은 없는 거나 마찬가지죠, 문고리도 없죠. 뭘 하긴 해야겠는데 어떻게 해야 할지 몰라 방안에서 엄마하고 얼굴만 마주 쳐다보며 고민했어요. 그런데 살다보니 여기서는 그러한 것들이 도무지 필요없는 것 같아요.

대문이 있다 또는 없다, 정주목과 정낭이 대문이다 또는 아니다를 떠나서 위와 같은 소감은 제주도다운 면모를 잘 반영시켜주고 있다. 그런데 너무나 제주도의 정낭과 정주목을 부각시키려 했음인지 몰라도 제주도내를 돌아다니다 보면 가히 천편일률적이라 할 수 있을 정도로 똑같은 색깔, 똑같은 형태, 똑같은 크기로 제작되어 밭담사이에 세워진 것을 볼 수 있다. 형태 또한 제주도의 전통 정주목, 정낭과는 거리가 먼데 제주도의 관광정책이 어느 정도 관(官) 위주로 되어왔는지를 말해주는 것 같아 조금 씁쓰레한 기분을 감출 수 없다. 과유불급(過猶不及)이란 이를 두고 말하는 것은 아닌지 모르겠다.

한편 제주도는 삼다(三多), 삼무(三無)란 말 외에도 삼보(三寶 : 언어의 보배, 수중자원의 보배, 관광의 보배)와 삼려(三麗 : 아름다운 인심, 아름다운 자연, 아름다운 열매) 등과 같은 말이 있기도 하다.

제 5 장

제주 약사(略史)

현재 우리나라에는 각 지방의 역사와 문화를 종합한 지방지(地方誌)가 있다.(경상도지, 충청도지, 강원도지 등) 더 세분해서 군지(郡誌), 면지(面誌)가 있으며 드물기는 하지만 한개 마을의 태동과 발전을 기록한 이지(里誌)도 있다.

과거의 모든 경험이 축적되어 한 개인의 성향이 다듬어지 듯 마을과 지방의 작은 역사들이 모여 한 나라의 줄기를 이루는 역사가 생김은 두말할 필요가 없을 것이다. 이러한 역사는 사고(思考)하는 한 시간과 공간을 뛰어넘어 언제 어디서든 살아 숨쉬지만 다가서지 않는 한 우리의 어느 주위에서도 발견할 수 없다.

더구나 역사는 현재를 왜곡없이 비추어 주는 거울이 되므로 현재를 보면 과거도 알 수 있고 미래마저 짐작할 수 있으니 역사적 탐구는 어쩌면 현재를 알기 위한 작업일는지도 모르겠다.

고대부터 각 영토로 분할되어 각각이 통치권을 행사했던 우리의 경우 현재 각 지방마다 언어와 지방인의 성향이 뚜렷이 구별되어 있는데 사실 이러한 차이는 각 지방지의 역사를 들추어 보면 어느정도 납득이 간다.

한편 제주의 역사는 다른 지방지의 그것과 비교해 볼 때 상대적인 어둠이 짙은데 이는 제주의 척박한 풍토와 과거 지나친 공납(貢納), 그리고 본토와 멀리 떨어져 있어 수탈을 일삼는 관리를 제때에 응징할 수 없었음에 기인한 듯 싶다. 어찌했건 중앙에 중심을 둔 역사에만 익숙해져 온 우리들에게 한 지방의 역사를 이와 연계시켜 간략하게나마 살펴보는 것도 나름대로 의미는 있을 것이다.

1. 선사시대−탐라국 시대

　제주도의 최초 화산 분출은 지금부터 약 100만년 전에 시작되었다고 한다. 그러면 이곳에 사람이 살기 시작한 것은 언제부터 였을까？ 이러한 의문은 근자에 이르러 고고학(考古學)적인 조사 연구로 점차 밝혀지고 있다.

　현재까지 제주에서는 청동기시대 권력계급의 무덤인 고인돌(Dolmen：지석묘라고도 함)이 55기 발견되었는데 그 중 원형대로 남아있는 것이 29기에 이른다. 뿐만 아니라 제주의 여러 지역에서는 선사시대인이 살았던 흔적을 나타내는 혈거지(穴居地)가 발견되었으며 당시의 생활상을 말해주는 조개무지, 석기, 토기, 골각기 등의 방사성 탄소 측정 연대를 측정한 결과 지금부터 약 3,000∼3,500년 전 사이로 확인되었으므로 이미 선사시대부터 제주지역에서 사람이 살아왔음을 알 수 있다.

　여하튼 개인 및 가족 단위로 원시적인 생활을 하던 선사시대인들은 장구한 세월을 거치면서 혈연(血緣)을 중심으로 하는 씨족사회로 발전하게 된다.

　바로 이 씨족사회의 시작을 알기위해 잠시 제주도 개벽신화에 대해 알아보기로 하자. 먼저 우리나라의 개벽신화인 단군신화에 비교할 만한 것으로 제주에는 삼성인(三姓人) 신화가 있다. 삼성인이란 고(高), 양(梁), 부(夫)씨로서 이들은 삼성혈(三姓穴)에서 태어났다고 하는데 삼성혈이란 문자 그대로 각기 다른 성씨를 가진 세 사람이 태어난 구멍을 말한다.

　이 개벽 신화에 대한 기록은 아래에 인용하는 영주지(瀛州誌)를 비롯해 고려사 지리지, 신증 동국여지승람, 남사록, 탐라지 등 수십종에 나타나 있으며 내용은 대동소이하다.

　삼성인의 출현과 함께 탐라(耽羅) 사회의 형성과 발전과정을 알 수 있는 제주개벽 신화의 내용은 다음과 같다.

　　태초에 제주에는 사람이 없더니 하루는 홀연 세 신인(神人)이 한라산 기슭 모흥혈(毛興穴：후에 삼성혈로 개칭됨)에서 솟아 올랐다. 첫째는 고을나(高乙那)요, 둘째는 양을나

(良乙那), 세째는 부을나(夫乙那)였다. 이들은 사냥을 하며 가죽옷을 입고 육식으로 생활하였다. 어느날 한라산에 오른 이들은 멀리 바닷가에서 자줏빛 진흙으로 봉(封)한 나무상자가 떠내려온 것을 발견하였다. 세 신인이 산을 내려가 나무상자를 열자 그 안에는 다시 옥(玉)으로 된 상자가 있었고 이어 자주빛 옷에 붉은 띠를 두른 사자(使者)가 나타났다. 또 옥으로 된 상자를 여니 푸른 옷을 입은 세 처녀와 망아지, 송아지, 그리고 오곡의 씨앗이 들어 있었다.

사자의 뜻에 따라 세 신인은 곧 목욕 재계하여 하늘에 고하고 나이 차례로 그녀들과 결혼하였다. 결혼 후 각자의 거처를 정하기 위해 물 좋고 기름진 땅을 골라 활을 쏘니 고을나가 쏜 곳은 제 1도요, 양을나가 쏜 곳은 제 2도요, 부을나가 쏜 곳은 제 3도였다. 각기 거처를 정해 오곡의 씨앗을 뿌리고 송아지, 망아지를 치니 날로 번성하여 드디어 인간의 세계를 이룩하여 놓았다.

그 이후 9백년이 지난 뒤에 인심이 모두 고(高)씨에게 돌아갔으므로 고씨를 왕으로 삼아 국호를 탁라(託羅)라 하였다.

고을나의 15대손에 이르러서는 후(厚), 청(淸), 계(季) 삼형제가 배를 만든 다음 바다를 건너 탐진(耽津 : 지금의 전남 강진)을 거쳐 신라에 입조(入朝)하였다. 이 때가 신라의 전성기였다. 이들이 오기 전 남쪽 하늘에 이상한 별이 나타났는데 신라에서는 이를 보고 이국인(異國人)이 내조(來朝)할 징조라 하였다. 이윽고 3형제가 신라에 이르자 왕은 이를 가상히 여겨 고후(高厚)에게는 성주(星主)라 칭하고 고청(高淸)에게는 왕자(王子), 고계(高季)에게는 도내(徒內)란 작호를 주었다. 왕은 남쪽 나라란 뜻에서 국호를 탐라(耽羅)라 개칭하였으며 이들에게 보물과 의관을 하사하고 친히 남도까지 전송하니 기병과 짐수레 등 수행원이 백리에 이르렀다……. —— 영주지(瀛州誌), 탐라문헌집, pp.2~3. ——

제주 개벽신화에 대한 기록 중 문헌에 따라 양, 고, 부 순서로 된 것도 있으며 양(良)씨 성은 후에 양(梁)으로 개칭되었다. 어찌했건 이상과 같은 내용은 신화적인 것이지만 삼성혈을 중심으로 삼성인(三姓人 : 고, 양, 부씨)의 거처를 마련했다는 것은 제주도 초기의 씨족사회 형태를 말해주는 좋은 기록이라 볼 수도 있다. 한편 인구증가에 따라 다른 씨족과의 혼인이 이루어지고 외적의 침입이나 외세의 간섭 등 여러가지 문제가 발생하게 되자 소수 집단의 씨족사회는 연합의 필요성을 느끼게 되었고 이에 따라 부족(部族)사회가 이루어졌다. 그리고 부족은 다시 다른 부족과 연합하여 체계적인 법제와 규율을 갖춘 부족국가로 발전하게 된다. 제주도 초기의 부족국가 형태를 알 수 있는 것으로 후한서(後漢書)가 있는데 거기에 들어 있는 내용은 다음과 같이 전해지고 있다.

馬韓之西南海島上 有州胡國 其人短小 髮頭衣韋有上無下 好養牛豕 乘船往來貨市韓中(마
한의 서남해상에 있는 섬에는 주호란 나라가 있다. 거기 사는 사람들은 체구가 작고 머리
를 깎았으며 가죽옷을 입었으나 상의는 있고 하의는 없었다. 소와 돼지치기를 좋아하고
배를 타서 한중(韓中)에 왕래하며 무역을 하였다.)

　　　　　　　　　　　　　　　　── 김석익, 「탐라기년」, 탐라문헌집, p.342. ──

이 기록은 탐라에 대한 최초의 것으로서 이를 기록한 진수(陳壽 : ? ~297)란 사
람의 탄생연도는 알려지지 않고 있으나 그의 사망연대로 보아 이 때의 제주도는
기원후 270년을 전후한 모습으로 파악되고 있다.

이 무렵은 고구려, 백제, 신라 삼국이 문물을 정비해가며 왕권을 갖춘 고대국가
(古代國家)로서의 체제를 갖추어 나가고 있을 때였다. 탐라에서는 삼성인(三姓
人), 즉 고(高), 양(梁), 부(夫) 세 씨족 중에서 고씨(高氏)의 세력이 가장 강했으
므로 고씨를 중심으로 하는 세습 왕권정치가 시작되었는데 이렇게 부족국가로 발
전을 거듭하면서 탐라는 지리적으로 가장 가까운 백제, 신라 등과 공적, 사적인 교
류를 가졌다.

百濟文周王二年 夏四月 獻方物于百濟 王喜拜使者爲恩率(백제 문주왕 2년(476년) 탐라
국에서 토산물을 바치자 왕이 기뻐하여 사자에게 은솔(恩率 : 3품 관직)이란 벼슬을 주었
다.)
東城王二十年 秋八月王以本國不修貢賦 親征至武珍州 國王聞之 遣使乞罪乃止(백제 동성왕
20년(498년) 8월 탐라가 공물을 바치지 않자 동성왕이 직접 군사를 거느리고 무진주(武珍
州 : 지금의 광주)까지 이르렀다. 탐라왕이 이 소식을 듣고 사자를 보내어 사죄하니 그만
두었다.)
　　　　　　　　　　　　　　　　── 김석익, 「탐라기년」, 탐라문헌집, p.347. ──

이상의 기록에서 볼 때 백제와는 밀접한 교류가 있었으며 신라와는 고후(高厚)
3형제가 신라에 입조(入朝)하여 탐라(耽羅)란 국호를 얻었듯이 백제보다는 실질적
인 속국(屬國)으로서의 관계가 유지되었다.

특히 신라는 당나라와 정치적으로 밀접한 관계를 맺고 있었으므로 신라에 딸린
탐라로서도 당과의 교역을 통하여 문물을 교환할 수 있었다. 1928년 제주항 축조
공사장에서는 한(漢)나라 때의 화폐인 오수전(五銖錢)과 기타 동경(銅鏡 : 동거
울), 동검(銅劍) 등이 출토되었고 1969년에는 제주시 소재 민가에서 정원을 정리
하다가 오수전이 다량으로 발견되었다고 한다.

한편 6세기 후반에 이르러 신라가 한강 유역 전체를 점유하여 반도의 중앙지대로 진출하게 되자 삼국의 정세는 크게 변하여 긴장이 조장되기 시작했다. 결국 신라는 당나라와 연합하여 신라 무열왕 7년(660년) 백제를 멸망시켰고 이에 따라 그때까지 백제와 교류하던 탐라는 다시 신라에 속하게 되어 신라에 조공하게 되었다.

이어 신라는 백제를 멸망시킨지 8년 만에 다시 고구려마저 멸망시킴으로서 삼국통일을 이루었고 이후 200여년에 걸쳐 발전을 거듭한 통일신라와 더불어 탐라는 교류를 갖게 된다. 그러나 통일신라는 진성여왕 이후 신라 귀족사회의 부패와 정치 혼란으로 인해 후백제, 후고구려로 다시 분할되고 통일신라는 날로 쇠약해져 마침내 그영역이 경상도 지방으로 줄어들었다.

이즈음 후고구려에서는 왕건(王建)이 새로운 지도자로 추대되고 후고구려는 신라를 멸망시킨 후백제를 침공하였으므로 왕건에 의해 삼국(통일신라, 후고구려, 후백제)은 다시 재통일 되었다(918년). 이로써 탐라는 고려의 속국이 되었다.

2. 고려시대

고려 왕조를 세운 왕건은 탐라의 고려 귀속을 권하였으나 백제, 신라와 교류하면서 한 나라의 지위를 오래동안 유지해 온 탐라는 처음에 이를 거부하였다. 그러자 고려 조정에서는 군사를 파견하여 탐라를 공략하였다. 사태가 이에 이르자 938년 탐라 성주(星主) 고자견(高自堅)은 태자인 말로(末老)를 고려에 입조(入朝)시켰고 고려 태조는 종래의 자치권을 인정하여 고자견을 성주(星主)로, 양구미를 왕자(王子)로 삼았다.

고려의 속국이 된 탐라는 기회가 있을 때마다 토산물을 바쳤고 고려에서는 이들에게 벼슬을 주어 무마시키곤 했다. 고려는 1105년(숙종 10년) 그때까지 사용되던 **탐라**(耽羅)란 국호를 폐지하고 **탐라군**(耽羅郡)으로 삼아 직접 중앙에서 관리를 파견하였다. 이때부터 탐라는 고려의 관리가 민정을 관장하게 되었는데 이들을 경래관(京來官 : 중앙에서 온 관리)이라 부른다.

1153년(의종 7년)에 이르러서는 탐라군을 다시 **탐라현**(耽羅縣)으로 한단계 더 낮춰 불렀고 1211년에는 탐라란 이름마저 없애 **제주**(濟州)로 개칭하였는데 '제주' 란 이름은 이때 처음 사용된 것이다.

그러나 고려에서 직접 관리가 파견되어 행정실권을 장악하면서부터 적지않은 폐 단이 생겼는데 이는 제주가 워낙 거리상으로 먼 지역이어서 부임하는 경래관들이 이곳에로의 임관을 달갑게 여기지 않았기 때문으로 이들 부임자 중에는 탐욕에 빠 지는 자들도 있어 백성의 원성이 컸다. 1168년 제주에서 일어난 양수(良守)의 난, 1202년에 번석(煩石)·번수(煩守)의 난, 1267년 문행노(文幸奴)의 난 등은 모두가 경래관(京來官)의 폭정에 항거하여 일어난 것으로 조정에서는 백성들의 요구를 정 당하다고 받아들였으며 주모자는 후일을 경계하기 위하여 모두 참하였다.

한편 1231년경부터 몽고의 고려 침입이 시작되었다. 이에 고려는 1232년 조정을 강화도로 옮겨 저항하였으나 몽고는 수차에 걸친 침입을 계속하여 고려는 막대한 문화재 손실뿐만 아니라 수십만명이 포로로 잡혀가고 살상당하는 등 전 국토가 유 린되다시피하였다. 마침내 외세에 굴복해 고려는 강화도로 옮긴지 39년만인 1270 년 몽고와 강화(講和)를 맺게 된다. 이러한 몽고와의 강화를 거부하고 계속 항쟁 을 결의하며 일어난 것이 바로 삼별초(三別抄)다. 이 삼별초가 강화도에서 진도를 거쳐 마지막 항거지인 제주도로 들어오게 된 것은 1270년(원종 11년)이었다.

김통정 장군이 이끄는 병사들은 북제주군 귀일촌에 항파두성(缸坡頭城)을 쌓고 여·몽군과 대치하며 그 세력을 확장시켜 나갔다. 제주의 삼별초가 건재하고 있는 이상 몽고의 일본정벌을 위한 계획은 불가능했으므로 몽고와 강화를 맺고 있던 고 려는 몽고와 연합하여 제주를 공략하기도 하고 때로는 회유책을 쓰기도 했으나 모 두 실패하고 말았다.

이에 불안을 느낀 고려에서 삼별초가 입도한지 2년만인 1273년(원종 14년)에 김 방경 장군과 몽고의 혼도장군 지휘하에 1만여명의 군사를 파견하였고 삼별초는 대 군을 맞아 분전하였으나 중과부적(衆寡不敵)으로 전원 사망하고 김통정 장군은 부 인과 함께 한라산에서 자결하였다. [p.174 삼별초 난 참고]

삼별초군이 패함으로서 탐라는 이후 약 100년간에 걸쳐 직접 간접으로 원(몽고 는 1271년 국호를 원으로 정함)의 지배를 받는 역사가 시작되며 어떤 구실이 있을 때마다 원에 귀속시켰다가 다시 고려에 되돌려지는 등 주종관계가 번복되는 슬픈 운명을 맞이하게 된다. 삼별초가 진압되자 원은 제주도에 탐라총관부(耽羅總管

府)를 두어 제주 지배에 들어갔으며 일본 정벌을 위한 병참기지로 삼았다. 원은 그들의 말 160필을 방목하여 목축지를 조성하였는데 제주는 원래 광활한 초지가 있고 곳곳에 샘물이 솟아 목축에 유리한 조건을 갖추고 있었으며 사면이 바다인 섬이기에 우마(牛馬)를 놓아 길러도 달아날 염려가 없었다. 이를 계기로 제주도는 주요 말 목장이 되었으며 이후 말을 낳으면 제주로 보내라는 명성?을 얻게 된다.

원은 또한 제주도를 그들의 유형지(流刑地)로 삼아 3차에 걸쳐 170여명에 달하는 죄인들을 목축에 종사시킨다는 구실로 제주에 유배시켰다. 이것이 계기가 되어 제주는 국법을 어긴 죄인들의 유배지로 인식되어 조선시대에까지 연속적인 유배의 땅이 되었다. 다만 원의 지배 시대에 유배되었던 죄인들이 대부분 도적들이었던데 비해 조선조의 유배인은 각종 사화(史禍)와 연루되거나 폭정(暴政)에 항거하다 정치세력에서 밀려난 명신(名臣)들이었다는 점에서 주목할 필요가 있다.〔p.183 추사 김정희 참조〕

원이 제주를 그들의 병참기지로 삼은 것은 일본마저 점령하여 아시아를 통일하기 위해서였다. 원은 이를 위해 두 차례의 일본침공을 시도했으나 모두 실패하고 말았다. 첫번째 일본정벌이 마산을 출발하여 가던 중 태풍으로 실패하자 원은 1281년(충렬왕 7년) 재차 일본 정벌을 꾀하여 수전(水戰)에 경험이 많은 고려군을 징발해 무려 14만명의 대병력을 편성하였다. 이 대병력은 4천5백척의 전함에 나누어 타고 출병하였으나 일본 앞바다에서 해전이 크게 벌여지던 중 태풍이 일어나 거센 파도가 바다를 뒤덮어버렸다. 이 재앙으로 몽고 장군 혼도와 고려 장군 김방경을 비롯한 1천 7백명만이 살아왔을 뿐 13만8천명에 달하는 대병력이 수장(水葬)되고 말았는데 일본에서는 이 기적의 태풍을 가리켜 신풍(神風 : 가미가제)이라고 한다.

제주가 원에 예속된지 23년만인 1294년(충렬왕 20년), 충렬왕은 제주를 고려에 돌려달라고 원에 간청하게 되었다. 충렬왕은 원의 고려 침략이 부당하며 불의의 압력으로 제주를 예속시켰으니 그것은 국제적 신의면에서나 국가적 체통으로 볼 때 타당치 않다고 적극 역설했던 것이다. 마침내 원의 성종은 이를 허락하였고 제주는 다시 고려 영토로 반환되었다. 그러나 원은 그 대신 여러가지 부수조건을 제시하며 해마다 정해진 공물(貢物)을 바치도록 요구하였고 원의 관리도 종전대로 체류하였으므로 제주의 고려 반환은 명목에 불과할 뿐 실제적으로는 식민지나 다름이 없었다.

제주가 명실공히 정치, 행정적으로 고려에 귀속된 것은 1305년(충렬왕 31년)으로 이때서야 비로서 제주에는 고려의 관리가 직접 파견되어 정치행정을 담당할 수 있었다. 그러나 제주에 파견된 고려 역시 원인(元人)들과 마찬가지로 횡포하여 공공연한 수탈을 자행하였으므로 주민들은 고통 속에서 헤어날 수 없었고 관리에 대한 불신은 날이 갈수록 심화되어 갔다.

이에 대해 1308년 즉위한 충선왕은 삼별초난과 원의 횡포에 시달려온 제주의 백성을 도와야 한다며 관리와 군관들이 백성들을 괴롭히는 것을 엄히 다스리라고 명했지만 지리적으로 본토와 멀리 떨어진 곳이어서 탐욕하는 관리들에 대한 통제는 거의 불가능 했다.

한편 원(元)에서 돌아와 1351년 즉위한 공민왕은 당시 원의 내부가 문란한 사정을 잘 알고 있었으므로 원의 간섭에서 벗어나 자주성을 회복하려 하였다. 공민왕은 과감한 배원(排元) 정책을 펴기 시작했으며 14세기 후반에 원이 토착 한족의 반란으로 점차 쇠약해지자 이에 맞춰 몽고식 관제를 폐지하고 친원파를 숙청하였으며 잃어버린 옛 영토도 되찾았다.

마침내 1370년 경부터 원이 쇠퇴하고 명(明)이 신흥세력으로 등장하자 공민왕은 친명반원(親明反元) 정책을 쓰기 시작했고 이에따라 공민왕은 명에 바칠 군마 2천필을 목호(牧湖)들로 하여금 뽑아내도록 지시하였다. 목호들이란 원의 지배가 시작되면서부터 말의 관리를 맡기 위해 파견된 원인(元人)들로서 고려의 관리가 파견된 뒤에도 계속 제주에 남아있었는데 이들의 주민에 대한 횡포는 극심하였다. 목호들은 공민왕이 배원정책을 펴자 그들의 세력을 과시하기 위해 대대적인 반란을 일으키기도 했다.

이렇듯 횡포하고 안하무인격이었던 목호들은 군마의 차출을 지시받자 어찌하여 원의 황제가 기르게 한 말을 명나라에 보낼 수 있느냐며 또다시 대대적인 반란을 일으켰다. 이들은 제주목사 이용장(李用藏)을 비롯해 말의 차출을 위해 상륙한 궁병(弓兵)을 3백명이나 살해하는 만행을 저질렀던 것이다. 명나라 사신은 거듭 2천필의 군마를 요구하였고 공민왕은 이 기회에 제주에서 원의 세력을 완전히 전멸시키기 위해 1374년 토벌대를 편성했다. 공민왕의 명을 받은 최영은 정예 군인 2만 5천과 전함 364척을 이끌고 제주에 들어와 완강히 저항하는 목호들을 전멸시켰고 이로써 원(元)의 1백여 년에 걸친 고려침략과 제주 지배는 완전히 종식되었다. 그러나 원의 고려침략에서부터 목호들이 완전히 섬멸되기까지 고려는 막대한 문화재

손실 및 재정파탄 등 전 국토가 유린되다시피 하였으며 더구나 제주는 원의 직접적인 지배로 인해 민생이 도탄에 빠지게 되었다. 삼별초난의 뒷처리를 위해 제주에 주둔한 원군(元軍)과 말의 관리를 맡은 목호(牧湖)들의 횡포와 고려 관리들의 수탈로 인해 여러 차례의 민란이 발생하기도 했다. 또한 각종 토산물은 징발되고 원의 일본 징벌을 위한 선박 제조로 수많은 제주인이 노역에 종사했으며 말들은 모두 공마(貢馬)의 형식으로 반출되었다.

그러나 대신 제주인은 삼별초군의 입도를 통해 고려인의 굳센 기개를 배웠고 대륙의 새로운 문물을 얻을 수 있었다.

한편 고려사회가 배원정책을 펴면서 대륙과의 관계가 복잡한 틈을 타서 일본 해적인 왜구(倭寇)의 침입이 기승을 부리기 시작했다. 이들은 강화도 까지 침입하기도 하였다. 당시 최영과 이성계는 왜구 토벌의 영웅으로 국민의 두터운 신망을 받았는데 이렇듯 왜구의 침입이 한창이던 우왕 말년에 고려는 명(明)과의 영토분쟁이 일어나게 된다.

명은 철령 이북 쌍성총관부 관할하에 있던 고려 땅을 그들의 직속령으로 만들겠다고 고려에 통보한 것이다. 고려 조정은 이에 크게 분개하여 도리어 이 기회에 명이 차지하고 있던 요동 지방을 회수하려 하였다.

요동정벌론은 최영을 대표로 하는 무장들이 즉각 출병을 주장한 반면 이성계를 대표로 하는 다른 무장들은 국내의 정세로 보아 요동정벌이 불가능하다고 판단하여 출병을 반대하였다. 결국 최영의 주장이 관철되어 정벌군이 파견되었으나 이성계는 압록강 위화도에서 회군하여 최영 일파를 제거하였고 군사·정치 실권을 장악하면서 조선왕조 창립의 기초를 다졌다.

3. 조선시대

위화도에서 회군한 이성계는 온건파 사대부(士大夫)들을 힘으로 누르고 전제개혁(田制改革)으로 민심을 수습하여 새 왕조를 개창하니(1392년) 고려는 475년 만에 망하고 대신 새로운 조선 왕조 500년 역사의 막이 오르게 된다.

이성계는 건국 초부터 강력한 중앙집권 행정을 수립하였으며 제주에 대해서도 그 때까지 외지(外地)로 소외되었던 것을 지양하여 이를 본토화하는 정책을 폈다. 우선 교육문제부터 손을 대어 1394년(태조 3년) 제주에 향교(鄕校)를 설치하여 지방인 자제를 교육시키도록 하였는데 제주에 관학(官學)인 향교가 서게 된 것은 이 때부터이다.

이어 태종이 즉위하자 여러가지 정책 개혁은 더욱 과감해지기 시작했고 1404년(태종 4년)에는 제주에서 고후(高厚) 3형제가 신라에 입조(入朝)한 이래 세습되어 오던 성주(星主), 왕자(王子)직을 폐하기에 이르렀다. 성주는 좌도지관(左都知管), 왕자는 우도지관(右都知管)으로 고쳤으며 그나마 1445년(세종 27년)에는 도지관이란 벼슬마저 없애버림으로써 제주의 귀족은 모두 평민화되었다. 조선조에 이르러 제주는 명의로나 실질적으로 완전히 조선에 속하게 된 것이다.

1416년(세종 16년)에는 안무사(按撫使) 오식(吳湜)의 건의에 따라 제주의 행정을 개편하여 한라산 북쪽은 **제주목**(濟州牧), 한라산 남쪽은 다시 동서로 나누어 **정의현**(旌義縣), **대정현**(大靜縣)을 설치하였다. 제주목에는 목사(牧使)를 파견했고 정의현과 대정현에는 현감(縣監)을 두어 관리했는데 목사의 임기는 3년, 현감의 임기는 1년으로서 이 관제는 조선 말기까지 계속되었다.

따라서 조선시대 제주도의 행정은 3년마다 부임하는 목사와 1년마다 부임하는 현감에 따라 좌우되었는데 선정관(善政官)이 부임하는 경우 민폐가 해결되어 백성들이 편하였으나 그렇지 않은 경우에는 많은 고초를 겪기도 하였다.

한편 몽고 지배 때부터 집중적으로 육성되기 시작한 목마(牧馬)는 조선시대에도 계속되었고 조정에서는 마필의 중요성을 인식하여 본격적인 마정(馬政)의 체계를 갖추었다. 세종조에만 제주 삼읍에는 약 10개소의 목장이 운영되었는데 목장관리의 총책임은 제주목사였다. 마필의 진상은 연례공마(年例貢馬 : 매년마다 하는 공마) 200필과 식년공마(式年貢馬 : 3년마다 하는 공마) 700필, 그리고 교역상 징마하는 공마가 있었다. 이 외에 삼명일(三明日 : 임금의 탄신일, 정월초하루, 동지)마다 20필씩 진상하였고 또 삼읍의 관리가 부임할 때는 3필을 헌마하기도 했다. 목장에서는 말 뿐만 아니라 소도 사육하였으며 소의 경우는 삼명일마다 흑우(黑牛) 20두씩을 진상하였고, 교역상 필요에 따라 부정기적으로 징발하였다.

진상품으로 보면 말과 소 뿐만 아니라 귤도 매우 중요한 물품으로 여겼는데 중종 21년(1526년)에는 관(官)에서 과원을 설치하고 군인으로 하여금 지키게 하였다. 당시의 과원은 삼읍에 36개소가 설치되어 있었는데 귤의 진상은 9월부터 시작해서 다음해 2월까지 20회로 나누어 약 10일 간격으로 진상하였다.

이러한 과중한 진상은 많은 민폐를 끼쳤다. 이건(李健)은 그의 『제주풍토기』에 "목자는 말이 치사(致死)하면 그 가죽을 벗겨서 관에 바쳤는데 관에서는 마적(馬籍)과 대조하여 차이가 있거나 가죽에 손상된 곳이 있으면 목자에게 변상을 시킨다. 목자들은 원래 가난하고 천한 백성이 담당하는데 해마다의 손실을 변상하기 위하여 농토를 팔고 또 부족하면 솥과 농기구등의 물건까지 팔지 않을 수 없다."고 하였다.

귤의 경우도 관의 과원이 설치되기 이전까지는 관가에서 공물(貢物)을 채우기 위해 민가에서 공출하였는데 민가에서 심은 귤의 낱수까지 헤아려 표시를 하고 수확기에 이보다 덜하면 형벌을 가했으므로 백성들은 나무심기를 즐겨하지 않았고 심지어 나무를 뽑아버리거나 바닷물을 뿌려 고사(枯死)하게 했다고 한다.

또한 해안에서 생산되는 각종 어류 역시 중요한 진상품의 하나로서 그 중 전복은 최상의 진상품에 속했다. 역시 이건(李健)의 『제주풍토기』에 의하면 전복은 잠녀(潛女 : 해녀)들이 채취하여 관가의 부역에 응했고 그 나머지는 팔아서 의식에 보태었다고 하는데 1년간의 소업으로도 그 역(役)에 응하기 어려워 그 생활의 어려움은 이루 말할 수 없다고 하였다.

이들 각종 어패류와 과실 및 가축에 대한 공물 부담은 조선시대내내 제주도를 목조였다.

이와 더불어 제주도는 왜구의 침입으로 인한 피해도 적지 않았다. 왜구는 고려시대 1323년경부터 임진왜란이 일어나기 전까지 수십차례에 걸쳐 제주도를 침범하였는데 지리적으로 가까운 거리에 있었던 제주도는 본토보다 그 피해가 컸다. 왜구는 닥치는 대로 사람을 죽이고 사로잡아가는 등 그 만행이 극심하였으며 재물과 가축까지 수탈해 갔다. 이에 조정에서는 제주방어를 위하여 1437년(세종 19년)부터 방어시설을 갖추도록 하였다. 이에 따라 3성(三城 : 제주성, 대정성, 정의성), 9진(鎭 : 조선초 지방군의 주둔 진지), 10군데의 수전소(水戰所), 25군데의 봉수대(烽燧臺 : 밤에 봉화를 올리는 곳), 38군데의 연대(煙臺 : 감시초소)들이 정비되어 갔다.

이러한 방어시설과 병행하여 세종 때는 이종무가 200여척의 함대를 이끌고 왜구의 소굴인 쓰시마섬(對馬島)을 토벌하자 왜구의 침입은 한동안 뜸하게 되었고 왜구를 뒤에서 조정하던 일본 봉건 영주들은 교역을 제의해오기도 했다. 그러나 16세기말에 이르러서는 당파싸움으로 국방에 대한 관심이 없어지고 이이(율곡)의 10만 양병설도 받아들여지지 않았으므로 왜구의 소란은 다시 커지기 시작해 결국 1592년(선조 25년) 일본의 일방적인 침략에 의해 조선은 임진왜란의 소용돌이에 휩싸이고 만다.

이러저러한 혼란 속에서도 중앙정부의 문물과 제도가 정비되고 발전하였던데 비해 제주도는 조선 중엽에 이르러서도 이 대열에 끼어들 수 없었다. 이는 국가의 정책이 소홀했거나 어떤 차별을 해서가 아니라 지리적 여건이 매우 불리하여 이에 미치지 못하였기 때문이다. 따라서 관원들의 황포가 치외법권(治外法權)적으로 행해지기도 했고 이는 도민의 반항심을 자극하여 조선조 후반에는 여러 차례의 민란이 일어나는 계기가 되기도 했다. 그러나 적으나마 선정(善政)을 베푼 관원들도 있었으니 그들에게는 존경과 찬사를 아끼지 않았고 제주 곳곳에 송덕비(頌德碑)를 세워 그 공덕을 길이 칭송하고 오랫동안 잊지 않았다.

한편 제주도는 지리적 위치가 태풍의 진로선상에 걸쳐 있고 집중호우의 기상 특성을 갖고 있으므로 이로 인해 흉년이 잦았다. 제주도에 관한 문헌을 보면 거의 해를 거르다시피하여 크고 작은 흉년의 기록이 있는데 제주도 역사 이래 대흉년이 닥친 것은 1794년(영조 18년)이다. 이 해에는 유난히도 곡식이 잘 자라 대풍이 예상되었으나 8월 들어 대부분의 가옥이 파괴될 정도로 강한 태풍이 엄습하였다. 거기에다 해일까지 겹쳐 수 많은 사람이 기아에 허덕였다. 이무렵 김만덕(金萬德)은 사재 천금(千金)이라는 큰 돈을 내놓아 육지에서 식량을 사들여 많은 기아민을 구제하였다. 후에 김만덕의 선행을 안 조정에서는 그녀에게 내의원 의녀반수(內醫院 醫女班首)직을 주었고 그녀의 소원인 금강산 구경을 허락하기도 했다. 〔p.178 의녀반수 김만덕 참조〕

이보다 앞선 1765년(영조 41년)에도 호우로 인해 큰 흉년이 들었다.

英祖四十一年 春 大飢 死者萬餘人 王聞而大驚 親製祭文以下 令牧師設檀酹之(영조41년 봄에 큰 기근으로 죽는 자가 만여명이나 되었는데 왕이 듣고 크게 놀라 제문을 스스로 짓고 제주목사로 하여금 제단을 모아 제(祭)를 지내도록 하였다.)
—— 심재 김석익, 『탐라기년(耽羅紀年)』, 탐라문헌집, p.414 ——

이러한 재난과 관리의 횡포로 섬에서 벗어나는 사람이 늘어나자 조정에서는

1629년(인조 7년)부터 제주도민의 출륙을 금지시켰으며 이는 200년 후인 1833년 (순조 23년)경에 이르러서야 해제되었다.

조선말에 이르러서는 세도정치(勢道政治)로 중앙에서는 국가의 기강이 문란해 지고 지방에서는 탐관오리의 횡포가 자행되는 등 사회 전체가 혼란에 빠지게 된 다. 밖으로는 산업혁명을 거쳐 근대 자본주의 국가로 성장한 영국, 프랑스, 러시 아, 미국 등의 열강이 대포와 군함을 앞세워 그들의 종교와 상품을 침투시키려 각 축을 벌이게 되었다. 특히 이때 조정에서 삼정(三政)의 문란은 극에 달하여 지방 관리들은 법률에도 없는 세금을 마음대로 거두어 갔으며 양민을 잡아다 무고한 죄 명을 씌운 후 재물을 약탈한 다음에야 풀어주는 풍조마저 일어났다.

이와 같은 지방관과 향리의 부정·부패를 목격한 실학자 정약용은 이를 바로잡 기 위해 목민심서(牧民心書)를 저술하였고 조정에서는 비밀감찰관인 암행어사를 수시로 파견하였으나 도도히 흐르는 탁류를 막을 수는 없었다. 이에 따라 학정에 시달린 백성들은 부패한 관원들에 항쟁하는 민란을 일으켰다. 1811년(순조 11년) 계속된 흉년과 탐관오리의 학정으로 일어난 홍경래(洪景來)난을 분수령으로 농민 층은 그들의 힘을 주체적으로 인식하기 시작해 19세기 후반에는 전국 각지에서 무 력항쟁이 이어졌고 결국 조선 양반사회의 붕괴에 박차를 가하게 되었다. 1862년 (철종 13년)에는 탐관오리의 탐학에 반기를 들고 진주민란(晉州民亂)이 일어났으 며 이 난은 남쪽 제주도에서 북쪽 함흥까지 전국적으로 파급되었다. 1894년에 일 어난 동학난 역시 탐관오리의 숙청과 양왜(洋倭) 배척을 주장하였지만 그 직접적 인 계기는 전라도 고부군수 조병갑의 탐학이 불씨가 되었던 것이다.

제주도에서도 이 시기를 전후해서 큼직한 민란이 다섯 차례나 발생했다. 1862년 의 진주민란을 효시로 전국을 휩쓴 민란은 제주도에서도 폭발하여 같은 해에 제주 에서는 제주목사의 부정에 항거한 강제검(姜悌儉)의 난이 일어났고 역시 제주목사 의 비위에 반기를 든 김지·이완평(金志·李完平) 사건이 1890년에 발생했다. 1894년에는 왜양축척(倭洋逐斥)과 단발령반대 기치를 든 송계흥(宋啓弘) 사건이 일어났고 1898년에는 제주목사의 탐욕에 항거한 방성칠(方星七)의 난, 1901년에는 이재수(李在守)의 난이 있었다.

이중 이재수의 난은 일명 천주교란(天主敎亂)이라고도 하는데 천주교도와 제주 도민이 무력충돌한 이 사건은 많은 사상자를 내고 프랑스 함대까지 동원되는 사태 로 확장되기도 했으나 결국 프랑스에 금전적인 보상을 해주는 것으로 끝을 맺었다.

　이와 같이 19세기말, 즉 조선말기에는 육지와 제주도 가릴것 없이 극심한 국내 정치의 혼란과 이에 편승한 외세의 침투 등으로 작고 큰 민란이 전국토를 휩쓸고 지나갔다. 이러한 혼란 속에 1905년 을사보호조약이 체결되고 만다.

　을사조약이 체결되자 민영환, 조병세 같은 이는 스스로 목숨을 끊어 순직하고 오기호, 나철 등은 5적(五賊 : 을사보호조약을 맺은 다섯 반역자) 암살단을 조직하는 등 일본 침략에 대해 간접 항거를 하기도 했다.

　시간의 흐름에 따라 일본 침략이 한층 노골화되자 1907년부터는 의병항쟁을 통한 직접적인 항거로 바뀌게 되었다. 의병들은 유생, 군인, 농민, 어민, 상인, 포수, 광부 등 각 계층이 포함되었으며 이들의 활동은 전국 각지에서 뿐만 아니라 두만강 건너 북간도와 연해주 지역에까지 미쳤다. 그러나 우세한 화력을 갖춘 일본군에게 저지되어 전 국민적 항쟁을 불러일으키지 못한 채 실패하였고 마침내 1910년 8월 29일 조국을 국난에서 지키려했던 많은 의병과 애국지사들의 희생에도 불구하고 한일합방이 되었다.

4. 한일합방—1960년

　1910년 8월 29일(국치일) 한일합방이 되고 그해 10월에 조선총독부(朝鮮總督府)가 설치됨으로써 우리나라는 주권을 상실한 식민지로 전락하고 말았다. 일본은 1914년 정의군과 대정군을 폐하여 제주군에 통합시켰다가 1915년에는 또다시 제주도와 울릉도에 한하여 군제(郡制)를 폐하고 도제(島制)를 실시하였는데 이는 우리나라를 침략한 일본의 목적이 대륙 침략에 있었으므로 제주도와 울릉도는 한낱 어업기지로 간주하여 경시한 까닭이다. 이때부터 제주도는 전라남도의 부속 도서가 되었으나 이 도제(島制)는 해방 후인 1946년 '도(道)승격 추진위원회'의 건의에 따라 폐지됨으로서 지금의 제주도(濟州道)로 분리 승격되었다.

　한편 한일합방 전부터 일어났던 일제에 대한 의병들의 직접적인 항쟁은 다시 비폭력, 무저항 운동인 3・1운동으로 계승되어 민족의 역량을 집결시키게 되었다.

비록 그 궁극적인 목표는 성취되지 못했지만 이 운동을 계기로 대한민국 임시정부가 수립되었고 그때까지 실시되던 일본의 무단정치(武斷政治 : 무력을 중심으로 하는 정치)는 소위 문화정책으로 바뀌게 되었다.

1919년 3월 1일 기해 전국적으로 폭발한 민중의 항일투쟁은 얼마 후 제주도에도 전파되었다. 서울에서 3·1운동에 직접 참가했다가 귀향한 휘문고보(徽文高普) 학생 김장환(金章煥)은 그의 고향인 조천에서 뜻있는 동지들을 규합하였다. 그리하여 3월 21일에는 마밑 동산에서, 22일에는 조천리에서, 23일에는 장터에서, 24일에는 함덕리에서 연일 독립만세를 외쳤으며 이로 인해 주동자 14명이 현장에서 체포되었다. 그러나 이 사건을 계기로 곳곳에서 만세 시위운동이 벌어졌고 날로 민족의식이 고양되어 일반 백성들 간에도 사람답게 살아가려면 주권회복이 급선무임을 깨닫게 되었다.

우선 민중을 깨우치고자 각급 학교를 설치하였다. 이때 도민의 교육에 대한 열성은 대단하여 각 면마다 국립보통학교 설립을 추진하는 한편 그래도 희망자를 다 수용하지 못했으므로 부락별로 사숙(私塾 : 글방)을 설립하여 교육시켰다. 또한 각종 단체가 설립되어 민족혼의 진작과 항일정신을 고취시켰다.

일본은 3·1 운동을 계기로 동화(同化)정책을 폈지만 계속 우리민족의 강한 반발을 받자 다시 강압적 탄압으로 일관하였으며 이러한 일본의 착취와 불평등한 처우는 또다시 항쟁의지로 발전되었다. 즉 1926년 6월에는 제주농업학교 항쟁사건(일본인 교장의 차별교육에 항의하여 동맹휴학), 1928년 2월 제주보통학교 항쟁사건이 있었고 1931년에는 조천보통학교에서 1월 1일 신년 하례식(下禮式)에 학생들이 일본 국가를 부르지 않아 주동자가 퇴학당하거나 구속되었다.

이외에도 육지로 유학을 간 사람들과 일반인들의 항쟁사건이 있었고 1932년에는 해녀들의 생존권 항쟁마저 일어났다.

본래 잠녀(潛女)의 권익을 옹호하기 위하여 결성된 잠녀조합(潛女組合)의 조합장은 도사(島司)가 겸임하였던 바 도사는 응당 잠녀들의 고통을 해결하고 출가잠녀(出稼潛女 : 육지나 기타 등지로 물질을 떠나는 해녀)들의 분쟁이 있을 때 잠녀의 편에 서서 해결해주어야 함에도 불구하고, 오히려 일본인 상인들과 결탁하여 잠녀들의 이권(利權)은 물론 생존권마저 침해하는 일이 많았다.

이에 해녀들은 그들의 권익을 주장하는 진정서를 도사(島司)에게 제출하였고 아무런 반응이 없자 시위행진을 하기도 하고 초도순시차 온 도사(島司)의 차를 포위하기 까지 했다. 이 일로 주동 해녀들이 검거되고 이에 격분한 해녀 5백여명이 동료를 구하기 위해 주재소로 쳐들어가자 이 소식에 놀란 경찰에서는 전라남도 경찰부에 응원부대를 요청하는 일도 있었다.

이러한 지역적인 항일운동에도 아랑곳하지 않고 1935년 일본은 중국 침공을 위해 모슬포에 해군 비행장을 설치하였고 중국본토 폭격을 위한 전초기지로 삼았다. 이 비행장은 1941년 일본이 하와이의 진주만을 기습하여 제2차세계대전의 불씨를 당긴 후에는 가미가제 특공대의 전초기지로 탈바꿈했다. 일제는 전시(戰時)경제체제를 강화하기 위해 내핍생활을 강요하는 한편 곡물의 공출과 각종 군수물자를 징발하였으므로 주민의 생활은 날이 갈수록 궁핍해져갔다. 1943년 연합군의 반격작전으로 전세가 불리해진 일본은 전도(全島)의 요새화를 꾀해 새로이 서귀포 비행장을 설치하였는데 이때는 국민학교 어린이들까지 노력봉사대로 동원되었다.

1944년 가을부터는 소련과 중국 일대를 누비면서 최강의 위용을 과시하던 일본의 관동군(關東軍)이 최후의 사명을 띠고 제주땅에 진주하기 시작했다. 이때부터 보강되기 시작한 일본군 병력은 1945년에는 15만 병력으로 불어나 일본 본토의 오끼나와 수비대와 같은 규모를 이루었다. 15만명(당시 제주 인구 26만)에 달하는 일본군이 진주하자 하루아침에 군사요새로 급변한 제주도는 60여개나 되는 천연동굴보다 더 많은 인공동굴이 만들어졌고 모슬포의 비행기 격납고 등도 그대로 남아 있어 당시의 역사적 상황을 말해주고 있다.

그러나 일본의 발악적인 사수에도 불구하고 전세는 연합군 쪽으로 기울어 결국 원자폭탄 2발로 일본은 1945년 8월 15일 무조건 항복을 하게 된다.

해방 소식이 전해지자 도민들은 벅찬 감격의 눈물을 흘렸고 일제의 눈을 피해 간직했던 태극기들이 쏟아져나와 거리는 온통 태극기의 물결을 이루었다.

해방이 되자 남한에서는 미군정(美軍政)이 실시되었고 제주에는 초대 군정관으로 스라우드 소령이 취임했다. 초기에 무엇보다 어려웠던 것은 10만이 넘는 일본군 패잔병을 본국으로 귀환시키는 일이었다. 이들은 혼란 속에서 무기와 장비를 바다에 버리거나 산속에 파묻는 등 발악적인 작태를 벌였고 크고 작은 배들을 약탈하여 도주용으로 삼기도 했다. 뿐만 아니라 제주비행장과 모슬포비행장 등 병참기지에 쌓아 두었던 군량미에 불을 질러 도민들의 분노를 자아냈다. 이 해는 마침 제주도에 큰 흉년이 들어 도민들이 식량난에 허덕이고 있었으므로 이들의 행위는 도민에게 큰 한이 되었다. 일본군은 1946년 2월 15일에 이르러서야 겨우 철수를 완료하였다.

한편 정국의 혼미 속에서도 제주에서는 김홍석(金洪錫)의 주도로 이곳의 지리적 여건과 풍토가 육지와 달라 주민의 생활과 문화가 독자적인 형태를 이루고 있음을 들어 자치제를 강력히 요청, 마침내 1946년 8월 1일 제주도(濟州島)라는 전라남도 의 부속도서에서 벗어나 제주도(濟州道)로 승격되었다.

이로써 주호국(州胡國)에서 탐라(耽羅)를 거쳐 제주도는 당당히 일개 행정구역 의 하나인 제주도(濟州道)로 출발을 시작하게 된다.

그러나 당시 좌익과 우익의 대립 과정에서 타의에 의한 해방은 극도로 혼란한 정국을 야기시켰고 이 과정 속에서 제주도는 역사상 가장 큰 4·3사건을 겪게 된 다. 〔p.189 제주도 4·3사건 참조〕

아직 사건의 전모가 완전히 밝혀진 것은 아니지만 이로 인해 인명 피해만도 사 망 27,719명, 부상자 1,872명, 행방불명 38명을 기록했으며 가옥파괴가 15,188동, 이재민 91,700명이 발생했다. (제주도지 자료)

1948년 8월 15일 대한민국 정부가 수립되면서 제주도 사태에 따른 폭동진압과 원 상복구를 위한 각 분야의 활동이 본격화되었다. 1949년 4월 이승만 대통령은 제주 도를 방문한 자리에서 그동안 사태에 시달려 온 도민의 노고를 위로하는 한편 모 든 분야의 복구를 하는데 군·관·민이 협동하여 나갈 것을 당부했다. 이를 계기 로 동년 12월에는 '제주도재해복구위원회'가 구성되고 1950년 2월에는 2억환에 달 하는 피해복구예산이 책정되었으며 그 일환으로 시멘트 6만 포대가 수송돼 오는 등 복구작업을 서둘렀다. 그러나 이승만 대통령의 지시로 발족된 제주도개발단이 구체적인 복구대책을 세우기 위하여 현지답사차 제주에 온 후 일주일만에 터진 6. 25동란으로 복구에 실효를 거두지 못하게 된다. 국방에 대한 아무런 준비없이 터 진 6.25로 남으로 남으로 밀리기만 하던 피난민은 1951년말에 이르러 약 15만명이 이곳으로 입도(入島)하는 계기를 만들었는데 이들의 대거 입도는 폐쇄적이던 제주 도민에게 이제까지의 의식을 개방시키고 문화를 개혁·발전시키는데 적지않은 공 헌을 하기도 했다. 길고도 지루한 동족상잔의 비극이었지만 지리적인 여건으로 전 쟁에 의한 직접적인 참화가 육지보다 적었던 제주도는 3년간에 걸친 전쟁이 끝나 자 다시 재건을 서둘렀다.

한편 4·3사건이 완전히 진압되지 않은 채 한라산으로 들어온 게릴라들은 6.25 전쟁을 틈타서 또다시 간헐적인 항쟁을 했으며 이들은 1957년 4월 최후의 공비 오원권이 생포됨으로서 제주도 4·3사건은 완전히 막을 내리게 된다.

그러나 사건의 규명을 위한 분위기는 국내정세의 불안과 혼란으로 멀어져만 가고 결국 1960년 3.15 부정선거로 인한 4.19 의거로 이승만 대통령이 하야하고 이어 장면 (張勉) 정권도 1961년 5월 16일 쿠데타로 무너지면서 우리는 표현의 자유가 최대한으로 절제된 군부정치시대를 맞이하게 된다.

5. 1960년 — 현재

박정희 대통령이 군사정부를 출범시킨 1960년대는 육지는 물론이거니와 제주도의 발전에 있어서도 획기적인 전환점이 된 시기였다.

본래 제주도가 국내, 국제에 관광지로서 알려지게 된 것은 이미 1946년 8월로서 미국 '시카고 트리뷴'지의 여기자가 제주도를 다녀간 후의 일이었다. 그녀는 제주도를 둘러본 후 '신비에 싸인 섬'이라는 제목으로 제주도를 소개했는데 이를 보고 국내의 신문들도 앞을 다투어 제주도를 소개하기 시작했다. 그러나 일반에게 알려질 무렵에 일어난 1948년의 제주도 4·3사건과 이어 터진 6.25전쟁은 관광에 대한 대중의 관심을 끌 여유가 없었다.

그러던 중 1958년 11월에 1백7명으로 구성된 '영국 아세아협회관광단'이 내도 (內道)하게 되는데 이는 '시카고 트리뷴'지의 제주도 홍보에 힘입은 것이다. 이를 계기로 한해에 1만명도 못되던 관광객이 점차 불어나기 시작했다.

그러다가 5.16혁명 후 관광개발 조성에 박차가 가해졌고 낙후성을 면치 못하던 제주도는 '60년대를 시작으로 급진적인 개발이 이루어지게 되었다. 정부는 우선 모든 산업의 기반이 되는 도로, 용수, 전력의 개발을 서둘렀다.

먼저 도로는 한라산 기슭을 뚫어 제주시와 서귀포를 잇는 5.16횡단도로(후에 제1횡단도로라 개칭함)의 개통으로 발전이 시작되었는데 이 길은 일제 때 일본군들이 군사용으로 이용하기 위해 현지측량을 거쳐 기초를 해놨던 것으로 '62년에 본격적인 공사가 착수되어 4년만에 완공을 보았다.

총연장 38km의 이 도로는 4시간 이상 걸리던 제주시와 서귀포간을 1시간대로 단축시킴으로서 산남과 산북의 인구와 산업유통을 원할히 하는 획기적인 전기가 되었다. 또한 '68년 5월에 착공한 제 2 횡단도로는 제주시에서 한라산 서쪽 기슭을 거쳐 중문면에 이르는 총연장 37km의 도로로서 산남과 산북을 잇는 또 하나의 동맥 구실을 해 주었다.

이밖에 총연장 186km에 달하는 제주도 일주도로를 확장 포장하여 '70년 10월에 완성시킴으로서 12시간 걸리던 제주도 일주를 6시간으로 단축시켜 놓았다. 이러한 기간도로망의 혁명과 함께 도시의 도로망도 획기적으로 정비되어 주민복지와 산업 발전에 기여하게 되었다.

도로 확충과 함께 이루어진 것은 물이었다. 제주도는 전국에서 가장 많은 강우량에도 불구하고 대부분이 지하 깊숙이 스며들어 해안 근방에서만 솟아오르기 때문에 예로부터 식수난이 컸으며 특히 해안에서 멀리 떨어진 중산간(中山間) 마을에서는 더욱 어려움이 컸다.

가장 시급한 것이 식수였던만큼 수원(水源) 개발은 '53년경부터 시작되었는데 연차적으로 수원지 공사가 이루어져 '66년에 이르러서는 총 인구의 57%가 급수혜택을 보게 되었다. 한편 '67년 2월 연두 순시차에 제주에 온 박정희 대통령은 제주도의 물부족현황을 보고받고서 고지대의 물을 송수관을 통해 유도하여 저수시킨 다음 동서로 간선파이프를 묻어 송수하는 기본구상도를 스케치하며 지시했다. 이는 제주도의 용수난 해결에 획기적 전기가 되었으며 이로써 어승생수원(御乘生水源) 개발사업이 이루어져 마침내 중산간마을 4만여 주민에게도 위생급수를 할 수 있었다.

이후로도 여러 수원 개발공사가 이루어져 1974년에는 제주도가 전국 최고의 식수보급율을 보이게 되었다. 과거에 여자들의 물 길러 가는 발자욱 소리에 동이 텄다는 말은 옛말이 되었고 어승생수원지에는 물허벅을 진 여인상이 세워져 과거의 노역(勞役)을 정취(情趣)로 보여주고 있다.

이러한 일련의 발전이 중앙정부의 지원이었던데 반해 교육기관의 설립은 제주도민 자체의 열정으로 이루어졌다. 1945년 광복 당시만 해도 학교 상황은 극히 미비하였으나 도민의 교육열로 인해 현재는 대학교 1, 교육대학 1, 전문대학 2, 고등학교 26, 중학교 39, 국민학교 112개교 등 인구 50만으로서는 다른 시도(市道)에 비해 월등하게 우위에 있다. 그러므로 제주에는 대개 부락마다 국민학교가 있고 읍면마다 중학교·고등학교가 있어서 쉽게 향학의 뜻을 열 수 있다고 한다.

이와 병행하여 '60년대부터 시작된 관광개발 역시 빼놓을 수 없는데 '62년에는 제주도를 소개하는 관광전시회가 서울과 부산에서 열렸고 '63년에는 대한여행사 제주도지사가 설치되었다. 이어 제주관광호텔이 문을 열고 토산품 생산이 본격화 됐으며 일본 오오사카간의 국제 해로(海路)가 개설되어 일본관광객 유치의 발전을 다지게 되었고 이에 따라 외국 관광객의 관심도 높아져 갔다. '73년에는 727 보잉 기가 취항하고 카페리호도 운항을 시작하여 제주도와 부산, 목포, 완도를 잇는 교 통이 크게 좋아져 관광객 유치에 한몫 거들었다. '74년에는 지하 2층 지상 18층의 초현대식 KAL 호텔이 개관되었고 이런 추세에 따라 '78년 제주도 관광객은 50만 을 돌파하게 되었다.

이후 제주도 관광개발을 위한 각종 개발계획안으로 발전을 거듭한 제주도는 외 관상 화려한 모습을 우리에게 보여주ㅗ 있다. 그러나 1985년부터 7개년계획으로 수립된 제1차 제주도종합개발의 시행과정에서 나타난 여러가지 부작용(외지인의 토지 소유 급증, 관광수입의 도외유출, 자연경관 파괴 및 환경오염, 제주도 전통 미속의 붕괴 등)으로 인해 관광개발에 대한 의견은 대개가 부정적인 시각들이다.

이러한 와중에서도 1990년 제주도를 찾았던 관광객수는 300만에 이르게 되었고 1992년에는 2001년을 목표로 하는 제 2차 제주도 종합개발계획안이 확정되었다. 중앙정부와 지역주민과의 의식 차이는 과거에도 그랬고 현재도 그러하듯이 항상 적지 않은 마찰과 문제를 갖고 있으며 이러한 모습은 바로 뭔가 다른 방향에서 서 로를 보고 있는, 그럼으로써 나타나는 제주 역사의 한 공통분모이기도 하다.

제 6 장

제주도와 관련된 사건과 인물

제주도는 거리상 본토와 멀리 떨어져 있는 작은 섬이지만 탐라 이래로 지금까지 육지와 정치적으로 매우 밀접한 상관관계를 유지해 왔으므로 이곳에서 발생한 역사적 사건 역시 모두 육지와 연계되어 있다. 또한 사건의 발생은 사람에 의해 일어나는 것인 만큼 많은 사람들이 여기에 연루되어 있음은 주지의 사실이다.

물론 이러한 사건과 발자취를 쫓아다니다 보면 그 중에는 충분한 연구와 홍보가 이루어진 것도 있지만 아직까지 역사의 한 모퉁이에서 존재 만을 드러낼 뿐 그 실체를 내보이지 않는 것도 있음을 알게 된다. 어찌했건 이들 여러 흔적 중에서 대표적 사건, 대표적 선행인, 대표적 유배인으로 삼별초난, 의녀반수 김만석, 추사 김정희, 그리고 제주도 4.3사건을 꼽고자 한다. 앞서 역사 편에 제대로 설명하지 못한 것은 이 장을 통해 보충하고자 하며 특히 제주도 4.3사건은 지금까지 이곳에서는 여러가지 각도에서 연구가 진행되어 왔지만 사건의 규모에 반비례해서 육지인들은 거의 모르고 있는 제주의 산 역사이기도 하다.

같이 느낄 수 없고 단지 안다는 사실 하나에 만족할 수 밖에 없지만 어느 나라이건 도의적 책임과 사회적 책임이 있다면 이에 대한 최소한의 노력은 관심이며 이러한 최소한의 관심들이 모아진 후에야 모든 문제들이 원만히 해결될 수 있을 것이다.

1. 삼별초의 난

북제주군 애월읍에 있는 항파두리(紅坡頭理)는 일찌기 몽고의 침략을 받아 조국을 지키려고 궐기한 고려 삼별초가 최후까지 항전하다가 전사한 유서깊은 성터이다.

삼별초는 본래 고려 최씨 집권시대의 군대이며, 별초(別抄)는 용사들로 조직된 선발군이란 뜻으로 시초는 최우(崔瑀)가 도둑을 막기 위하여 설치한 야별초(夜別抄)에서 비롯되었다. 야별초에 소속한 군인의 수가 점점 증가하였으므로 둘로 나누어 좌별초(左別抄), 우별초(右別抄)라 불러왔다. 한편 1231년(고종 18년)부터 몽고군의 침략이 있었는데 그들과 싸우다가 포로가 된 고려 병사들이 기회를 보아 탈출하여 오자 이들을 모아 신의군(神義軍)이라 하였다. 이 신의군과 좌별초, 우별초들을 합쳐 삼별초라 부르게 된 것이다. 그 성격은 국내 치안과 도성수비 및 친위대(親衛隊)의 임무뿐만 아니라 몽고군과 싸우는 데있어 전위대(前衛隊)의 역할을 담당하였다.

1219년 몽고는 거란족을 토벌하여 준 구실로 고려에 공물(貢物)을 강요했다. 이는 1218년 몽고군에 쫓긴 거란족이 저항이 약한 고려에 침입하였는데 이들이 고려군에 의해 강동성에서 포위되자 고려는 몽고군과 연합하여 강동성을 함락시켰고 몽고는 이 거란족 토벌을 구실로 공물을 강요했던 것이다.

그러나 몽고의 공물 요구가 지나쳐 불응하자 이로 인해 고려와 몽고의 사이는 벌어지기 시작했다. 결국 공물을 받아가던 몽고 관리 저고여가 접경지대에서 피살되는 사건이 일어나자 양국의 국교는 단절되고 이때부터 몽고의 침입이 시작되었다. 1231년(고종 18년) 군대를 이끌고 온 몽고군은 의주를 점령하고 수도인 개경을 포위하였으므로 고려는 할 수 없이 몽고와 강화(講和)하였다.

그러나 강화를 맺은 몽고는 또다시 무리한 조공을 요구하여 왔으므로 1232년 고려는 몽고군이 바다를 두려워하는 점을 알고 도읍을 강화로 옮겨 저항태세를 취하였다. 몽고는 이후로 수차에 걸친 침입을 했으며 그중 1254년(고종 41년)의 침입은 가장 피해가 심하여 포로로 잡혀간 자가 20여만명이고 죽음을 당한 자는 수를 셀 수 없을 지경이었다. 이와 같이 수십년간 계속된 몽고의 침입으로 국토는 극도로 황폐해지고 문화재는 거의 소실되는 등 역사상 보기드문 전쟁의 참화를 겪어야 했다. 몽고와의 싸움이 장기간에 걸치자 초기 완강했던 민중의 항몽의식도 저하되었으며 마침내 왕과 문신들 마저도 강화론으로 기울어 1270년(원종 11년)에는 개경으로 환도하니 이로써 39년 간에 걸친 강화도 시대는 끝나고 말았다.

바로 이 몽고와의 강화에 불복하여 일어난 것이 삼별초의 난이다. 왕과 문신들과는 달리 삼별초에 속한 무신들은 출륙(出陸)이 몽고에 대한 완전한 굴복을 뜻한다고 하여 이에 완강히 반대하였다. 그러나 조정에서는 개경환도를 단행하였고 환도에 불응하는 삼별초를 폐지하기로 결정하였다. 조정에서는 이에 따라 김지저 장군을 강화도에 보내 이를 통고하는 한편 삼별초의 명부를 압수해 왔다.

이때 삼별초의 지휘관인 배중손은 왕족인 승화후 온(承化侯 溫)을 왕으로 추대하여 관부(官府)를 설치하고 관리를 임명하는 한편 연안 경비를 엄하게 하면서 항몽전의 굳은 결의를 다짐하였다. 그러나 강화도 내의 인심이 동요하고 문·무관 중에서도 탈출하는 자가 많아지자 배중손 장군은 선함 1,000여척에 재물과 병력을 싣고 남하하여 1270년 8월 전라남도 진도(珍島)에 들어가 용장성(龍藏城)을 구축하였다. 근거지를 진도에 두게 된 것은 해상권(海上權)을 크게 믿고 있던 그들로서는 당연한 처사였으며 이미 개경정부가 몽고와 결탁하고 있는 이상 항구적인 근거지를 되도록 개경과 먼곳에 마련할 필요가 있었던 것이다. 조정에서는 군사를 파견하여 공격하였으나 삼별초의 기세에 눌려 진격을 못하였고 몽고군과 연합하여 싸우기도 했으나 번번이 실패로 돌아갔다. 이로써 삼별초군은 남해 연안을 지배하면서 한때 완전한 해상왕국을 이룩하였다.

그러나 몽고는 삼별초의 반란으로 그들의 일본 정벌 계획에 차질을 가져오자 1271년 5월 여·몽 연합군으로 하여금 총공격을 감행하게 하였고 이에 견디지 못한 삼별초는 함락되고 말았다. 이 전투에서 배중손 장군이 전사하고 승화후 온도 피살되는 등 삼별초는 그 중심 인물을 거의 잃었으나 통수권을 이어받은 김통정(金通精) 장군이 남은 병력 1만여명과 수십척의 전함을 이끌고 다시 최후의 거점으로 생각했던 제주도로 들어왔다.

한편 고려 조정에서는 진도 공격에 앞서 삼별초가 진도에서 패한 후 제주로 들어가는 것을 미리 막기 위하여 방위군을 파견하였고 제주 수비를 위해 환해장성

(環海長城)을 쌓기 시작했다. 진도의 삼별초측에서도 관군이 제주에 들어갔다는 소식을 듣고 이문경(李文京)에게 명하여 제주를 점령하도록 했다. 이문경은 관군보다 2개월 뒤에 제주에 들어와 관군을 전멸시켰으므로 이로써 삼별초가 진도에서 패한 뒤 제주도에 새로운 거점을 만들 수 있는 발판이 마련된 셈이다. 제주에 들어온 김통정 장군은 한라산 북쪽 귀일촌(貴日村)에 외성(外成)은 토성(土城)을 쌓고 내성(內城)은 석성(石成)을 쌓았는데 이것이 바로 철옹성이란 뜻의 항파두성(缸坡頭城)이다. 김통정 장군은 항파두성을 축조하는 한편 본토 공격에 나섰다. 그들의 공격 목표는 몽고가 일본 정벌을 위해 건조하는 병선(兵船)을 파괴할 것과 몽고에 협력하는 관원 및 조선공(造船工)을 납치할 것, 그리고 몽고로 수송되는 공미(貢米 : 공물의 대가로 바치던 쌀)와 수송선박을 탈취할 것 등이었다.

이리하여 삼별초는 제주도를 거점으로 2년동안 내륙지방에 기습공격을 가하여 여·몽군에 많은 피해와 타격을 주었다. 삼별초가 건재하고 있는 이상 몽고의 일본 정벌을 위한 어떠한 계획도 불가능했으므로 고려와 원에서는 삼별초를 회유시키기 위하여 관리를 파견하고 심지어 김통정의 친족을 보내기도 하였지만 김통정은 이를 받아들이지 않았다. 이처럼 회유에도 실패하자 원은 1273년(원종 14년) 고려의 김방경 장군과 몽고의 혼도 장군을 총수로 한 1만3천여명의 여·몽 연합군을 제주에 출정시켜 총공격을 감행하기에 이르렀다.

삼별초는 병력을 동서로 배치하여 분전하였으나 신예병기로 무장한 10배에 달하는 상륙부대를 견제하지 못하여 마침내 항파두성은 함락되고 말았다. 이때 성을 탈출한 70여명의 장병들과 김통정 장군은 다시 군사를 모으고 병기를 마련하여 여·몽군과 싸울 것을 의논하였다.

마침내 붉은오름(해발 1,061m에 위치한 기생화산)에 진을 친 삼별초는 1273년 5월 6일에 출사제(出師祭)를 올리고 김통정의 지휘 아래 여·몽군에 도전하였지만 결국 삼별초군은 모두 전사하고 김통정 장군은 산중으로 퇴각하여 부인과 함께 자결하였다. 이로써 외세의 침략에 맞서 강화도에서 출범하여 진도에서 9개월, 제주도에서 2년에 걸쳐 끈질기게 항쟁해온 삼별초군은 모두 전사하게 되었고 이후부터 몽고의 세력이 고려에 급진적으로 침투하여 고려는 향후 100여년에 걸쳐 자주성을 잃은 변태기로 들어갔다. 제주 또한 직, 간접적으로 몽고의 지배를 받는 슬픈 운명을 맞이하게 된다.

원(元 : 몽고는 1271년부터 국호를 원으로 하였다)은 삼별초가 진압되자 제주도를 일본 정벌을 위한 병참기지로 삼아 목마장을 경영하는 한편 경제적 착취와 함께 내정을 간섭하였다. 고려 원종도 원과의 강화를 위해 세자(뒤의 충렬왕)와 원나라 공주와의 혼인을 청하였으며 충렬왕이 원의 공주를 맞이한 이후 역대의 임금은 원의 공주를 왕비로 삼았고 여기에서 태어난 아들이 원칙으로 왕이 되었다. 말하자면 고려는 원의 부마국(駙馬國)이 된 셈이며 이후 역대의 임금은 세자로 있을 때에 인질로서 북경에 머물다 즉위하는 것이 통례가 되었다.

또한 왕으로 즉위한 뒤에도 자주 북경에 드나들며 개경을 비우는 일이 많았고 이러는 동안 왕은 몽고식 성명을 갖고 몽고식 변발을 하고 몽고의 의복을 입고 몽고어를 사용하였다. 왕의 명칭에는 충(忠)자가 붙어 원에 대한 충성심을 표시하였고 문물의 교류도 활발해져 원의 풍속이 들어왔다. 원은 공녀(貢女)를 요구하여 조혼(早婚)의 풍속이 유행하였고 족두리, 연지, 곤지 등도 모두 원으로부터 들어왔으니 삼별초가 진압된 후(1273년) 83년이 지난 공민왕 5년(1356년)에 이르러서야 고려는 원의 쇠퇴기를 틈타 옛 제도로 환원하고 자주성을 찾을 수가 있었던 것이다.

이런 면에서 볼 때 삼별초의 난은 국토수호 의지와 항몽의식으로 자주성을 회복하려는 역사상 큰 의의를 갖는다고 볼 수 있다. 한편 삼별초가 제주에 들어옴으로써 이 지역에 끼친 영향은 매우 컸다.

그 첫째는 서울 문물의 전래다. 삼별초는 당시 우리나라 문화권의 중심지였던 개경에서 옮겨왔으므로 그곳의 문물제도와 생활양식, 언어와 풍습 등이 한꺼번에 직수입된 것이며 오늘의 제주방언에 황해도와 경기도 말씨가 많이 남아 있는 것은 이러한 연유라고 한다.

둘째는 산업상의 영향이다. 삼별초는 항파두성을 비롯하여 곳곳에 성, 병영, 대궐 등을 설치하면서 제주도민을 참여시켜 대형화된 토목과 건축기술이 전파되었고 경제적으로는 자급자족을 위하여 벼농사와 양잠 등이 시작되어 관개(灌漑)를 이용한 농사법과 직조기술이 보급되었다.

그러나 이러한 영향과는 달리 삼별초가 패하고 원의 지배가 시작되자 제주는 각종 노역과 원인(元人)의 횡포에 시달려야 했다. 원은 삼별초가 진압되자 제주를 일본 정벌을 위한 병참기지로 삼아 목마장을 경영하였고 이에 따라 몽고말 160여 마리를 들여와 방목하였다. 일본 정벌을 위한 노역에는 전선(戰船) 1천척 중 1백척을 제주에서 만들도록 된 바 이러한 노역을 견디지 못하고 육지로 도망가는 일이 생기자 조정에서는 도망간 제주인을 찾아내는 임시관원이 생기기도 했다 한다. 그러나 2차에 걸친 일본 침공이 태풍으로 인해 모두 실패하자 도리어 일본에서 제주를 침범하는 일도 생겼다. 이렇듯 일본정벌을 위한 각종 노역과 이후 원의 관리와 목호(牧胡;원이 목장을 설치한 이후 이를 관리하기 위해 들어온 목자)들의 횡포로 삼별초 진압이후(1273년) 최영장군의 목호토벌(1374년)까지 근 100년간 제주는 많은 시련을 겪어야 했다.

한편 삼별초난이 평정된 후 제주인은 원인들로부터 많은 시달림을 받게 되자 비로서 삼별초의 호국정신을 흠모하였고 그들을 영웅으로 받들어 신격화(神格化)하였다. 항파두성이 난공불락의 성이라든가 성에서 뛰어내린 김통정 장군의 발자국이 장수물이 되었다든가 하는 것과 김통정에 대한 많은 전설과 민담이 만들어져 이 고장에 구전되고 있는 것은 모두 이러한데서 유래한다고 한다.

현재 항파두리 항몽유적지에는 삼별초군의 호국정신을 기리기 위한 항몽순의비(抗蒙殉義碑)가 세워져 있고 성역화되어 있다.

2. 의녀반수 김만덕

김만덕(金萬德)은 성실하고 근면한 제주 여성의 상징이요 가난한 도민을 뜨거운 인간애로 구원한 은인으로서 오늘날까지 많은 제주도 사람들이 '만덕 할머니'라 부르며 흠모하는 인물이다. 또한 만덕은 탐라 삼기(三奇)로 꼽히는데 탐라 삼기란 제주에서 태어난 특이한 존재로서 고려 때 스님 혜일(慧日)과 어승마(御乘馬)가 된 노정(盧正 : 말에게 붙여진 이름), 그리고 김만덕(金萬德)을 이른다.

김만덕은 1739년(영조 15년) 제주성안에 사는 김응렬(金應悅)과 고씨(高氏) 사이에서 3남매 중 막내로 태어났다. 만덕은 양가(良家) 출신으로 어려서부터 용모가 아름답고 태도가 단정했으므로 자애로운 부모님과 두 오빠의 귀여움 속에서 자랄 수 있었다. 이러한 만덕의 집에 불행이 닥친 것은 그녀의 나이 12살(영조 26년)이 되던 해였다. 이 해 정월에는 전국적으로 천연두와 콜레라가 크게 유행하여 9월까지 20만여명에 달하는 사람이 사망하였고 제주도에도 6만여명의 인구 중 882명이 목숨을 잃었다. 바로 이 해 정월에 만덕의 아버지가 돌아가시고 6월에는 어머니마저 콜레라로 돌아가셨으므로 3남매는 졸지에 고아가 된 것이다. 다행히 두 오빠는 큰아버지의 도움으로 각기 거처를 마련하였지만 만덕은 동네 여인의 주선으로 한 기녀(妓女)의 집에 얹혀살아야 했다. 만덕은 영리하고 부지런하여 어떤 일을 시켜도 재치있게 잘 해냈으므로 기녀는 흡족히 여겨 만덕을 수양딸로 삼았다. 기녀의 집에 살게 된 만덕은 몇해가 지나자 아름다운 처녀로 성장하게 되었고 틈틈히 어깨너머로 익힌 가무(歌舞)와 거문고도 능숙해졌다.

이렇게 되자 수양어머니는 갖은 방법으로 그를 유혹하여 기적(妓籍)에 오르게 하였으며 이로 인하여 만덕은 본의 아니게 기생이 되었다. 만덕은 타고난 미모와 정결한 몸가짐, 뛰어난 기예를 갖추었으므로 관가에서 베푸는 크고 작은 연회에는 그녀가 나가고 아니 나가는 것으로 격이 좌우되었고 또한 서울에서 내려 온 어사(御使)나 경래관(京來官)의 환영과 송별연에도 반드시 만덕이 나갔는데 그녀의 기예에 매혹되지 않는 이가 없었다고 한다.

그러나 만덕은 나이가 들면서 양가(良家) 출신으로 기생이 된 것이 가문을 욕되게 했음을 깨닫게 되어 23세 되던 해에는 관가에 나가 기적(妓籍)에서 자신의 이름을 삭제해 줄 것을 호소하기에 이르렀다. 처음 관가에서는 기안(妓案)은 함부로 삭제하는 것이 아니라고 거절하였지만 만덕이 뜻을 굽히지 않고 눈물로서 진정하자 이를 허락해 주었다.

양녀(良女)가 되어 12년만에 집으로 돌아온 만덕은 우선 형제를 한집에 모아 집안을 일으키는 한편 가난한 이 지방 사람들을 위해 보람있는 일을 하기로 결심했다. 당시 만덕은 한창 나이였으므로 지체있는 집안에서의 청혼도 있었지만 그는 이를 모두 거절하고 그동안 모아두었던 돈으로 먼저 주막을 겸한 객주집을 차렸다. 당시 객주집은 상인들의 물건매매를 소개하고 또 나그네들이 쉬어가는 곳으로서 육지 상인들은 이곳에서 상품매매를 위탁하는 일도 있기 때문에 이에 따른 구전도 적지 않았으며 만덕은 기생시절에 이를 보고 흥미를 느꼈던 것이다.

명기였던 만덕이 객주집을 차렸다는 소문이 퍼지자 객주집은 날로 번창하였고 만덕은 전국 각 지방에서 오는 상인을 대하다 보니 도내의 경제유통과 지식을 자연히 습득하게 되었다. 만덕은 이를 바탕으로 제주 토산물인 미역, 전복, 표고, 말총, 약초들을 수집하였다가 육지 상인들에게 공급하기도 하고 육지 상인으로부터는 삼베, 모시, 비단 등의 피륙을 비롯하여 일상생활용품을 사들였다. 이로 인해 그의 객주집은 어느새 큰 무역거래소가 되어 만덕은 수년만에 도내에서 손꼽히는 사업가가 되었다. 이처럼 만덕은 사업에 성공하고 돈도 많이 벌었지만 언제나 검소하여 화려한 옷을 입지 아니하고 음식도 보리밥과 조밥을 먹는 등 근검과 절약으로 일관하였다.

또한 가난하고 불쌍한 사람들을 돌봐주며 인정으로 대하였으므로 주위로부터 존경을 받았으며 50세에 이르러서는 육지의 부자들과 견주는 대부호가 되기에 이르렀다.

한편 1792년(정조 16년)에서 1795년까지 4년 동안 제주에는 심한 흉년이 들었고 특히 1794년 흉년은 더욱 혹심하여 그 참상이 말이 아니었다. 조정에서는 제주 목사의 상소에 따라 긴급히 곡물을 수송하는 등 일시적인 고비는 넘기기도 하였지만 워낙이 극심한 흉년이 4년간 계속되었던 해이고 구호곡을 싣고 오던 배가 해상에서 침몰하는 일까지 있어 기민(飢民)구호에 어려움을 겪게 되었다. 이때 만덕은 어린시절 의지할 곳 없어 식모살이를 할 때와 본의아니게 기생노릇을 하던 때, 그리고 객주집을 하는 오늘날까지 자신을 도와준 많은 사람들을 생각하게 되었다. 그분들의 은혜와 보답할 때는 바로 지금이라고 생각한 만덕은 그때까지 모은 1천금을 내놓고 서둘러 사람들을 모아 육지에서 양곡을 사들여오라고 했다.

사공들은 배를 마련하고 육지로 건너가 각 고을에서 되는대로 곡물을 사들여 10여일만에 만선(滿船)으로 돌아왔다.

만덕은 육지에서 들어온 양곡에서 10분의 1은 내외 친척과 은혜를 입은 사람들에게 나누어 주고 나머지 4백5십석은 모두 관가에 보내어 구호곡으로 쓰게 하였다. 관가에서는 조정에서의 구호곡 수송이 늦어 초조하던 차에 만덕의 구호곡이 들어왔다는 소식을 듣고 크게 기뻐하였으며 곡물배급소에서는 날마다 기민들이 구름과 같이 모여들어 말하기를 '우리의 목숨은 만덕이 살렸으니 만덕은 생명의 은인'이라 하였다. 이렇게 주민들은 만덕의 은혜를 칭송해 마지 않았고 이러한 만덕의 행적은 당시 이우현(李禹鉉) 제주 목사에 의해 조정에까지 알려지게 되었다. 정조 임금은 만덕의 노고를 치하하고 특별히 소원이 있으면 들어주라는 명을 내렸다. 만덕은 제주 목사를 통해 '다른 소원은 없사오나 오직 소원이 있다면 한번 서울에 가서 임금이 계시는 궁궐을 우러러보고 천하명산인 금강산 1만2천봉을 구경할 수 있다면 한이 없겠습니다'라고 하였다.

이는 매우 어려운 소원이었는데 왜냐하면 당시 제주도 백성들은 육지에 나가는 것이 통제되어 있었고 특히 여자에게는 출륙하는 것을 법으로 금지하고 있던 때였다. 그러나 만덕의 소원을 들은 정조 임금은 이를 쾌히 허락하여 역마(驛馬)를 하사하고 관(官)에 숙식과 편의를 제공하라고 분부하였다. 이리하여 만덕은 1796년 9월에 제주를 출발하게 되는데 그 때 만덕의 나이 58세였다. 추자도, 강진, 영암, 나주, 정읍, 공주, 천안, 수원, 용산을 거쳐 서울에 도착한 만덕은 먼저 좌의정 채제공을 찾아뵙고 상경의 뜻을 고하니 채제공은 먼길을 올라온 노고를 위로하고 이 사실을 임금에게 아뢰었다.

왕은 특별히 만덕에게 내의원(內醫院 : 대궐에서 소용되는 의약을 맡아보던 관청) 의녀반수(醫女班首 : 내의원에 속한 여자의원으로 우두머리)의 벼슬을 내렸는데 이는 평민으로서 임금을 배알(拜謁)할 수 없으므로 예궐(詣闕 : 대궐에 들어감)할 수 있게 하는 조치였다. 만덕은 궁궐의 예법을 익힌 뒤 법도에 따라 임금님을 알현하였고 정조는 교지를 내리어 말하기를 '너는 한낱 여자이 몸으로 의기심(義氣心)을 발휘하여 천백여명의 굶주린 백성들을 구호하여 귀중한 인명을 살리었으니 참으로 기특한 일이로다' 하시며 상으로는 중국 비단 다섯필을 내렸다. 그리고 금강산 구경은 겨울이 문턱에 닥쳐오고 있었으므로 겨울은 서울에서 보내게 하고 이듬 해 봄에 구경하도록 하였다.

다음 해 3월이 되자 임금은 강원관찰사에게 명하여 만덕이 금강산을 구경하는데 모든 준비와 편의를 제공하도록 하였다. 일찌기 중국 어느 옛 시인이 고려국에 태어나서 친히 금강산을 보는 게 소원이라(願生高麗國親見金剛山) 한 바 있었는데 김만덕의 두번째 소원이 이제 현실로 이뤄지게 된 것이다.

금강산 1만2천봉의 수려한 자태를 둘러본 만덕은 과연 천하의 명산은 이를 두고 하는 말이라 생각하며 무한한 성은에 감격하지 않을 수 없었다. 서울로 들어오자 장안은 온통 만덕의 이야기로 꽃을 피웠고 만덕의 숙소에는 매일 선비들은 물론 많은 사람들이 만덕의 얼굴을 한번 보고자 줄을 이었다. 만덕은 서울로 돌아와서 며칠 쉰 후 고향으로 돌아갈 뜻을 아뢰었고 이어 출발에 앞서 좌의정 채제공(蔡濟恭)에게 작별 인사를 고하였다. 그녀는 울먹이며 말하기를 '이승에서는 다시 상공(相公)의 얼굴을 우러러 볼 수가 없겠습니다'라 하자 채제공은 아래와 같은 말을 해주며 만덕을 위로하였다.

秦皇漢武 皆稱海外有三神山 世言 我國之漢拏 即所謂瀛洲 金剛即所謂蓬萊 若生長耽羅 登漢拏蹲白鹿潭水 今又踏遍金剛 三神之中 其二皆爲若所包攬 天下之億兆男子有能如是者否 今臨別 乃反有兒女子 刺刺能何也.(진시황과 한무제는 모두 해외에 삼신산이 있다고 하였는데 세상 사람들이 말하기를 우리나라의 한라산은 곧 영주(瀛洲)라 하고 금강산은 이른바 봉래(蓬萊)라 하였다. 너는 탐라에서 자랐으니 한라산에 올라서 백록담의 물을 마셨을 것이고 이제 또 금강산을 편답하였으니 삼신산 중에 그 두개는 모두 구경한 바이며 이는 천하의 억조(億兆) 남자들도 이와 같이 못하는 것인데 이제 작별함에 있어 도리어 어린 여아처럼 척척거리니 태도가 무엇이냐…)

이에 채제공은 자신이 직접 쓴 만덕의 일대기를 만덕전(萬德傳)이라 하여 그녀에게 전해주었다. 이후 제주로 돌아온 만덕은 전과 다름없이 장사를 계속하면서 검소한 생활로 헐벗은 사람에게는 옷을 주고, 굶주리는 사람에게는 쌀을 주는 등 자선사업에 주력하였으므로 온 도민의 존경과 사랑을 받으며 『만덕 할머니』로 통칭되었다.

만덕은 평생을 독신으로 살다가 1812년(순조12년) 74세를 일기로 세상을 떠났다. 그 후 1840년(현종6년) 제주도로 유배온 추사 김정희(金正喜)는 만덕의 행적을 듣고 감동하여 은광연세(恩光衍世 : 은혜의 빛이 온 세상에 번진다는 뜻)라 대서(大書)하고 그 옆에다 다음과 같은 글을 썼다.

金鐘周大母 大施島饑 被殊異之恩 至入金剛山 晉紳皆傳記詠之 古今稀有也. 書贈此扁以表其家(김종주 〔만덕의 조카 손자〕의 할머니가 이 섬의 큰 흉년을 구휼하니 임금님의 특별하신 은혜를 입어 금강산을 구경하였으며 벼슬아치들이 모두 전기와 시가로 이를 노래하였다. 이는 고금에 드문 일이므로 이 편액을 써 보내어 그 집안을 표하는 바이다.)

한편 '은광연세'란 글은 그녀가 죽은 후에 음각비로 제작되어 묘소 옆에 서 있다가 묘소가 모충사(慕忠祠)로 옮겨지자 함께 따라오게 되었다.

제주도에서는 이러한 김만덕의 박애정신을 기리기 위해 1980년 부터 만덕상을 제정하여 근검 절약으로 역경을 이겨내고 성가한 후 사회에 공헌한 여성에게 매년 만덕상을 시상하고 있다. (p.41 사진 참조)

—— 이상 김봉옥 著,「김만덕전」발췌정리, 제주문화, 1990. ——

3. 추사 김정희

추사 김정희는 조선시대 제주도에 유배되었던 많은 유배인 중의 한 사람이다.

본시 제주도가 국법을 어긴 죄인들의 유배지로 처음 이용되기 시작한 것은 삼별초가 진압되고 제주도를 점거했던 원(元)의 시대부터이다. 원은 제주도를 일본 정벌을 위한 병참기지로 삼아 목마장을 운영하는 한편 3차에 걸쳐 170여명의 자기나라 죄인을 유배시키기도 했는데 원의 직접적인 지배하에 있던 고려도 이 형사제도를 따르기 시작했던 것이다. 그러나 고려시대의 유배인은 엄연히 국법을 어긴 죄인이고 그 숫자 역시 손에꼽을 정도에 불과하다.

제주도가 본격적인 유배지로 인식된 것은 조선시대 연산군 때에 이르러 각종 사화(史禍 : 역사를 기록함에 기인된 사건)가 일어나면서부터였다. 이때부터 조선말기 혼란기에 이르는 400여년 동안 이곳에 유배된 인원은 제주도지(濟州道誌)를 통해 볼 때 약 140명에 달하며 그중 60명은 조선말기 혼란기(1860~1910)의 50년이라는 짧은 시기에 유배를 당했다.

조선시대의 형벌제도로 볼 때 유형(流刑 : 죄인을 외딴 곳에 보내는 형벌)은 최고형 다음으로 형량이 높은 것으로 특히 대전통편(大典通扁)에는 제주 삼읍을 가리켜 "죄명이 중한 자가 아니면 유배하지 아니한다."라고 규정되어 있다고 한다.

추사는 유형중에서도 가장 가혹한 위리안치(圍籬安置 : 죄인이 달아나지 못하도록 가시로 울타리를 만들고 그 안에 가둠)되는 형을 받았다.

김정희 외에도 이곳에 유배되었던 사람들을 살펴보면 제각기 사건을 제기했던 사람들이며 그런만치 한 시대의 화제에 올랐던 인물들이다. 이들이 유배 당시 나이를 보면 4세의 유아에서 83세의 노령에 이르기까지 다양하며 유배된지 며칠만에 사형되거나 몇달만에 풀려 돌아가는가 하면 수십년의 긴 세월을 귀양살이로 보내거나 아주 이곳에서 일생을 마친 사람들도 있다.

많은 유배인 중 김정(金淨), 송인수(宋鱗壽), 정온(鄭蘊), 김상헌(金尙憲), 송시열(宋時烈)은 성품이 강직하고 충효로 나라를 걱정했던 현인들로 제주에는 5현단이란 곳이 있는데 여기에 이들의 제단이 세워져 있다. 이들 외에 승려 보우(普雨), 광해군(光海君), 장희재(張希載), 조관빈(趙觀彬), 김춘택(金春澤), 조정철

(趙貞喆), 김윤식(金允植), 박영효(朴泳孝) 등 많은 충신과 석학들이 제주도로 유배를 왔다. 매우 드물기는 하지만 제주인의 육지에 대한 배타성을 예로 들며 혹시 과거 유배지였기 때문이 아닐까 라고 말하는 사람들도 있지만 유배인의 숫자와 당사자의 행적 및 직위, 그리고 그 동기를 보면 아무런 보편성도 찾기가 어렵다. 그럼 많은 사연을 간직한 이들 유배인 중 추사 김정희의 생애와 유배생활을 간략히 소개하기로 한다.

　추사 김정희(秋史 金正喜)는 1786년(정조10년) 7월 9일 유당 김노경(酉當 金撈敬)과 유씨부인(兪氏夫人) 사이에서 맏아들로 태어났다.

　일설에 의하면 유씨부인은 김정희를 잉태한 후 24개월만에 출산하였다고 하며 또한 추사가 태어나던 날 뒷뜰의 우물이 갑자기 마르고 후산(後山)인 팔봉산의 초목이 모두 시들었으나 추사가 태어나자마자 물이 다시 샘솟고 시들은 초목이 생기를 되찾았다는 신비로운 이야기도 전해지고 있다. 이러한 출생의 신비성과 더불어 그의 천재성은 어려서부터 나타나기 시작해 돌이 지나면서 말과 글을 함께 터득하여 나갔고 추사가 세살 때에는 붓을 쥐고 글쓰는 흉내를 내는데 그 모습이 하도 야무져서 부친이 시험하고자 어느날 붓장난에 열중하는 그의 등뒤로 가서 붓을 확 잡아챘다고 한다. 그러나 몸이 붓에 딸려 올지언정 붓을 놓지 않았다는 이야기와 6세 되던 해에는 입춘첩(立春貼)을 써서 대문에 붙여놓을 정도였는데 추사의 집앞을 지나던 채제공(蔡濟恭)이 우연히 이를 보고 장차 명필이 될 것을 예언하였다는 것이 그의 천재성을 과장없이 말해주고 있다.

　그러나 후일 그의 제주 유배생활을 예견이라도 하듯 어려서부터 생과 사의 굴곡을 맛보게 되는데 추사의 나이 11세 때에 조모(祖母)와 조부(祖父)가 돌아가시고 16세 때에는 추사의 어머니 유씨부인마저 세상을 떠났다. 또한 20세 되던 해에는 추사의 부인인 한산이씨도 신혼의 꿈이 채 가시기도 전에 세상을 뜨게 된다.

　이러한 와중에서도 추사의 명성은 멀리 북경에까지 알려지게 되는데 이는 북학의를 저술한 박제가(朴濟家)가 추사의 비범함을 알고 어려서부터 그의 학문을 전수시켰으며 그 위대한 스승과의 만남으로 인해 추사는 어린 나이에도 불구하고 높은 학문의 경지에 오를 수 있었다.

　추사는 24세 되던 해에 생원시(生員試)에 합격하였고 34세 때에는 문과에 급제, 35세 때 한림초시(翰林初試) 합격 후 규장각대교 역임, 41세 때 충청우도 암행어

사, 42세 때 예조참의, 42세 때 규장각대교 겸 시강원보덕에 재직하는 등 여러 직책을 두루 거쳤으며 특히 부친 김노경이 사절(使節)로 연경(燕京：지금의 북경)에 파견되자 부친을 수행하기도 하였는데 이때 청나라의 대유학자인 완원(玩元), 옹방강(翁方綱) 등과도 교류하며 사제의 의를 맺기도 했다. 옹방강은 흰 참깨알에다 「천하태평(天下泰平)」이라는 글자를 쓰기도 했다는 당대 최대의 학자로 당시의 나이가 78세의 고령이었으나 필담을 통해 추사의 비범함을 알고 경술문장 해동제일(經術文章 海東第一)이라는 글을 써주기도 했다.

추사의 나이 45세 되던 해(1831년)에는 부친 김노경이 윤상도 옥(尹尙度 獄)에 연루되어 고금도로 유배를 떠나는 일이 생겼다.(윤상도는 문신으로 1830년 호조판서 박종훈 등을 탐관오리라고 논척했다가 임금과 신하를 이간시켰다 하여 추자도로 유배된 자로 10년 만에 풀려나 능지처참 되었다.) 김노경은 윤상도의 행위를 뒤에서 조정했다는 혐의로 고금도에 위리안치되는 형을 받았으나 순조 임금의 배려로 3년 만에 풀려났다.

이러한 일련의 사건과는 큰 연관없이 추사는 50세 되던 해 병조참판에 임명되었으며 53세 때에는 형조참판에 임명되었다. 본시 추사의 일가는 내외로 왕가(王家)와 인척이 되었기 때문에 큰 어려움 없이 출세의 가도를 달릴 수 있었던 것이다. (추사의 증조부인 김한신은 영조 임금의 딸과 결혼하여 월성위에 봉해졌고 후에 월성위의 제사를 모셔야 할 추사의 큰아버지가 자식이 없었으므로 추사가 입양되어 제사를 모셨다. 또한 추사의 먼 친척중 정순왕후는 영조임금의 계비가 되었으므로 추사일가는 내외로 왕가와 인척이 되어 있었다.) 그러나 추사가 54세 되던 해에는 또다시 윤상도 옥이 거론되었다.

추사의 가문은 추사의 탄생 시기인 영조임금 때부터 일기 시작한 세도정치(勢道政治)로 인해 세도를 잡은 문중이 바뀔 때마다 화를 당하기도 했는데 약 10년 전 부친 김노경이 윤상도 옥에 연루되어 유배당했듯이 추사도 장(丈) 1백에 9년동안 제주도에 위리안치되는 형을 받게 되었다. 본시는 사형까지 받는 상황이었으나 막역한 친구이며 당시 우의정이었던 조인영(趙寅永)의 도움으로 사형만은 가까스로 면하였다. 이러한 인생의 급변은 추사 개인으로서는 커다란 불행이나 결과론적으로 볼 때 추사의 학문적 경지를 최고에 달하게 만드는 계기가 되었다.

54세의 노구를 이끌고 제주도로 유배온 추사는 먼저 대정현(大靜縣)에 위치한 송계순의 집에 적거(謫居)하였으며 몇년 후 강도순(姜陶淳)의 집으로 옮겨졌다.

낯선 땅에서 위리안치라는 형을 받은 이상 정계에 다시는 나갈 수 없음을 안 추사는 서서히 제주의 자연을 예찬하면서 유배생활을 꿋꿋이 꾸려나가게 된다. 그가 제주에 유배 중 막내 아우인 상희에게 빨리 보내줄 것을 독촉한 편지에는 11종류 200여권의 책이 적혀있다고 하는데 유배생활을 대하는 그의 일면과 학문정진에의 강한 열정을 엿볼 수 있다. 그는 자신의 학문 정진뿐만 아니라 제주에서의 교학(敎學)에도 힘을 써 강사공, 박계첨은 추사체를 정득하였고 김구오, 강도순 등도 서도를 통한 예술교육에 깊이 정진하였다. 또한 전각(篆刻 : 돌, 나무, 금, 옥 따위에 인장을 새김)의 서체에 있어서도 김구오와 그의 아들이 계속 그 정통을 이어갔다고 한다.

이렇듯 외로운 유배지에서 개인의 학문정진과 교학에 힘을 쓰던 추사는 유배생활 3년 만에 재취부인 예안이씨(禮安李氏)의 죽음을 맞이하는데 이것은 추사에 있어 유배형벌보다 더한 슬픔과 고통이었다. 평소 아내에 대해 사모의 정이 각별했던 추사이지만 유배인의 몸으로는 아내의 죽음 곁으로 달려가는 것조차 허락되지 않았다. 이무렵 추사의 상처(喪妻)를 위로하기 위해 승려인 초의(草衣)가 죽음의 제주바다를 건너가는 지극한 정성을 보이기도 했는데 그는 후에 추사의 마음을 이렇게 표현했다고 한다.

公 慟不欲生 夜必泣 祝天不寢 寒暑不易裘葛(공은 통곡하며 살고자 아니하고 밤이면 울면서 하늘에 빌고 자지도 아니 하였다. 그리고 추우나 더우나 항상 갓옷과 칡으로 만든 옷을 바꾸지도 아니하였다.)

　　　——홍순만, 제주에 한을 둔 유형인들, 탐라문화, 1988, p.169. ——

이러한 역경을 이겨내고 추사가 불후의 명작이자 일반에게 널리 알려진 세한도(歲寒圖)를 창작한 것은 유배생활 5년만인 1844년으로서 그의 나이 59세 때의 일이다.

이 무렵을 전후해서 추사의 제자인 우선 이상적(藕船 李尙迪)은 제주도에 유배 중인 스승을 위해 만학집(晩學集), 대운산방문집(大雲山房文集)을 보내었고, 다음 해에는 황조경세문편(皇朝經世文編)을 구입해 제주에 보냈다. 아무리 사제지간이라 하더라도 인간은 불우한 환경에 처하게 되면 망각하거나 소홀히하기 쉬운데 이상적은 세상 사람들이 하기 어려운 일을 능히 하였던 것이다. 이에 추사는 고송백(古松柏) 네 그루를 그리고 이를 세한도(歲寒圖)라 이름하였으며 다시 단정한

글씨로 제문(題文)을 지어 제자인 이상적에게 보내 깊이 감사의 뜻을 표했다. 송백(松柏)의 그림은 추운 겨울에도 변치 아니한다는 것을 상징한 것으로 이는 논어 속의 '세한연후 지송백지후조(歲寒然後 知松柏之後凋 : 추운겨울이 지난 후에야 소나무와 잣나무가 다른 나무보다 뒤에 시든다는 것을 앎)'에서 뜻을 찾은 것인데 세한도에 쓰여진 제문(題文)의 뜻은 다음과 같다.

그대(이상적)가 지난 해에 계복(桂馥)의 만학집(晚學集)과 운경(運敬)의 대운산방(大雲山房)을 보내주고 올해에 또다시 황조경세문편(皇朝經歲文編)을 보내주니 이런 일은 세상에 흔히 있는 일은 아닐 것이다. 더구나 이 책들은 천만리 먼 곳에서 구입하였고 그것도 몇 해에 걸쳐 처음으로 얻었으니 한 때의 일이 아니라 하겠도다.

또 세상 사람들은 도도하게 오직 권세와 이익에만 쫓아가는데, 이처럼 마음과 힘을 합하여 권세와 이익이 있는 자에게 보내지 않고, 도리어 절해고도 유배지에 있는 초췌하고 마른 나에게 보내주니 세간의 권세와 이익만을 추종하는 사람들은 태사공(太史公 : 사마천)의 말대로 '권세와 이익으로 얽힌 자는 권세와 이익이 다하면 사귐이 멀어진다' 하였다. 그대 또한 세상의 도도한 권리중의 한 사람인데 초연하게 스스로 권세, 이익 밖에 솟아남이 있으니 권세와 이익의 대상으로 나를 보지 않음인가, 태사공의 말이 틀린 것인가, 공자가 추운 겨울을 당한 후에야 소나무와 잣나무가 다른 나무보다 뒤에서 시드는 것을 안다고 하였으니 송백(松柏)은 사계절을 일관하여 시들지 않음이다.

추운 겨울 이전에도 한 송백이요, 추운 겨울 이후에도 한 송백이어늘 성인이 특히 추운 겨울 이후의 송백을 칭찬하였다. 이제 그대와 나와의 관계는 귀양전이나 후가 더하고 덜함이 없도다 ……. —— 양순필, 추사의「세한도」제문고, 탐라문화, 1990, pp.170~171. ——

제자로서 절해고도(絶海孤島)인 제주도에서 유배 중인 불운한 스승에게 갖은 고난을 이겨낼 수 있도록 한 계기가 추사로 하여금 바로 세한도(歲寒圖)와 제문(題文)을 창작케 한 것이다. 추사는 이 작품을 59세 되던 해에 이상적에게 송부하였다.

이상적은 그해 10월에 동지사 이하응 일행을 좇아 연경(燕京)에 가게 되는데 그는 이 작품을 휴대하고 갔다. 그는 다음 해 정월 22일에 연경의 관리이자 학자인 오위경이 베푸는 연회에 초대되었을 때 조야의 명사(名士) 16인에게 이 세한도를 내어보이고 이 자리에서 16인의 송시(頌詩)와 찬사(讚辭)를 받았으며 이것을 세한도와 함께 책으로 엮어서 귀국한 후 다시 천리 밖 추사에게 보내주었다. 이 지성이야말로 우리들로 하여금 감동 이상의 형용할 수 없는 사제(師弟)의 두터운 신의를 느끼게 해준다. 이를 받아본 추사의 당시 마음은 어떠했을 것인가!

이 세한도는 전전되어 오다가 일제 때 일본인의 수중에 들어갔으나 해방 후 손재형이란 사람이 일본에 건너가 간곡히 요청한 후 그에게 연구실 한 채를 지어주고 찾아온 것이라 하니 세한도의 의미는 더욱 값진 것이라 할 수 있을 것이다.

추사의 위대함은 이런 불후의 명작인 세한도와 추사체의 완성에서 뿐만 아니라 그의 인간적인 면에서도 나타난다.

추사는 유배지에 오기 전과 유배온 후에 수십통의 한글편지를 썼던 바 지금까지 40통이 발견되어 전해지고 있다. 40편 중 완전히 고증된 것은 34편으로 이중 32편이 부인에게 보낸 것이고 2편은 며느리에게 보냈던 서신이다. 제주에서 쓴 것은 13편이다. 추사의 나이 33세부터 시작해 59세에 이르기까지 쓴 이 한글편지에서 추사의 내면을 알 수 있을뿐만 아니라 그 국문학적 가치도 상당하다고 한다. 편지마다 부인의 건강을 염려하고 장손으로서 제사를 받들지 못함을 안타깝게 여기는 내용이 일관되며 그 중 제주도에 유배 중 부인이 사망한 줄도 모르고 그 다음날 편지를 썼던 시점의 일치는 인간 추사에 대한 애틋함을 절로 느끼게 한다.

9년간의 유배생활에서 풀려난 추사는 또다시 당쟁의 소용돌이로 3년 후인 1848년 북청(北青)으로 유배되기도 하였으나 1년만에 풀려났다. 이에 추사는 환멸을 느껴 부친의 묘소가 있는 과천(果川)땅으로 은거하여 독서와 서화(書畵)로 여생을 보내며 후학을 지도하다가 1856년(철종7년) 10월 10일에 71세를 일기로 세상을 떠났다.

추사 김정희.

자(字)는 원춘(元春), 호(號)는 완당(阮堂), 추사(秋史), 승연노인(勝蓮老人)등이 있으며 서예뿐만 아니라 경학(經學), 사학(史學), 불교(佛敎)를 비롯해 천문(天文), 지리(地理), 음운(音韻), 산술(算術), 금석고증(金石考證)에도 뛰어났던 당대 불세출한 인물이다.

30세 후반에 이미 독보적인 추사체(秋史體)를 정립하고 청나라 학자들과 사제의 의를 맺고 추앙받던 그가 말년의 제주 유배생활에서 보여준 학자다운 의연한 모습과 시서화(詩書畵) 일체를 보여주는 세한도(歲寒圖), 그리고 그 제문(題文)은 그가 죽은지 불과 130여년 후의 우리 현대인에게 많은 교훈을 주고 있다. 세익스피어를 인도와도 바꾸지 않겠다던 영국인의 자부심처럼 값이 없다는 세한도, 이를 완성시킨 추사 김정희는 바로 한국인의 자부심으로 길이 남을 것이다.

제주도에는 추사가 귀향온 후 적거했던 강도순의 초가를 옛모습대로 재현하는 한편 작은 규모로 추모관을 건립하여 추사의 큰 뜻을 기리고 있다. 이 추모관의 위치는 지리적으로 찾기 어려운 곳이나 서예에 관련된 사람들과 그의 생을 아는 사람들은 반드시 찾는 곳이다.

4. 제주도 4.3사건

내가 제주도 생활에서 사귀게 된 고등학교 선생님과의 대화 중에서 4·3이 거론됐을 때 나의 첫 질문은 "4.3이 뭐죠?"였다.

1985년 대학을 졸업할 때까지 책으로나 또는 학생회측의 구호 중에서 4.3에 대한 것은 거의 보거나 듣질 못했으며 이후의 직장생활을 감안해 볼 때 당시의 나로서는 지극히 당연한 반문이었을지도 모른다. 근간(1990년경부터)에 이르러 육지부의 각 대학에서 4월 3일을 전후해 제주도의 4.3사건을 정치적 현안과 묶어 제기하는 것을 볼 때 이 사건이 육지의 대학가로 알려진 것은 최소한 1989년 중반 이후 민주화 열기가 휩쓸면서부터가 아닌가 생각된다.

즉, 사회 전반적인 분위기가 각계각층의 누적된 불만이 자연스레 표출될 수 있었고 아울러 추진된 북방정책의 바람을 타고 이념 논쟁 역시도 이전보다는 훨씬 자유롭게 제기될 수 있었다. 따라서 4.3에 대한 각종 자료도 이 기간을 전후하여 가장 많이 쏟아져 나왔는데 대략 그 종류와 발간시기를 살펴보면 아래와 같다.

1979년, 순이 삼촌, 창작과 비평사, 현기영(소설)

1987년, 제주도 4.3 봉기의 원인과 결과, 연세대학보(논집)

1988년, 제주도 4.3 억울한 한은 풀어야 한다, 엔터프라이즈(논집), 현길언

1988년, 제주도 4.3폭동의 배경에 대한 연구, 서울대학교 정치학과 석사 통과논문, 양한권

1988년, 단추와 허리띠, 오성찬(소설)

1988년, 제주민중항쟁, 아라리 연구원(사회과학서)

1988년, 4.3사건 유채꽃, 현기영외 5인(소설)

1988년, 한라의 통곡소리, 오성찬(사회과학서)

1988년, 4.3진상, 조남수

1989년, 한 공산주의자를 위하여, 오성찬(소설)

1989년, 화산도, 김석범(소설)

1989년, 민중일기, 김용해(시집)

1989년, 이제사 말햄수다, 제주 4.3연구소(증언자료집)

1989년, 박헌영과 4.3사건, 고문승

1989년, 제주도 4.3사건이란 무엇인가, 제주사회 연구

1990년, 영원한 우리들의 아픔 4.3, 박서동

1991년, 한라산의 노을, 한림화(소설)

1992년, 여자의 강, 현길언(소설)

물론 이외에도 제주도에서 발간되는 각종 책자나 제주도의 지방신문에 실린 4.3
에 대한 자료를 모아보면 엄청난 분량에 이르고 있는데 이러한 자료가 거의 모두
제주도 사람들에 의해 이루어졌다는 것과 1989년을 전후해서 봇물 터지듯 쏟아져
나올 수 있었다는 것은 사회적 분위기 변화에 앞서 이곳에서는 이미 오래 전부터
이 사건을 제기하려 했었음을 짐작할 수 있겠다.

실제적으로 4.3사태에 대한 진상규명은 4.19 이후 제주도내 학생층을 중심으로
제기되었으나 5.16혁명 이후 일의 중단과 함께 많은 사람들이 고난을 당했으며 10.
26 사태 이후로도 잠시 고개를 들다가 사회적 분위기로 인해 그 모습을 드러내지
못했다. 1981년만 하더라도 대통령의 이름조차 길거리에서 발설하기 어려운 시대
였으므로 의식은 있지만 표출될 수 없었던 4.3사건의 실체가 1989년이라는 시기를
분수령으로 한꺼번에 쏟아진 것이다.

그러나 이러한 사회적 변혁이 없었더라도 언젠가는 제기될 수 있는 성격의 사건
이라 생각된다. 왜냐하면 한 지역의 문제로 여기기에는 너무도 큰 사건일뿐만 아
니라 수많은 희생자가 있었고, 지나간 역사로 묻어버리기에는 많은 사람들이 현재
까지도 4.3의 상처에서 완전히 치유받지 못하고 있기 때문이다. 그러나 보다 중요
한 것은 이 사건이 갖는 성격이나 희생자수가 아니라 사건의 규모에 비례한 역사
적 소외일 것이다. 물론 사건의 성격에 있어서 제주도에서만 보다라도 운동권을
비롯해 몇몇 사람들은 '민중항쟁'이라 얘기하고 또다른 이해 계층은 '공산주의자
들에 의한 폭동'이라고 하는 등의 차이를 보이고 있을 뿐 아니라 희생자수에 대해
서도 자료마다 2만~8만으로 엄청난 차이를 보이고 있는데 최근에 조사된 자료는

또다른 수치를 제시하고 있기도 하다.

1990년 친구가 신혼여행을 와서 제주도 안내를 부탁했던 개인택시기사는 우리가 차를 탄지 10분만에 제주도 4.3을 거론하면서 희생자수가 7만이라고 얘기했으므로 사건의 성격과 희생자수는 어떤 자료를 읽었으냐에 따라 상당한 차이를 보일 수 있다. 그리고 이러한 차이는 일반 육지인의 4.3에 대한 접근과 개괄적인 개념만이라도 파악하는데 있어 어느 정도의 걸림돌이 되고 있기도 하다.

그러면 과연 제주도 4.3사건은 무엇인가?

이는 지금부터 40여년 전, 1948년 4월3일을 기해 제주도내에서 일어난 사건이다. 당시 시대적·정치적 혼란상과 사건의 복잡성, 그리고 40여년 전이라는 세월의 깊이를 감안한다면 앞서 제시한 어떤 문헌을 접하더라도 4.3이라는 거대한 사건을 이해하기에는 어려움이 많을 것이다. 이는 당시의 역사적 배경과 시대적 흐름도 알아야 하고 지역적인 면에서의 특수한 상황도 간과할 수 없기 때문이다.

이 사건을 알기 위해서는 부득이 해방정국으로 거슬러 올라가야 하므로 이의 간단한 약술과 함께 사건의 시발점만을 소개하기로 한다. 방대한 자료탓도 있지만 능력의 한계로 인해 깊이 있게 소개할 수 없음을 깨달으며 자세한 사건의 전모가 뜻있는 많은 사람들에 의해 보다 정확히 우리 역사 앞에 공표될 것을 간절히 기대한다.

1945년 8월 6일과 8일, 미국은 일본의 히로시마와 나가사키에 각각 원자탄을 투하함으로서 2차 세계대전의 종전과 함께 우리나라는 일제 36년간의 압제에서 벗어나 8.15해방을 맞이하게 된다.

그러나 이미 1943년경부터 강대국에서 논의된 식민지국(대만, 인도차이나, 한국 등)의 전후 복귀문제는 1943년 11월의 카이로회담과 1945년 2월 얄타회담, 1945년 7월 포츠담회담 등을 통해 한반도 북쪽에 주둔한 일본군의 항복은 소련이 접수하고 한반도 이남 일본군의 항복은 미국이 접수하는 것으로 결정되고 말았다. 외세에 의해 남·북이 분할된 우리나라는 또다시 1945년 12월 강대국에 의한 5년간의 신탁통치안을 전해듣게 된다. 이에 따라 독립정부의 수립을 갈망해 온 한민족은 큰 충격을 받았고 남한에서도 우익은 반탁으로 좌익은 찬탁으로 갈라져 양대세력이 극렬하게 대립하였다. 결국 한국문제는 1947년 유엔에 상정되는 등의 과정을 거치면서 남한에서만의 총선실시를 결정하기에 이르렀다.

그러나 이러한 남한만의 단독선거 역시 한반도의 분단을 영구화한다는 반대주장에 부딪혀 국내의 정치 상황은 또다시 대립상을 보이게 된다. 제주도 4.3사건은 바로 1948년 5월 10일 남한만의 총선거를 실시키로 결정한 시점에서 출발한다.

1948년 4월 3일 한라산에서 하산한 무장게릴라들과 동조자들은 제주도내의 경찰지서와 우익단체의 집, 그리고 행정기관을 습격, 파괴하였다. 게릴라들은 이를 통해 5.10선거 거부라는 행동방향을 수립하게 된다. 한편 게릴라의 기습에 대해 미군정은 부산 주둔 군병력과 타도로부터 경찰병력을 충원하여 이에 대응하였다. 이러한 일련의 과정, 게릴라의 습격과 이의 방어를 위한 군·경 및 서북청년단(월남한 청년으로 구성된 게릴라 토벌대)의 대응은 때때로 무차별하게 이루어지고 게릴라와의 협상마저 결렬됨으로서 사건은 장기전으로 돌입하게 된다.

물론 원초적인 사건의 발단에 대해서는 4.3사건 발발 1년 전인 3.1절 사건이라는 의견도 있다. (1947년 3월 1일 제주도민의 3.1절 시위에 대한 미군정과 경찰의 탄압으로 도민의 저항을 불러 일으켰음.)

어찌했건 이 사건은 여·순반란사건(4.3사건 진압을 위해 제주도 경비사령부에 배속될 예정이었던 여수 제14연대가 승선을 거부하고 1948년 10월 19일 반란을 일으킴)으로까지 파급되기도 했으며 사건의 완전 진압은 6.25동란 후인 1953년 한라산 잔존게릴라를 완전 소멸시키기까지 약 5년이 소요되었다.

그런데 바로 이 사건으로 제주도의 촌락(村落)들, 특히 중산간부락은 완전히 초토화되었고 이로 인한 사상자 수도 2만~8만으로 추정되는 등 엄청난 피해를 가져왔다. 이렇듯 많은 사상자가 생기고 촌락을 불태운 것은 물자보급의 차단을 위한 초토화작전, 그리고 게릴라의 소탕과 주민소개과정에서 발생된 무차별, 비인도적인 진압 때문이라는 의견이 지배적이다. 물론 게릴라에 의한 희생 및 방화도 배제할 수 없으나 결코 중립이란 허용되지 않았던 당시 이데올로기의 극단성에 의해 무고한 양민이 희생되었고 이러한 것이 40여년이 지난 지금까지도 많은 사람들에게 있어 깊은 한으로 자리잡고 있다.

1992년 현재 제주도 사람의 경우 25세 정도를 넘어선 사람이라면 누구든지 육지인과의 대화 한 모퉁이에 반드시 이 지나간 역사의 얘기가 나오게 되는데 대부분 토벌대에 의해 당한 피해상황이 주종을 이루고 있다. 흔히 듣게 되는 제주인의 육지에 대한 배타적인 자세는 4.3사건에서 비롯되었다는 사람도 있다.

여하간 당시 피해자의 수를 이곳의 친족제도와 결부시켜 본다면 4.3사건으로 인해 직접·간접으로 간여되지 않은 제주도 사람은 없다. 따라서 육지사람들, 예를

들면 장년층이 서로 친숙해져 지나간 과거를 애기할 때 어느 한 부분에 6.25애기가 나온다면 제주에서는 4.3사건이다. 차이가 있다면 전자가 국가적인 차원의 역사요 그 실체가 현시점에서 명확히 드러났다는 점이고 후자는 지역적인 차원의 역사요 그 진상이 아직도 정확히 밝혀지지 않았다는 점이다.

또하나 육지의 삼,사십대 사람들이 6.25를 경험하지 않았고 따라서 당시의 상황들을 애기할 수도 없지만 제주도에서는 30대만 되어도 6.25보다 이전의 역사인 4.3의 애기를 하게 되는데 이는 피해 당사자의 부모나 친척, 그리고 동네 사람들의 입을 통해 의무적으로 들어오면서 성장한 때문이다. 특히 제주도에서 가장 거창하고 많은 사람들이 모여서 치뤄지는, 그것도 빈번하게 치뤄지는 제사 때의 화제는 거의 틀림없이 이 4.3사건에 대한 것이며 4.3사건으로 인해 희생된 당사자의 제사일 때는 당시의 상황들이 더욱 생생하고 박진감 있게 자라는 세대에게 전달되는 것이다.

현재 제주도 10대 현안 중 하나가 4.3 진상 규명인 것만 보아도 이 사건에 대한 제주도민의 관심이 어느 정도인지를 알 수 있다. 그러나 이 사건이 제주도에서 갖는 여러가지 상황을 볼 때 명쾌한 해답을 찾기는 그리 쉬운 일이 아닐 것이다.(당시 시대적 혼란상, 사건 과정의 복잡성, 이해 당사자의 견해차이, 부락과 부락과의 연관 등) 그러나 모든 것을 차치하고라도 우리가 염두에 둘 것은 제주도에서 일년 중 치러지는 제사 가운데 부락내 전체의 제사일이 어느 한 날짜(4.3사건시 희생일)에 집중적으로 몰려 있는 것과 당시 피해를 직접 입은 당사자들은 당시의 애기를 속시원히 털어놓을 수 있는 것만으로도 '이젠 죽어도 한이 없다'고 할 정도로 깊이 패인 그들의 한이다.

따라서 육지와 제주도의 가장 큰 장벽은 바다가 아니라 4.3의 역사이며 제주에 백조일손지지(白祖一孫之地 : 남제주군 사계리 동남쪽에 있는 132개의 무덤으로 조상은 백이 넘지만 자손은 누구인지 알 수가 없다고 하여 붙여진 이름이며 제주도 대정지역 양민의 4.3사건 희생자 무덤이다)라는 묘역이 있고 고 함석헌옹이 제주도에서 강연할 때 서북인(西北人)을 대표해 강연에 앞서 참회했다는 것을 뒤늦게 알 때 제주인과 대화시 4.3이 뭐죠? 라고 묻는다면 이는 결례일 수 있다.

그리고 제주인으로부터 4.3의 애기를 들을 때면 일단은 공감했으면 싶다. 그 진상이 뜻있는 사람들의 손에 의해 밝혀질 때까지 만이라도…… (p.42 사진 참조)

제 7 장

제주의 상징

　횃불을 높이 든 자유의 여신상과 그랜드 캐넌이 미국의 철저한 자유 민주주의 정신과 개척의지를 나타낸다면 벚꽃과 기모노를 입은 여인은 일본의 응집된 단결력과 아부와는 거리가 먼 친절 정신을 보여 준다고 하겠다. 이러한 상징물은 물론 태초부터 정해진 것은 아니었다. 자연발생적으로 등장하기도 하고 또 은연중 사라져 가기도 한다. 나라와 민족을 대변하기도 하며 한 지방이나 지방인을 나타내기도 하는데 어쩌면 상징이라는 것은 한 개인의 개성으로 비유될 수 있을지도 모르겠다.

　제주도의 경우 육지와의 풍토 차이로 인해 많은 특징이 발견되며 이러한 것들은 모두 제주도임을 쉽게 연상케 해 준다. 봄이면 전도(全道)를 뒤덮는 유채꽃이나 구멍이 송송 뚫린 검은색 현무암, 여행사마다 걸려 있는 성산일출봉의 항공사진과 돌하르방의 모습, 바둑판 모양의 초가와 해녀, 드넓은 목장과 열대 식물군, 그리고 신혼 부부들의 모습만 봐도 일단 제주도를 떠올릴 수 있을 것이다.

　그러나 지식과 지혜, 가격과 가치는 다르듯이 단순한 연상을 뛰어넘어 제주도를 나타내는 다음 세가지를 꼽음에 주저할 사람은 없으니 그것이 바로 제주의 정신, 즉 제주의 상징이 아닌가 싶다.

1. 한라산

남한에서만큼은 가장 높은 봉우리이다. 왜 1,950m냐고 그 높이를 따진다면 우문(愚問)이겠지만 여기서는 '혼번(한번)구경 오십서(오세요)'라는 현답(賢答)이 오래 전부터 관용어처럼 사용되고 있다. 그 높이로 봐서는 무척 험한 산으로 여겨지나 등반이라기보다는 등산이라는 말이 더 어울릴 정도로 누구나가 정상까지 어렵지 않게 오를 수 있는 산세가 어진 어머니산이다.

역사적으로 보면 조선시대부터 지금까지 한라산을 경계로 하여 행정구역이 나뉘어졌으며 제주도는 이 산을 정점으로 해서 동심원(同心圓)적인 등고선을 나타내고 있으므로 한라산은 제주의 중심이자 기둥에 해당된다. 또한 한라산 정상의 화구에서 토해 놓은 용암이 현재 제주의 지세를 만들었으니 한라산을 제주의 첫번째 상징으로 꼽는데는 누구라도 주저함이 있을 수 없을 것이다.

'가장 작은 도(道)이지만 가장 높은 한라산이 있다.'는 이곳 사람들의 자부심마저 서려있는 이 한라산을 과거 진나라의 진시황과 한나라의 한무제가 해외(海外)에 있는 삼신산(三神山)의 하나로 꼽았음은 앞서 김만덕의 생애에서 언급한 바와 같다. 삼신산, 즉 금강산을 봉래(逢萊), 지리산을 방장(方丈), 한라산을 영주(瀛洲)라 하여 신이 사는 곳이라 하였다.

영험의 산인만큼 고려시대부터 한라산 정상에서는 매년 음력 2월과 8월에 춘추로 산신제(山神祭)를 지냈다. 그러나 음력 2월에 하는 제사는 기상이 악화되면 동사자(凍死者)가 발생하는 등 도민의 고통이 심하였으므로 1470년(성종 1년) 제주에 부임한 이약동(李約東) 목사는 이러한 폐단을 없애기 위해 제단을 산천단(山川壇 : 해발 1000m)으로 옮기도록 하였다. 이후로 지금까지 500여년 동안 산천단에서 수시로 산신제를 지내고 있으며 정기적인 제사 외에 풍재(風災)나 가뭄, 전염병 등의 큰 재앙이 일어날 때에도 제를 지냈다고 한다. 원래 한라산 산신제는 고려 고종 40년(1253년) 2월에 한라산신(漢拏山神)에게 제민(濟民 : 백성을 구제함)을 비는 뜻에서 춘추로 제사를 지내도록 한 것으로 이는 당시 제주가 몽고의 침입을 받아 어려운 처지에 있었으므로 명산의 신령께 국태민안을 기도하는 뜻에서 시작되었다고 한다.

한라산의 명칭은 시대에 따라 부악(釜岳), 진산(鎭山), 선산(仙山), 두무악(頭無岳), 여장군(女將軍) 등을 비롯해 여러가지가 있었으나 그중 가장 일반적인 고래(古來)의 명칭은 영주산(瀛洲山)이다. 영주산은 한라산, 한라산은 곧 제주도이니 옛날부터 알려졌던 영주 10경(瀛洲十景)이란 제주도의 열가지 아름다운 경치를 가리킨다. 영주 10경 중의 하나가 바로 녹담만설(鹿潭晩雪)로 한라산 정상의 백록담(白鹿潭)에 쌓인 눈의 경치를 말한다. 백록담은 한라산 정상의 분화구에 이루어진 못으로 화구의 둘레는 약 2km, 화구벽의 높이는 140m인데 말 그대로 흰사슴이 놀던 곳이라 전해진다.

한라산에서는 매년 복(伏)날이면 선녀들이 하늘에서 내려와 백록담에서 멱을 감았다. 이를 알게 된 한라산 신선(神仙)은 선녀들이 멱을 감고 하늘로 올라가는 모습을 구경하곤 했다. 그러던 어느날 선녀들의 옷벗는 모습을 보고 그 황홀한 모습에 정신이 빠진 신선을 선녀들이 보게 되었다. 기겁을 한 선녀들은 하늘에 올라가 옥황상제(玉皇上帝)에게 이 사실을 일러바쳤다. 이야기를 들은 옥황상제는 격노하여 한라산 신선을 흰 사슴으로 만들어버렸다. 그 후 매년 복날이면 사슴은 연못에 나타나 곧장 슬피 울부짖었는데 그래서 흰 사슴이 나타나는 못이라는 뜻으로 그 이름도 백록담(白鹿潭)이라 불리어졌다.

한라산은 이 외에도 많은 전설을 간직하고 있는데 그 중 영실에 있는 5백장군의 전설이 가장 대표적이다. 본래 '영실'이란 죽은 사람의 영혼을 모시는 곳을 뜻하나 여기서 말하는 영실은 한라산 정상에서 서남쪽으로 이어진 험준한 기암절벽을 가리키며 이곳에는 수백의 기암(奇岩)들이 2중, 3중으로 겹겹이 치솟아있어 석실(石室)과도 같은 분위기를 자아내고 있다. 사람들은 바로 이곳에 영(靈)이 살고 있다 하여 그 기암절벽을 가리켜 영실(靈室)이라 부르고 있는 것이다. 또한 기암들의 솟아있는 형상이 마치 나한(羅漢 : 깨달음을 얻은 부처의 제자)들의 모습과도 같다 하여 5백나한, 5백장군이라 부르기도 하는데 이 한라산 영실의 5백장군에는 다음과 같은 전설이 전해지고 있다.

옛날 설문대 할망이 아들 500형제를 데리고 살았다. 하루는 먹을 것이 없어서 아들들이 도둑질을 나갔다. 어머니는 자식들이 돌아오면 먹이려고 죽을 쑤다가 그만 미끄러져 커다란 죽솥에 빠져죽고 말았다. 아들들은 그런 줄도 모르고 돌아오자마자 죽을 퍼먹기 시작했다. 그런데 죽맛이 여느때와 달리 매우 좋았고 맨나중에 돌아온 막내아들은 그것을 이상하게 생각하게 되었다. 갑자기 죽맛이 좋아질 리가 없었기 때문이었다. 막내는 의심 끝에 국자로 죽솥을 휘저어 보았고 그러자 그 안에서 사람의 뼈다귀와 해골이 나왔다. 그러고 보니 어머니가 보이지 않았던 것이다. 막내는 어머니가 죽솥에 빠진 줄도 모르고 죽을 먹어치운 더러운 형들과는 함께 못살겠다며 차귀도로 가서 장군석(將軍石)이 되었고 형들은 그 자리에서 변하여 화석이 되어버렸다.

그런데 5백 장군이 있는 곳에서 큰 소리를 지르면 별안간 안개, 구름이 덮여 지척을 분간할 수 없다고 하며 이는 죽솥에 빠져 죽은 설문대 할망이 성을 내는 탓이라 한다.

大靜有一鳥道 人從樹間攀緣而上 若喧呼 則雲霧四塞 咫尺不辨 五月積雪猶在 八月乃襲裘 山無惡獸 惟猪鹿千百爲群……(한라산에서 대정쪽으로 한 샛길이 있어 사람이 나무 사이를 따라 더위잡아 올라가는데 만약 시끄럽게 떠들면 구름과 안개가 사방에 자욱하여 지척을 분간하지 못하며 5월에 오히려 눈이 쌓여 있고 8월에도 털옷을 껴입어야 한다. 산에 악한 짐승이 없고 오직 맷돼지, 사슴이 천백(千白)으로 떼를 짓는다.)

—— 청음 김상헌(金尙憲)의 『남사록』, 탐라문헌집, p.76. ——

이는 조선 선조 34년(1601년) 길운절(吉雲節) 제주반란음모사건의 무위(無慰)를 위하여 조정에서 파견된 김상헌의 기록으로 당시 조정에서는 그의 행차를 겸하여 한라산신에게 치제(致祭)하게 하였다. 이 기록으로 볼 때 당시만 해도 한라산에는 많은 사슴들이 서식하고 있었음을 알 수 있고 영실지역에 대한 기상변화도 단지 흥미위주의 전설로만 생각되지 않는다. 그러나 실제적으로 한라산 정상의 기상변화는 전혀 예측못할 정도로 극심하며 일년 중 맑게 갠 날이 불과 30여일 정도밖에 되지 않는다. 제주의 기후도 이 산에 의해 절대적으로 지배를 받고 있는데 전라도의 곡창지대 역시 연중 찾아오는 태풍에 의해 극심한 피해를 받을 것이나 제주의 한라산이 일차적으로나마 그 바람을 막아줌으로서 그 피해가 덜하다고 한다.

한편 제주도는 위도상 가장 남쪽에 있어 날씨가 따뜻할 뿐만 아니라 중심에 있는 한라산은 그 높이에 따라 온도를 달리하고 있으므로 다양한 식물군이 분포되기 마련이고 이러한 특징으로 제주도는 식물 자원의 보고(寶庫)라 일컬어지고 있다.

지금까지 알려진 제주의 자생식물은 약 1,700종이고 백두산에 약 500종, 설악산에 약 1,000종이 분포되어 있다고 하는데 제주도 같은 좁은 면적에 이렇게 많은 식물군이 분포하고 있는 곳은 세계적으로 드문 일이다. 한편 대기의 온도는 해발 100m 상승마다 0.5~1.0℃ 감소하므로 평지에서 한라산 정상에 이르는 식물 군은 다음과 같은 차이를 나타내고 있다.

① 한대림대(寒帶林帶 : 해발 약 1,500m 이상)―이 지대에는 좀갈대나무, 섬매자 나무 등 제주에서만 자생하는 특산식물과 암매, 들쭉나무, 시러미, 백미향 등의 고 산식물(高山植物)이 분포하고 있다.

② 온대림대(溫帶林帶 : 해발 약 1,500m 이하)―이 지대에는 서나무, 개나무, 단 풍나무, 졸참나무, 물참나무 등이 주로 분포하고 있으며 제주도 삼림의 주종을 이루고 있다.

③ 난대림대(暖帶林帶 : 해발 약 600m 이 하)―이 지대에는 난대식물의 표식종(票 植種)인 종가지나무를 비롯한 가시나무, 녹나무, 후박나무, 참식나무, 먼나무, 담 팔수, 조록나무 등의 상록활엽수가 분포 하고 있으며 문주란, 한란, 파초일엽, 종 엽란 등이 자생하고 있다.

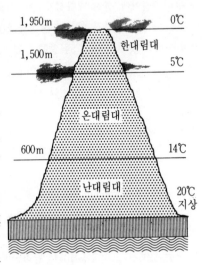

지상의 기온이 20℃일 때 한라산의 고도에 따른 끼온의 변화

한라산은 이러한 식물군만큼 많은 전설과 역사적 사건의 흔적도 포용하고 있다. 앞서 백록담과 한라산 영실에 얽힌 5백장군에 대한 전설을 비롯하여 아흔아홉골의 전설이 있다. 아흔아홉골은 한라산 북서쪽 해발 700m 지점에 있는 것으로 우뚝 선 기암 사이로 사시사철 물이 흐르는데 좁고 넓은 골이 매우 많다 하여 아흔아홉골 (또는 九十九谷)이라 부르고 있다. 전설에 의하면 1백장군의 기암이 탐라의 정기 가 모여 세워진 것을 중국에서 알고 장수를 보내어 한 개의 장군석을 잘라버렸으 며 이로써 탐라에 인걸과 맹호가 날 수 없게 하였다고 한다.

이 아흔아홉골에 가까이 위치한 어승생(御乘生) 오름은 해발 1,000m에 위치한 높이 179m의 기생화산인데 이 산 아래에서 말이 용종마(龍種馬)를 낳았기 때문에 당시 제주목사 조명즙(曹命楫)이 이를 왕께 헌납하였으며 왕은 이 말에게 노정이 란 이름을 하사했다고 한다. 말 노정(盧正)과 김만덕(金萬德), 그리고 승려 혜일

(慧日)은 탐라의 삼기(三奇)로 꼽히고 있다.

또한 한라산 동쪽에는 고려시대 삼별초가 최후까지 항쟁을 했던 붉은 오름이 있으며 해방 후인 4.3사건 당시에는 이념을 달리하는 무리들이 산속으로 숨어 들어와 무려 7년여에 걸친 대항쟁을 벌이기도 했다.

이제는 많은 전설과 역사적 흔적을 안은 채, 자연보호와 산에 다니는 사람들의 안전을 비는 뜻에서 매년 5월말쯤 한라산 철쭉제가 열리고 있으며 2월 중순에도 역시 같은 뜻으로 산악인들에 의해 어승생오름에서 만설제(滿雪祭)가 열리고 있다.

2. 제주 해녀

해녀(海女)가 있는 곳은 전세계적으로 볼 때 한국과 일본뿐이며 제주 해녀의 기원을 문헌상으로 보면 지금부터 약 800년 전까지 거슬러 올라간다. 탐라지(耽羅志)에는 1105년(고려숙종 10년) 탐라군에 관리로 부임한 윤응균이란 사람이 "해녀들의 나체 조업을 금한다"라는 기록이 있다. 그러나 옛날 해녀들이 사용했던 것으로 추정되는 유물을 조사해보면 제주 해녀의 기원은 문헌상으로 나타난 것보다 더 오래되어 지금부터 약 2천년 전까지 거슬러 올라간다고 한다. 2천년 전이면 기원 전이니 어쩌면 제주인의 삶이 시작되면서부터 제주 해녀와 제주 바다와의 싸움이 시작되었는지도 모를 일이다.

본시 해녀에 대한 고문헌적 명칭은 모두 잠수(潛水) 또는 잠수녀(潛水女)라 되어 있는데 해녀(海女)란 이름은 일본 지배 당시 이들을 천시해서 부른 것이라 한다. 현재 이곳에서는 잠수, 좀녀, 좀녜 등의 명칭이 많이 쓰고 있다.

흔히 한국의 **잠수**, 그중에서도 제주의 잠수는 외국 언론에서조차 불가사의라고 표현할 정도로 물 속에서는 인간이 견딜 수 있는 신체능력의 한계를 뛰어넘는데 이것은 제주의 여성이기 때문에 저절로 되는 것은 아니다. 물론 지금은 잠수들의 수가 점점 줄어들고 있을 뿐만 아니라 부모가 시키지도 않는 일이 되어 버렸지만 과거 제주의 소녀들이라면 이미 7~8세가 되면서부터 얕은 바다에서 헤엄치는 연습을 시작했다. 이렇게 몇년간을 물에 익히다가 12~13세가 되면 어머니로부터 두

렁박을 받아 좀더 깊은 데서 연습을 하며 몸이 단련되는 15~16세에 이르러서는 바다 속에서 물질을 시작하는데 이때 비로서 잠수가 된다는 것이다.

잠수들의 능력에도 등급이 있어 처음 물질을 시작하는 사람을 하군잠수(下軍潛水)라 하고 좀더 잠수일에 능한 30~40대가 되면 중군잠수(中軍潛水)라 하며 최고의 경지에 이르는 40세 이상이 되면 상군잠수(上軍潛水)라 부른다. 이 등급에 따라 잠녀들의 위계질서도 엄격하여 물질을 하고난 후 불턱(바닷가에 잠수들의 탈의실 겸 몸을 녹일 목적으로 돌담을 쌓은 곳)에서 불을 쬘 때도 상군잠수는 맨 앞쪽에 앉을 수 있으나 하군잠수는 맨 뒷줄에 앉아야만 한다.

이러한 위계질서 외에도 잠수 사회에서는 불문율로 정해져 내려오는 질서와 금기사항이 있어 자기 지역의 바다에서는 타마을 잠수들이 물질을 할 수 없고 여자가 시집을 가면 친정쪽에서의 물질만 허용되었다. 즉 바다에도 밭과 마찬가지로 그들 나름대로의 경계선이 그어져 있다. 특히 수심이 얕은 곳을 할망바당(할머니바다)이라 하여 60세 이상의 잠수들만이 이용하게 했는데 이 할망바당에서 상군잠수가 물질하는 것은 철저한 금기로 여겼다고 한다.

바다에서는 이러한 지역적인 경계 외에 일정기간 동안 작업을 금지시키는 기간적인 경계도 있는데 바로 '미역해경'이다. 미역해경이란 미역이 한참 자라는 동안채취를 엄격히 막은 후 미역이 다 자랐다고 판단되는 음력 3월 중순쯤에 해제하는것으로 이 금지기간에는 누구도 미역을 채취해서는 안되며 잠수들은 밤사이에 교대로 순찰을 정하여 그들의 바다(밭)를 지켰다. 이러다가 미역채취 금지가 해제되는 날에는 잠수들 뿐만 아니라 온 가족이 동원되어 잠수들이 캐내온 미역을 가족들이 앞다투어 나르게 되므로 온마을이 축제 분위기로 흥겹고 활기넘치는 하루였다 한다. 미역해경 역시 상군잠수의 지휘로 일제히 작업을 했는데 항상 위험이 도사리고 있는 바다를 일터로 삼고 있는 잠수들에게 있어 위계질서와 단결심, 그리고 상부상조는 절대적으로 필요했던 것이다.

지금부터 10여년 전만 해도 제주 전지역에서 벌어졌던 이 연례행사도 지금은 없어졌지만 제주 작가 현기영의 『바람타는 섬』이란 소설에 이 연례행사의 장관이 생생히 묘사된 부분이 있어 잠시 소개하기로 한다.

시중은 다시 동산에 올라 장대의 깃발을 뉘고 두번째 나팔을 불었다. 그러자 3백 명 가까운 잠녀들이 일제히 "가자!" "와아!" 소리지르며 우르르 물가로 내려갔다. 한 차례 큰

202 · 제주도에 감수꽈?

해일이 해변을 덮쳐 쓸어가는 듯 장엄한 광경이었다. 물웃 바람의 발랄한 육체들이 거무칙칙한 암반과 자갈밭 위에 눈부시게 어울려 난무했다. 머리를 질끈 감아맨 광목 머릿수건 위에 반짝이는 물안경, 왼쪽 어깨에는 태왁 망사리를 올려 메고 오른손에는 미역낫을 꼬나잡고…… 흡사 적진을 향해 돌진하는 용감한 전사의 무리와 같았다.

물가에 밀려든 잠녀들은 발을 물에 담근채 물안경을 씻으며 잔디 동산 위로 힐끗힐끗 쳐다본다. 신호가 떨어지기 전에 물에 뛰어드는 것은 반칙, 물가는 이를테면 달음박질 경주의 출발선과 같다.

맨 뒤에 처진 사람들까지 모두 출발선에 들어서자 시중은 뉘었던 깃발을 번쩍 세우고 다시 나팔을 힘차게 불어제꼈다. 진군 나팔이다. 출발! 잠녀들은 일제히 앞으로 태왁을 던지며 물에 풍덩풍덩 뛰어들었다. 잔디동산을 기준으로 해서 마을 앞바다의 절반은 금새 자맥질하는 잠녀들로 가득차 끓는 가마솥처럼 버글거렸다. 여기저기 물 위에 흰 거품을 튀기며 다리들이 거꾸로 박히고 수면을 뚫고 머리들이 불쑥불쑥 솟구쳐오르고, 가쁜 숨을 몰아 길게 내쏘는 날카로운 휘파람 소리가 물새떼 우짖은 소리처럼 쉴새없이 들려왔다.

한편 제주의 잠수들은 바다에서의 일만 전문적으로 한 것이 아니라 평상시에는 농사일을 하다가 물때에 맞춰 바다에 나갔다. 일을 나갈 때는 **소중이**(무명으로 된 잠수복)를 입고 도구로는 고기를 잡을 때 쓰는 **소살**(작살), **빗창**(전복을 따는 도구), **호미**(미역을 따는 낫으로 제주에는 낫을 호미라 한다), **태왁**(물에 띄워 몸을 의지하는 것), **망사리**(태왁에 연결해 채집 물을 보관하는 것) 등이 있다. 무명으로 된 잠수복은 70년대부터 현대식 고무잠수복으로 대체되었고 대신 **뿡돌**(부력으로 인해 몸에 메다는 약 20kg의 납덩이)이라는 기구가 하나 늘었다.

이들은 대개 수심 5m의 해저에서 작업을 하는데 필요에 따라서는 수심 20m까지 들어가는 잠녀들도 있다고 한다. 1회 잠수시간은 45~60초 정도이며 한번 물에 들어갔다 나오면 '호오이' 소리 지르면서 한껏 참았던 숨을 내쉬는데 이 휘바람 비슷한 소리를 이곳에서는 '숨비질소리'라 한다.

1986년 제주의료원과 제주도청에서 주관하는 건강검진에서는 1,438명만이 응하였는데 이 조사에 의하면 사계절에 걸쳐 작업하는 경우가 94%, 여름에만 작업하는 경우가 2%, 봄에만 작업하는 경우가 1.7%, 봄, 여름, 가을에 작업하는 경우가 1.3%였고 1회 잠수시간의 시간별 분포를 보면 30초 이하가 193명(13.3%), 30~60초가 726명(50.5%), 60~90초가 295명(20.5%), 90~120초가 189명(13.1%), 2분 이상도 35명(2.5%)이라고 한다.

현재는 대부분이 제주도 근해에서 작업을 하고 있지만 19세기말 갑오경장을 전후해서는 본토의 각 연안으로 출가(出稼 : 집을 떠나 일하러 나감)했고 심지어 일본과 중국, 소련의 블라디보스톡까지 진출했었다. 1933년에 각 지역으로 출가한 해녀의 수는 5~6천명에 이르렀고, 1940년대와 1950년대에도 경북 지역을 비롯한 본토 출가해녀수가 수천명에 달했었다. 이들은 이른봄에 출가했다가 늦가을에 돌아오곤 했는데 출가시에는 풍선(風船)을 어용했으며 바람이 불지 않을 때는 해녀들이 교대로 노를 저어야 했고, 따라서 제주도의 잠녀 노래 중 출가를 소재로 한 노래는 전체의 40%를 차지할만큼 비중이 높다고 한다.

브름이랑 밥으로 먹곡	(바람일랑 밥으로 먹고
구룸으로 똥을 싸곡	구름으로 똥을 싸고
물질이랑 집안을 삼앙	파도는 집안을 삼아
설룬 어멍 떼어 두곡	슬픈 어머니 떼어두고
설룬 아방 떼어 두곡	슬픈 아버지 떼어두고
부모 동생 이별 흐곡	부모 동생 이별하고
한강 바당 집을 삼앙	한강 바다 집을 삼아
이 업을 흐라 흐곡	이 일을 하라 하고
이내몸이 탄생흐든가	이내몸이 탄생했던가)

이렇게 부모 동생과 이별하고 고향을 떠난 잠수들이 부딪히는 고초는 말할 수 없었고 특히 출가 지역 인솔자들의 착취 등으로 목숨을 바쳐 일한 댓가의 일부 밖에 못받고 돌아오는 일도 흔했다. 또한 깊은 물 속에서 일하므로 늘 위험의 따랐으며 너무 깊은 물속에 들어가 수압(水壓)에 의하여 혈관파열로 숨지기도 하고 손에 낀 빗창이 바위 틈이나 전복에 끼어 수중고혼(水中孤魂)이 되기도 했다.

너른 바당 앞을 재연	(넓은 바다 앞을 보고
혼길 두길 들어 가난	한길 두길 들어 가니
저승 길이 왓닥 갓닥	저승 길이 오락 가락)

위의 잠녀노래를 보아도 알 수 있고 '가장 복없는 년 제주 잠녀로 환생한다.'는 해녀들이 스스로 신세한탄하며 하는 말은 해녀작업이 얼마나 힘든 일이며 그 위험이 얼마만큼인가를 짐작케 해준다. 좀 더 과거로 거슬러 올라가면 조선시대 제주

에 온 관리나 유배인들은 그들의 한시를 통해 잠수들의 고초를 묘사하기도 했는데
다음은 조선시대 중엽 사화에 연루되어 제주도에 유배온 조관빈(趙觀彬)의 시 한
편이다.

潛水女潛水女	잠수녀여, 잠수녀여.
赤身潛水無寒暑	발가벗은 몸으로 물에 들어 한서조차 없구나
臘月海氣冷徹骨	섣달 바닷기운은 차갑기가 뼈 속까지 뚫고 오는데
手摘決明干彼渚	저편에까지 가서 손으로 전복을 따와야 하네.
昨日摘今日摘	어제도 따오고 오늘도 따와도
決明大小不盈百	전복의 크고 작음이 백에까지도 차지 않는구나.
女兮女兮何自苦	여자여, 여자여 어찌 이렇게 본디 고초스러우냐.
身役又兼官今促	신역에다 또 관령이 겹쳐 독촉하여 대니
爺孃桎梏郎亦笞	애비 에미는 차꼬나 수갑채워지고 지아비 또한 곤장에 시달리는구나.
不及明朝大患隨	내일 아침까지 못 미쳐 큰환이 따르겠으니
水寒病作未暇顧	물이 차고 병이 나도 돌아볼 틈조차 없도다.
往往驚墮腹中兒	이따금 놀라 뱃속에 가진 아이 낙태가 되며
苦無如苦無如	고통이 없음이여. 고통이 없음이여.
何必決明海多魚	왜 하필 많은 바닷고기에서도 전복이란 말인가
海雖多魚皆讓味	바다에 비록 고기가 많으나 모두 맛에서 덜하다
誅求最急一村漁	가렴주구가 한 마을의 고기잡이에서 매우 급하구나

豈獨黃堂鼎俎侈	어찌 홀로 황당의 솥과 도마만 사치스러우냐
爲是朱門苞苴美	바로 실문의 선물포장이 아름답도다.
苞苴多少生愛憎	선물꾸러미의 많고 적음이 아끼고 미워함을 낳으니
黜陟分明判於此	내쫓아 버림은 분명 여기에서 판가름 나네
女本弱力力已竭	여자는 본디 힘이 약한데도 이미 힘을 다해버렸으니
欲訴天門遠未達	임금께 하소연하려 해도 너무 멀어 도달할 수 없구나
客莫笑客莫笑	나그네여, 나그네여, 웃지를 마소
在昔紅顔今赤髮	어제의 홍안이 오늘엔 적발이 되누나.
耽羅謫者舊達官	탐라에 유배된 자들은 옛날 높은 벼슬했던 관리들인데
目見不覺發一嘆	눈으로 보고는 스스로 장탄식내쉼을 미처 깨닫지 못하네
我則仁心未忍啖	나는 어진 마음에 차마 먹을수 없으니

莫將決明登客盤　　장차 전복을 나그네 밥상에 오르게 하지 말지어다.
　　　　　　　　—— 양순필, 유배문학에 나타난 현실인식中, 제주문학, 1986. ——

또한 조선 세종조에 잠수의 작업광경을 엄동설한에 본 이건(李健) 제주목사도 그토록 목숨을 걸고 잡은 해산물을 편하게 앉아서 어찌 먹을 수 있겠느냐고 한탄하며 해산물을 일생 동안 입에 대지 않았다고 하니 그들의 민요뿐만 아니라 이방인의 한시를 통해서도 잠수의 일이 얼마나 위험천만하고 고통스러운 일이었는지를 알 수 있다.

그렇다고 지금이라고 해서 편해진 것은 아니다. 1986년 제주의료원과 제주도청에서 1,438명의 잠수를 대상으로 실시한 건강 검진에 의하면 대상해녀의 79.4%가 두통 호소, 77.9%가 관절통을 호소하였으며 75.2%가 진통제를 복용하는데 8.7%는 잠수 전에, 12.7%는 매일 사용하고 있으며 진정제를 복용하는 예도 6.1%라고 한다. 또 수심이 깊어짐에 따라 생기는 압력으로 중이(中耳)도 이상이 생겨 28.5%에서 40데시벨(DB) 이상의 난청을 보였다고 보고되어 있다. 뭍에서 바다를 보는 시간보다 바다에서 뭍을 보는 시간이 많은 제주의 잠수가 낯선 이방인의 눈에는 낭만적으로 보일는지 모른다. 그러나 그럴 때마다 거절당하는 이방인의 경험을 간간이 들을 때마다 제주 잠수의 삶을 다시 한번 생각케 된다.

온갖 위험을 품고 있는 차디찬 물 속에서 인간이 견딜 수 있는 신체능력의 한계를 뛰어넘으며 살아온 제주 잠수들. 멀리 조선시대에는 지나친 공납의 폐해를 안고 가까운 근세에는 태평양 연안의 타국으로 출가(出稼)하는 슬픔을 뒤로 하며 10여년 전만 해도 제주 수산업의 3분의 2를 담당했던 그들이야말로 영원한 제주의 상징이다.

그리고 우리는 이러한 잠수들의 극한적인 삶을 통해 '무속신앙의 섬'이라는 제주의 내면세계를 또한 엿볼 수 있게 된다.

1만8천신이 있다는 제주의 다신령적인 무속신앙은 대개 심방(무당)이 주도하는데 이 때 심방이 굿을 하면서 구송(口誦)하는 이야기를 '본풀이'라고 한다. 이 본풀이 내용에는 신당(神堂)에 모셔져 있는 신(神)의 주체가 무엇이며 어디서 가지 갈라 나왔는지 가계(家系)를 밝히는 족보, 어떤 계기에 의해 신으로 모셔지게 됐는지와 굿의 목적에 이르기까지 모든 내용이 들어가는데 제주에는 이러한 본풀이 신화가 수없이 많이 계승되고 있다.

한편 잠수들은 많은 신 중에서 **영등신**(영등할망이라고도 함)을 가장 신성시한다. 이 신은 음력 2월 초하루에 제주에 내려와서 15일간 머물다 떠난다는 해신(海神)으로 그 해의 풍년과 흉년을 관장하는 여신이다. 따라서 그녀가 오는 2월 1일에는 영등 환영제를 치르고 다시 돌아가는 15일을 전후해서는 영등송별제를 치르는데 이곳에서는 이 두가지를 일컬어 '영등굿'이라 부르고 있다.

'영등할망'이 머무는 보름 동안은 배를 타고 나가거나 배를 놓아 고기를 잡거나 전복 등을 따서도 안되고 빨래마저 삼가한다. 만약 빨래를 하면 집에 구더기가 생긴다는 속신에서이다. 또한 2월말이 되면 바다의 보말(고둥의 일종)을 비롯해서 조개류의 속이 다 비는데 이는 영등할망이 제주에 들어오면서 다 까먹은 탓이라고 한다.

잠수뿐만 아니라 바다를 생업으로 하는 어민들은 지금도 영등 송별제를 성대하게 치르는데 이 굿은 1980년 11월 중요무형문화재로 지정되어('칠머리당굿'이라고도 함) 매년 음력 2월 14일 제주시 사라봉 해안근처에서도 열리고 있다.

1992년 음력 2월 14일(영등할망이 제주를 떠나기 전날)을 앞두고 제주의 날씨는 궂었고 바다도 잔잔하지 않았다. 며느리를 데려서 올 때는 궂은 비를 내리고 딸을 대동하고 올 때는 예쁜 의상을 과시하기 위해 바람을 몰고 제주에 온다는 아름다운 이야기마저 전해지는 이 영등할망이 조금은 심술을 부린 탓일까? 그러나 음력 15일의 날씨는 서서히 좋아지기 시작했고 서귀포항구 근처에서 우연히 들은 20대 후반의 남자들이 하는 대화 두마디는 제주에서만 들을 수 있는 멋진 표현이 되어 지금껏 귀에 생생하다.

―"요즘 날씨 무사 영 햄샤? (요즘 날씨 왜 이렇지?)"

―"영등할망 가부난이, 이젠 날 좋아지쿠다게. (영등할망 가버리니까 이젠 날씨 좋아질 겁니다)"

3. 돌하르방

커다란 눈망울에 몽고풍 감투를 쓰곤 어깨를 삐딱하게 치켜올린 채 두 손을 배 위에 얹은 석상, 그 돌하르방(돌할아버지란 뜻)과 사진을 찍는 관광객의 포즈와

표정만 보면 돌하르방이 낯선 이방인에게 주는 첫인상이 얼마나 다정한 지를 알
수 있게 된다. 육지, 아니 세계 어느 곳에 갖다 놓아도 쉽게 제주를 연상할 수 있
을만큼 독특한 조형미를 갖춘 이 석상의 명칭은 돌하르방(해방 후에 생긴 이름으
로 아이들 사이에서 통용되던 말) 외에도 우석목, 무석목, 장군석, 벅수머리 등으
로 불리워지기도 한다. 그러나 문헌상 나타난 명칭은 옹중석(翁仲石)이라 되어 있
다.

현재까지 이 석상의 원형은 제주도 전 지역에서 47기(그중 2기는 서울 경복궁내
국립박물관으로 옮겨져 있음)가 발견되었다. 지역별로 나누어 보면 조선시대의 행
정구분인 제주목(濟州牧)에서 23기, 대정현(大靜縣)에서 12기, 정의현(旌義縣)에
서 12기가 발견되었으며 현재는 제주도의 상징물로 되어 곳곳에 모조품으로 세워
져 있을 뿐만 아니라 토산품으로서도 가장 애호를 받고 있는 것 중의 하나이다.

제주도에 관련된 많은 문헌 자료에도 불구하고 이 석상의 유래나 기능에 관한
것은 거의 찾을 수가 없다고 하는데 단지 건립장소와 시기에 대해서는 탐라기년
(耽羅紀年)에 1754년 김몽규(金夢圭) 제주목사가 성문 밖에 세웠다고 되어 있다.
[英祖三十年(1754) 牧師 金夢圭 設翁仲石於城門外] 이로써 돌하르방의 최초 건립
시기가 지금부터 약 240년 전 임을 알 수 있으며 그 기능과 유래는 문헌에 나타난
옹중(翁仲)이란 인물을 통해 다음과 같이 유추해석되고 있다.

옹중(翁仲)은 사람의 이름으로 중국 진시황(秦始皇) 때 완옹중(阮翁仲)을 말하는 것이다.
그는 남해(南海)의 거인역사(巨人力士)로서 키는 한길 세자나 되고 힘은 천명을 당할 정
도였다. 진시황제는 그를 시켜 흉노족(凶奴族) 등 북방 침략자를 격퇴시키도록 하였고 옹
중(翁仲)은 가는 곳마다 적을 밟아죽였으므로 흉노족은 옹중을 보기만 하여도 혼비백산하
여 도주하였다. 그가 죽자 진시황제는 그 공로를 생각하여 그의 상(像)을 구리로 만들어
아방궁(阿房宮) 문 밖에 세워 두었다.

한편 흉노족은 옹중이 죽었다는 소식을 듣고 그 원한을 풀기 위해 다시 쳐들어왔다. 그
런데 멀리 아방궁쪽을 바라보니 옹중이 의젓하게 서있지 않은가! 이를 바라본 흉노족은
옹중이 죽었다는 말이 헛소문이라 하여 그대로 도망쳤다. 이때 진나라 사람들은 완옹중이
살아서나 죽어서나 나라를 지킨 수호신(守護神)이라하여 그의 상을 구리나 돌로 만들고
궁궐이나 관아 앞에도 세우게 되었다.

한편 제주에서 김몽규 목사가 옹중석을 만들어 세운 뜻은 숙종에서 영조에 이르는 기간
에 제주에 흉년이 자주 들어 굶주려 죽고 전염병으로 죽는 자가 매우 많아 그 중에는 원귀

(寃鬼)가 되어서 산사람을 괴롭힌다 하므로 제주목에 있는 제주성문 밖에 옹중석을 만들어 세우고 원귀가 드나들지 못하도록 하였다. 이것이 계기가 되어 정의현과 대정현에도 옹중석을 만들어 세웠는데 이곳(정의현, 대정현)의 옹중석이 제주목의 그것보다 작은 이유는 목(牧)과 현(縣)의 차이를 두어 만든 때문이다.

—— 김봉옥, 「제주통사」, 제주문화, 1987, pp.162~163. ——

이것으로 볼 때 본래 옹중석(翁仲石)은 중국의 옹중이란 전설적인 인물을 조각해 놓은 것으로 1754년을 전후한 제주의 역사를 보면 외부로부터의 침입이 없었고 다만 극심한 흉년의 기록만이 연이어 있으므로 굶어 죽은 자의 원혼을 달래고자 주술(呪術)종교적 기능으로 세워졌음을 긍정할 수 있다. 그러나 위와 같은 것이 돌하르방의 북방유입설 중 하나라면 이와 비슷하지만 그 기능면에서 조금 차이를 갖고 있는 견해도 있다.

상명여대 최기호 교수(몽골歷史윤독회)는 그 예로 제주도 대정읍 대정우체국의 여자 돌하르방을 들고 있는데 이 석상의 머리는 몽골풍의 족두리를 하고 있으며 다소곳한 눈매에 얇은 입술, 갸냘픈 몸매, 그리고 옷은 몽골 여인의 복식차림을 하고 있다고 한다. 이는 내몽골인 학자의 고증으로 몽골 여인상이라는 것이 명백해졌으며 여러 종합적인 고증을 걸친 결과 제주의 돌하르방은 몽골 전사(戰士), 특히 제주를 지켜주는 수호신으로 추정을 하고 있다. 같은 북방유입설이지만 그 기능에 대한 견해를 달리한 것이다. 그러나 이와 견해를 달리하는 또다른 설도 있다. 한양대 고고학자인 김병모 교수는 현재 몽고에 있는 석상이 6세기 경 터키족이 몽고지역에 진출하면서 당시 전쟁의 영웅인 터뉴크그의 기념상을 세웠으며 따라서 제주의 돌하르방이 원(元)나라 유풍이라는 통설을 재검토해야 한다고 주장한 바 있다.

또한 돌하르방과 거의 형상이 같은 석상은 몽고뿐만 아니라 인도네시아 발리섬에서도 발견되었는데 발리섬에는 이러한 석상이 130여 개나 분포되어 있다고 한다. 이 역시 김병모 교수가 처음 발견한 것으로 석상(石像)의 세계적인 분포지도를 보면 해류가 이동하는 주변지역에서 집중 발견되며 또한 발리섬과 한국간에는 쿠로시오(黑潮)라는 해류가 시속 6노트로 북상하고 있고 이런 지구 물리학적 요소로 볼 때 우리 한국 문화, 특히 한국 남쪽바다 멀리 위치한 제주도는 남방 해양 요소가 섞여있을 수 밖에 없다는 간접 논리를 펴고 있다. 그 기능면에서 보면 발리섬 사람들은 사람이나 가축이 병들면 깨끗한 물을 떠와서 석상에다 뿌리며 병이 낫기를 기원한다고 하므로 주술적인 면이 강하다고 할 수 있겠다.

이외에 제주도에서 자체적으로 생겨났다는 설도 있는데 많은 논집의 자료를 정확히, 그리고 모두 전달할 수 없는 아쉬움이 있지만 여러 설을 제시하고 있는 정열적인 학자들에 의해 향후 보다 사실에 근접된 연구 결과가 나올 것이 기대된다.

한편 육지부의 장승이 수호신적인 기능과 동시에 이정표의 역할을 수행하기 위해 마을 어귀에 세워졌던데 반해 이 석상은 모두 3읍(제주목, 정의현, 대정현)의 성문 밖 S자로 굽어진 진입로의 양쪽에 4기가 한조로 되어 한쌍씩 마주보도록 되어 있었다고 고증되었다.

현재 정의현과 대정현의 돌하르방은 원 위치에 자리잡고 있으며 제주목의 돌하르방은 제주시의 주요건물 앞으로 이전되어 있다고 한다. 대개의 모형이 제주목의 것을 본따 만들었고 정의현(성읍민속마을에 가면 볼 수 있음)과 대정현(추사 적거지에 가면 볼 수 있음)의 돌하르방은 보기가 어려운 점이 있으므로 일반 관광객들은 하나의 정념화된 모습만을 떠올리게 되지만 이들 돌하르방은 지역에 따라 확연히 구분되는 크기와 몸짓, 표정을 하고 있다.

먼저 제주목의 경우는 키가 장대하고 뚜렷한 이목구비를 하고 있으며 삐딱하게 치켜세운 어깨와 불끈 쥔 주먹은 위엄과 더불어 거드름을 보여 준다. 반면 정의현의 돌하르방은 제주목보다 크기가 작고 어깨가 가지런하며 얼굴형태는 둥그스럼하지만 눈매가 날카로와 보인다. 또한 대정현의 것은 정념화된 돌하르방의 모습과 완전히 동떨어진 듯 왜소한 체구에 표정마저도 전혀 위엄성을 찾아볼 수 없다.

이로 볼 때 제주목의 돌하르방이 가장 애호받고 있으며 석공들도 이 형상을 기준으로 돌하르방을 제작하고 있다고 한다.

삼읍의 돌하르방은 조각된 형태뿐만 아니라 전체적인 크기와 감투의 폭 등 여러 가지 면에서도 큰 차이를 보여주고 있다. 또한 정의현의 돌하르방에 있어서도 감투의 기울어진 정도에 차이가 있고 어떤 것은 왼손이 위에 있는 반면 어떤 것은 오른손이 위에 올라가 있으며 손가락이 4개인 것도 있으므로 한 지역의 돌하르방이라도 형상에 있어서 조금씩의 차이를 보여주고 있다. 재미있는 일화는 대정현의 돌하르방 중 하나는 코가 깎이어 그 형상을 찾을 수 없는데 이는 옛날에 애기를 못 낳는 여자가 돌하르방 코를 깎아 먹으면 효험이 있다 하여 많은 사람들로부터 수난을 당한 탓이라고 한다.

여하간 돌하르방이 세워진 동기가 제주를 지키는 수호신이라든가 죽은 자의 원혼을 달래고 악귀의 범접을 막는 것이었다면 그 형상은 위엄과 함께 두려움을 갖추도록 했을 것이다. 그러나 돌하르방의 특징이자 매력은 아무리 뜯어보아도 그 표정을 정확히 읽을 수 없는데 있다. 특히 제주목 돌하르방의 경우 한참을 노려보면 금방 달려와서 두 주먹으로 내리칠 듯하면서도 그저 먼 산을 응시하며 무관심한 듯 툭불거진 눈망울과, 어깨를 곧추세워 위엄을 내세우는 듯하면서도 뭔가 부자연스럽게 삐딱해 우스꽝스러운 몸짓, 굳게 다문 입술은 진정 침묵인지, 미소인지, 냉소인지 말을 하지 않고 있다.

주름살 하나, 그리고 축 늘어진 귀와 살짝 얹어 쓴 감투, 전체적으로 보면 우스꽝스러운 표정인 것 같지만 모조품이 아닌 원형의 정면과 측면, 멀리서 가까이서 번갈아보면 47기의 돌하르방 전부가 조금씩 다른 표정을 우리에게 전해주고 있다.

한편 1968년 말 전국 부락을 조사한 결과에 의하면 육지부에서도 장승이 도합 87개가 되는데 그 가운데 석재로 된 것이 15개나 되며 그 형태가 제주의 돌하르방과 비슷하다고 한다. 그러나 같은 돌담이라도 제주와 육지의 돌담이 주는 감정이 다르듯이 잿빛 현무암으로 구멍이 뽀끔뽀끔 뚫린 돌로 제작된 이 석상은 제주만의 분위기를 한껏 과시하고 있다.

제주의 상징이라기보다 표상에 가까운 이 돌하르방이 과연 어디서 유래했는지, 그 정확한 기능이 무엇인지, 왜 정의현 돌하르방만은 기초석이 없는지, 기타 수많은 의문이 제기되고 있지만 제주도를 한번 다녀 간 사람들의 집에서 T.V수상기나 문갑 위에 자리잡은 한쌍의 돌하르방을 보거나 여러 관광객들이 껴안고 뽀뽀하고 코를 잡아 당기며 사진 찍는 모습을 보면 비록 말없는 석상이지만 그 하나의 석상이 지니는 의미는 어쩌면 능란한 관광안내원 이상의 역할을 발휘하고 있는지도 모를 일이다. (p.37 사진 참조)

제 8 장

관광 제주

우리가 지금까지 육지에서 느껴 왔던 '제주도'라는 분위기를 감안해 볼 때, 7장까지 소개된 제주의 여러 가지 상황을 읽고 이해하기란 어려운 점이 많을 것이라 생각된다. 그러나 공감대를 형성하지 못할망정 어떤 사실의 발견은 이루어졌으므로 이제 여러분은 제주관광을 즐길 수 있는 자격을 갖춘 셈이다.

현재 제주도 관광은 대부분이 관광업체나 개인 택시 기사들을 통해 이루어지고 있으며 독자적인 관광은 극히 드문 편에 속한다. 그러나 배낭족들을 비롯해서 독자적인 관광을 즐기는 사람들도 꽤 있으며 이들의 고민은 제주도에 과연 어떤 관광지가 어디에 있으며 또한 어떻게 가야할지 모르기 때문에 생기기 시작한다.

따라서 이 장은 독자적인 관광을 하는 사람들을 위해 제주도의 주요 관광지를 행정구역보다는 유형별로 나누었고 주로 제주시를 기준으로 해서 교통편에 중점을 두어 구성하기로 했다.

짧은 시간에 전체를 다 둘러볼 수는 없는 일이고 제주도내의 관광지는 중복되어 있는 것이 많으므로 각자의 취향에 맞게 선택하여 관광할 수 있기를 기대해 본다.

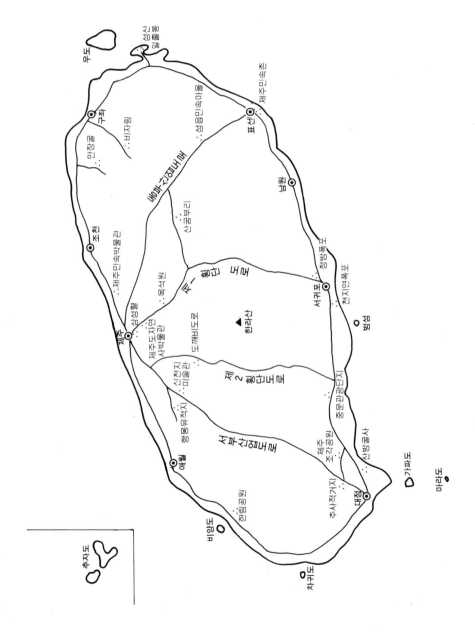

1. 분화구

1) 성산일출봉 (p.6 사진 참조)

제주도에 있는 360여 개의 기생화산 중 유일하게 바다 속에서 분출하였으나 지각변동으로 융기(隆起) 되어 지금은 180여 m의 높이를 갖추고 있는 분화구다. 분화구의 직경은 약 570m이며 분화구 둘레에는 99개의 봉우리들이 톱니바퀴처럼 솟아 있다. 일출봉은 서쪽 일부분이 완만한 능선을 이루며 제주도 땅과 연결되어 있어 사람들은 이곳으로 오르내린다.

일출봉의 장관은 해돋이로 영주 10경(瀛洲十景 : 제주도의 아름다운 열가지 풍경) 중 첫번째로 꼽히는 것이다. 이 해돋이를 구경하기 위해 주변의 여관, 민박가옥내에 많은 사람들이 투숙하지만 제주도의 변덕스러운 날씨로 운이 좋은 사람만 장대한 아침을 맞이할 수 있다. 굳이 해돋이가 아니더라도 많은 신혼부부와 관광객들이 찾고 있으며 제주도에 산재해 있는 360여개의 기생화산 중 단연 돋보이는 분화구다.

분화구 아래에서 정상까지 오르는 시간은 15분 정도 소요된다. 일출봉을 내려와 택시 기본요금이면 성산포항에 도착하는데 이곳에서 일출봉을 한바퀴 도는 해상유람선을 타면 일출봉의 자태를 한결 실감나게 느낄 수 있다.

교통 : 제주시외버스터미널에서 직행버스로 60분 소요(동회선)

2) 산굼부리 (p.7 사진 참조)

북제주군 조천읍 교래리에 위치한 산굼부리는 제주도에 있는 360여개의 기생화산 중 유일하게 마르(Marr)형 화산에 속하며 천연기념물 제263호로 지정되어 있다.

이는 용암의 분출에 의해 만들어진 것이 아니라 용암속에 있던 가스류가 지각의 틈을 따라 한군데로 모아진 후 폭발적인 힘으로 지표를 뚫고 나온 것이다. 따라서 화구벽의 높이는 수십미터에 불과하나 화구의 지름은 600~650m, 화구의 깊이는 140m에 달하고 있다.

산굼부리는 그 이름도 특이한데 산에 생긴 굼(구멍)으로 해석되는 제주도 사투리다. 산굼부리 분화구내에는 난대성·온대성 식물과 고산식물 등 한라산 수종의 약 1/4에 달하는 420여종의 식물이 자생하고 있으며 이는 태양이 비추는 각도에 따라 화구내의 온도가 다르기 때문이다. 산굼부리 안에는 지금부터 65년전 쯤 6,7명의 가족이 움막같은 집을 짓고 바닥을 개간해서 농작물을 재배하며 5,6년간 살았다고 한다. 분화구내 상하층의 온도차이로 종종 구름이 생겨 중간층에 머물기도 하는, 한번쯤 푹 빠지고 싶은 그런 분화구다.

교통 : 제주시외버스터미널에서 직행버스로 40분 소요(제1횡단도로)

2. 민속마을

1) 성읍민속마을 (p.9 사진 참조)

제주도 중산간 마을 중 그 특징이 가장 잘 남아 있는 곳이며 전통마을로서의 경관이 잘 유지되어 있어 1984년 민속마을로 지정, 보호되고 있다. 현재 보존되고 있는 초가는 약 90여채로 제주도 전형적인 초가 양식을 갖추고 었으며 일체의 보수작업이나 개축(改築)에는 행정당국의 규제를 받고 있다.

원래 성읍은 조선시대의 행정구역(제주목, 정의현, 대정현)중 정의현의 도읍지에 해당되며 이곳에 부임한 현감이 집무를 보던 일관헌(日觀軒)과 정의향교를 비롯해 외적의 침입을 막기 위한 석성(石城)이 남아 있고 마을 곳곳에는 천연기념물로 지정되어 있는 느티나무, 팽나무, 녹나무 등 노목(老木)이 수백년의 자태를 뽐내고 있어 이 마을의 역사를 말해주고 있다.

버스에서 내리면 좌우측에 민속마을로 지정된 초가들이 연이어 있고 어느 입구에나 제주 아가씨나 총각들이 제주방언으로 친절하게 설명도 해주고 사진도 찍어준다. 안내가 끝나면 전통 찻집으로 안내되는데 꿀차 한잔 마시면 되고 토산품인 벌꿀을 사는 것은 개인의 자유. 앞서 제주 방언편을 본 사람은 그들의 설명이나 향토음식점에 있는 이름을 이해하는데 큰 어려움이 없을 것이다. 정의현 돌하르방 원형도 이곳에 있다.

교통 : 제주시외버스터미널에서 직행버스로 45분 소요(동부산업도로)

2) 제주민속촌 (p.8 사진 참조)

남제주군 표선면 표선리에 위치한 제주민속촌은 제주 민속문화의 생생한 현장으로 산촌, 어촌, 중산간촌, 무속신앙지구, 장터, 관아 등을 14만평의 대지 위에 복원해 놓았다. 총 84동의 초가와 34동의 와가(瓦家)로 구성된 이곳은 조선조 말엽에서 한일합방 전인 1890년대를 기본 연대로 설정하여 오랜 연구와 고증을 거쳐 재현했다고 한다.

또한 가옥마다에는 과거 제주민의 생활상을 선명하게 보여주는 농기구, 민구류, 어로구 등 14,000여점의 민속품이 전시되어 있다. 책의 편집상 민속마을로 해 놓았지만 제주민속촌은 문화부 지정 제24호 준박물관 시설로 되었을 만큼 과거 제주도의 생활상을 그시절 그대로 재현해 놓았다. 이곳에서는 하루 두차례 해녀춤, 비바리춤 등이 민속공연장에서 공연되며 무형문화의 집에서는 제주도 전통 음식인 빙떡, 몸국백반, 그을린 돼지, 오메기술 등을 판매하고 있는데 향후 식물원, 콘도, 놀이시설 등을 확충하여 민속단지로서의 면모를 갖추어 나갈 계획이라 한다.

교통 : 제주시 터미널에서 직행버스로 60분 소요(동부산업도로)

3. 용암동굴

1) 만장굴 (p.13 사진 참조)

북제주군 구좌읍 동김녕리에 위치한 만장굴은 1958년 김녕 국민학교 교사이며 식물을 연구하던 부종휴(夫宗休)씨에 의해 발견된 용암동굴로서 천연기념물 제98호로 지정되어 있다. 만장굴 하나로는 세계4위의 단일 화산굴(8,924m)이나 만장굴 동굴계로는 총 15,798m로 협재·쌍용굴계에 이어 세계에서 두번째로 길다고 한다.

굴의 폭은 약5m, 높이는 5~10m나 되므로 그 웅장한 규모를 알 수 있는데 강원도에 있는 미로형 석회동굴과 비교해 보면 매우 대조적이다. 현재는 입구에서 1㎞ 지점인 용암석주(일명 사랑의 바위라고도 하며 만장굴 위를 흐르던 용암이 만장굴 천정을 뚫고 흘러내려 기둥의 모양을 하고 있다)까지만 일반에게 공개되고 있는데 이 용암석주의 절대연령 측정 결과 지금부터 2만년 전의 것으로 판명되었다. 따라서 만장굴은 최소한 지금부터 2만년전 이상의 화산분화에 의해 만들어진 것임을 알 수 있다. 벽 주위에는 용암의 수위가 줄어들면서 만들어 놓은 줄무늬가 있고 약 600m 지점에는 제주도를 축소해 놓은 듯한 돌거북이 있어 사람들로부터 신비감을 불러일으키고 있다. 매우 긴 굴이므로 굴의 끝까지 가지않는 사람들도 많은데 끝까지 갔다 오는데 약 1시간 정도가 소요된다.

교통 : 제주시외버스터미널에서 만장굴 입구까지 약 40분 소요.(동회선) 만장굴 입구에서 만장굴까지는 순환버스를 이용하면 된다.

2) 김녕사굴

만장굴과 같은 용암동굴이며 이굴의 총 길이는 600m 정도로 규모면에서는 만장굴에 비해 매우 작은 편이다. 이곳은 만장굴과 함께 천연기념물 제98호로 지정되어 있는데 이름 그대로 아래와 같은 전설이 전해져 내려오고 있다.

옛날 이 굴에는 몸통 둘레만 해도 5m나 되는 큰 뱀이 살았는데 뱀은 굴에서 나와 가축을 잡아먹고 인가에까지 들어와 사람을 해치곤 했다. 이때 어느 한 도사가 이 사실을 듣고 해마다 처녀 한사람씩 제물로 올려 큰 굿을 하면 화를 면하리라 했다. 그해부터 매년 이를 행하자 뱀은 굴 밖으로 돌아다니지 않게 되었다.

한편, 1514년(중종9년) 제주 판관으로 부임한 서련(徐憐)은 약관인 19세였으나, 이러한 폐단을 없애고자 주민들로 하여금 제를 지내게 하고 군졸을 거느리고 김녕사굴에 당도하였다. 이때 뱀이 굴에서 나와 술과 떡을 먹고는 처녀를 잡아먹으려 하자 서련은 군졸과 더불어 창검으로 뱀을 찔러 죽였다. 이런 일이 있은 후 서련 판관은 이름모를 병을 앓다가 세상을 떠났다고 하며 이 마을은 풍년이 들고 화평해졌다고 한다.

김녕사굴은 1992년 현재 보수공사로 폐쇄되어 있다.

교통 : 만장굴 입구에서 만장굴로 가는 길목에 김녕사굴이 있으므로 만장굴로 가는것과 같은 교통편을 이용하면 된다.

4. 박물관

1) 제주도 자연사 박물관 (p.10 사진 참조)

제주시내 일도동에 위치한 이 박물관은 제주의 민속과 함께 자연사를 알 수 있도록 해 놓은 곳으로 제주의 자연과 민속을 알기 위해 결코 빠져서는 안될 곳이다.

이 박물관 안에는 총3,000여 점의 각종 민속유물이 전시되어 있는데 내부는 다음과 같이 나뉘어져 있다.

① 자연사 전시실―제주도의 형성과정과 지질 암석의 분포, 연근해에 서식하는 해양생물, 한라산을 중심으로 도내에 서식하는 식물 및 각종 곤충, 조류, 포유류 등을 전시하고 있다.

② 제 1 민속실―제주인의 일생을 통한 모습과 주생활, 의생활에서 사용되던 각종

민속유물과 자료를 전시해 놓았다.

③ **제 2 민속실**－생산생업실로 해녀작업, 목축, 수렵, 목공구, 석공구, 농기구 등을 이용하는 모습을 담아 놓았다.

관람 시간은 대략 40~50분 소요된다. 한편 이 박물관 앞에는 구멍이 기다랗게 뚫린 돌이 있는데 이것은 용암이 나무를 둘러 싸고 나서 나무가 타서 없어져 생긴 것으로 용암수형(熔岩樹形)이라 한다.

관광객이 몰리는 때에는 연령, 지위에 관계없이 이 구멍에 얼굴을 내밀고 사진을 찍기 위해 줄을 서야 한다.

교통 : 제주시 중심가에 위치하므로 택시나 시내버스를 이용할 수 있으며 이곳에서 약 100m 떨어진 곳에 삼성혈이 있다.

2) 제주민속박물관 (p.11 사진 참조)

제주시 삼양동 일주도로변에 위치한 제주민속박물관은 한 개인이 평생동안 제주도내의 각종 유물을 수집하여 전시한 곳이다. 2천여평의 대지 위에 세워진 2백여평의 전시실은 ① 기본생활용구 ② 생업생활용구 ③ 신앙생활용구 ④ 관혼상제용구 ⑤ 유희용구 ⑥ 기타 등 6개 분야로 나뉘어져 약 3천여점의 유물을 전시하고 있다. 바로 앞의 제주도 자연사박물관에 비해 규모는 작지만 대신 이곳에는 해시계, 영주영도초(제주도내 여러 곳의 명당을 도면으로 표시한 풍수 도설책), 울쇠(제주도 무속악기의 한가지), 제주시 수정사(水精寺) 절터에서 발견된 와당(瓦當 : 기와의 마구니로 여인의 얼굴상이 새겨져 있다) 등 이 고장 보물급 문화재를 소유하고 있다. 기타 부개기(씨를 저장하는 바구니), 애기구덕(애기요람), 소중기(잠수옷), 풍안(바람으로 인해 날아드는 흙먼지를 막기 위한 안경), 혼백상(돌아가신 이의 영혼을 3년간 모셔두는 자리상) 등 서민용품을 대할 수 있다.

또한 박물관 입구에는 고려시대 제주도의 돌정리 사업에 힘을 쓴 김구 판관의 공덕비를 세워 그 뜻을 기렸으며 박물관 맞은편에는 143기의 신상(神像)이 조각된 제주무신궁이 있다. 이는 제주도 499 자연부락에서 구전되는 제주도 무가 본풀이(굿을 할 때 무당이 구송하는 것)를 근거해 143개의 잿빛 현무암에 조각해 놓은 곳으로 조상대대로 내려오면서 행복을 가져다 준다고 믿어 온 당신(堂神 : 신당에서

모시고 있는 신)을 시각적으로 보다 친근하게 대할 수 있는 계기를 마련하고자 였
다고 한다.

박물관의 주인인 진성기(사회학 박사)씨는 유물 수집 뿐만 아니라 이 고장의 민
속연구에도 힘을 써 제주도의 민속 · 신화 · 전설 · 민요 · 무가 등 총 18권에 이르는
제주민속총서를 펴내기도 했다.

교통 : 제주시에서 삼양을 거쳐가는 시내버스를 타면 된다. (20분 소요) 앞서의 제주도 자연
사박물관과 명칭이 비슷하므로 꼭 '삼양'에 있는 제주민속박물관이라고 물어야 제주도 사람
들도 안다.

5. 조각공원

1) 제주조각공원 (p.12 사진 참조)

남제주군 안덕면 덕수리에 위치한 제주조각공원은 문화예술의 발전과 국민의 건
전휴식 및 제주관광의 격상 등을 기대하며 설립된 것으로 13만평의 너른 들판 위에
조각계의 원로 및 중견들의 작품 160여점이 전시되어 있다. 국전 및 전국 규모의
민전에서 특선 이상을 차지한 작가들의 작품을 보면 청동작품 100여점과 석조 및
기타 작품 60여점이며 이러한 것들이 주변경관과 어우러져 조화롭게 전시되어 있
다.

공원내에는 이들 작품의 전시뿐만 아니라 자기의 모습이 36면으로 반사되어 나
타나는 원형광장, 무병장수와 행운을 비는 혼밭일렛당, 산방산과 한라산의 웅장함
을 볼 수 있는 전망대를 비롯하여 각종 위락 시설 및 편의시설을 갖추고 있다.

또한 동양 최대규모의 종합문화예술 공간으로서 어린이날 새싹대단치, 전국 사
진촬영대회, 청소년 여름미술학교, 사생대회, 탈춤 공연 등을 매년 정기적으로 개
최하고 있으며 1986년부터 서울 신문사 주최 "서울 현대조각공모전"을 펼치는 등
문화예술 창달에 일익을 담당하고 있다. 조각품을 배경으로 포즈를 취하는 신혼부

부들의 모습이 편안한 마음을 전해주는 투구모양의 산방산과 어우러져 더욱 평화롭게 보인다.

교통 : 제주시외버스터미널에서 사계리행 버스로 50분 소요(서부산업도로)

2) 제주조각공원 신천지 미술관 (p.12 사진 참조)

북제주군 애월읍 광령2리에 위치한 제주조각공원 신천지미술관은 조각가 정관모 교수(성신여대)가 한국 현대미술의 경향간 수준격차 해소 및 국제화를 토대로 한국 미술문화 발전을 기하고자 건립한 문화공간이다. 1987년 4월 25일 제주에서는 최초로 건립된 이곳은 야외전시장에 200여점의 일반조각이 3만여평의 아름답고 광활한 자연경관과 어우러져 설치되어 있고, 그 밖에도 30여점의 '동물 조각이 있는 언덕', 25점의 '장승터', 300여점의 '제주항아리 전시장', 50여점의 시조각이 세워진 '시가 있는 동산' 등이 조성되어 있다.

실내 전시장에는 200여점의 그림과 조각이 진열된 상설 전시장이 있고 별도의 기획전시장에서는 '88서울올림픽 경축 현대작가초대전, 세계걸작포스터특별전 등 해마다 수차례의 기획행사를 다채롭게 개최하면서 미술문화중흥과 대중화를 위해 노력하고 있다.

관람객을 위한 편의시설로는 간이식당, 일용품코너, 기념품 코너, 숲속의 휴식공간, 놀이마당 등이 갖추어져 있다.

교통 : 제주시외버스터미널에서 20분 소요(서부산업도로)

6. 유적지 및 사적지

1) 항파두리 항몽유적지 (p.40 사진 참조)

북제주군 애월읍 고성리에 위치한 항파두리 항몽유적지는 고려시대 강화도에서 진도를 거쳐 제주도에 들어 온 삼별초군의 항몽 정신을 기리기 위해 그들이 최후까지 항쟁했던 항파두성(缸坡頭城) 내부를 유적지로 단장한 곳이다.

1977~1978년까지 9천여 평의 대지에 항몽순의비를 세우고 6km의 토성 중 922m 를 복원해 놓았다.

입구를 들어서면 우측에 항몽순의비(抗夢殉義碑)와 기념관이 있다. 항몽순의비 에 묵념하고 항쟁일지를 그린 기념관을 나와 안내도를 본 후 장수물을 찾아가노라 면 삼별초 유적지를 둘러싼 토성(土城)을 볼 수 있다. 토성의 길이는 총6km이며 높 이는 4~5m, 위의 너비는 3~4m인 사다리 꼴 모양이다.

토성의 안쪽에는 다시 석성(石城)을 쌓았으나 이제 그 흔적은 남아 있지 않다. 토성의 바깥쪽 우측의 도로를 따라 5분 정도 걷다보면 장수물이 있는데 이것은 김 통정장군이 여·몽 연합군과의 항전시 성 위에서 뛰어 내린발자국이라 하며 항시 맑은 물이 솟아나고 있다. 장수물 외에도 구시물과 옹시물이라는 우물이 있는데 이는 삼별초 병사들이 음료수로 이용 했다고한다.

장수물에서 물 한잔으로 목을 축인 후 계속 걸어가면 항몽 유적지로 향하는 입 구가 다시 나오므로 여기서 제주시로 나오는 시내버스를 타면 된다.

교통 : 제주시에서 고성리행 시내버스를 타면 된다(25분 소요).

2) 삼성혈 <small>(p.5 사진 참조)</small>

이곳은 삼성인(三姓人)의 시조인 고을나, 양을나, 부을나가 솟아 올랐다는 혈 (穴)을 주변으로 하여 2만3천m²의 대지를 성역화한 곳이다. 삼성혈은 1526년(중종 21년) 이수동 제주목사가 삼성혈 주변에 울타리를 두르고 세 신인(神人)의 후예로 하여금 제사를 지내도록 하면서 처음으로 보호되기 시작했다고 하며 지금은 수차 례의 증축을 거친 것이다.

들어서는 입구에 제주목 돌하르방 원형이 서 있고 문을 들어서면 오른쪽에 세 신인이 태어났다는 움푹 꺼진 지형이 있다. 여기는 지름 5m 정도의 부드러운 잔디 가 입혀져 있는데 원래의 모양은 품(品)자형으로 3개의 구멍이 있었으나 현재는 그 구멍이 메워진 상태라고 한다. 세 신인이 솟아났다는 웅덩이에는 눈이 쌓이지 않는다고 하며(지열에 의해) 주변나무들 모두가 이 웅덩이를 향해 고개 숙이고 있 는 것이 이채롭기만 하다.

경내 안에는 800여 년을 자랑하는 곰솔나무를 비롯해 70여 종의 나무들이 빽빽이 들어차 울창한 숲을 이루고 있어 하늘이 보이지 않을 정도이다. 경내의 삼성전(三聖殿 : 위패를 모신 곳)에서는 삼성인의 후예인 고, 양, 부(高, 梁, 夫)씨들이 매년 춘추제(春秋祭 : 4월 10일, 10월 10일)를 올린다. 또한 양력 12월 10일에는 건시대제(乾始大祭)가 있는데 이는 제주도민의 개벽시조에 대해 올리는 제사로 초헌(初獻)에는 반드시 도지사를 천거하고 아헌(亞獻), 종헌(終獻)에도 도내 최고의 유지를 천거하고 있다.

교통 : 제주시 중심가에 위치하므로 택시나 시내버스로 갈 수 있으며 삼성혈에서 약 100m 떨어진 곳에 제주도자연사박물관이 있다.

7. 폭 포

1) 정방폭포 (p.13 사진 참조)

너비 8m, 떨어지는 높이 23m의 폭포로 바다로 직접 떨어지는 것은 동양에서 정방폭포 뿐이라 한다. 한여름 폭포수가 하얀 비단처럼 쏟아져 내리는 장관은 정방하폭(正房夏布)이라 하여 영주 10경(瀛洲十景 : 제주도의 열가지 아름다운 경치)의 하나로 꼽히고 있다.

정방폭포 절벽에는 서불과차(徐市過此)라는 글이 새겨져 있다고 전해지는 데 옛날 중국 진시황 때 서불(徐市)이 진시황의 명을 받들어 삼신산(三神山:금강산, 지리산, 한라산) 중의 하나인 영주산(瀛洲山 : 한라산)으로 불로초를 캐러 왔다가 서불은 신선의 열매라는 한라산 시로미를 얻은 후 불로초는 구하지 못하고 서쪽으로 돌아갔다고 한다. 이때 정방폭포 석벽에 서불이 이곳을 지났다는 뜻의 '서불과차' 네 글자를 새겼다고 하는데 서불이 서쪽으로 돌아갔다고 하는데서 서귀(西歸)란 지명도 생겨났다고 한다.

이곳에서 300m 떨어진 곳에는 바닷물이 뚫어서 만든 정방굴이 있고 이 정방굴 안에는 국내 최대라 알려진 석불이 모셔져 있다.

맑은 날에는 항상 물보라에 반사된 무지개가 생겨 더더욱 폭포로서의 아름다움을 과시하고 있다.

교통 : 서귀포시 중심가에 위치하므로 택시나 시내버스를 이용하면 된다. 천지연 폭포와의 거리는 걸어서 15분 정도 된다.

2) 천지연폭포 (p.13 사진 참조)

정방폭포와 마찬가지로 서귀포의 대표적인 폭포로서 너비 12m, 높이 22m, 폭포 밑의 수심은 21m에 이른다. 천지연 계곡에는 무태장어가 서식한다 하는데 이 고기의 몸길이는 2m, 무게는 10kg을 넘는 것까지 있다 한다. 천연기념물 27호로 지정되어 있어 일체 포획이 금지되어 있다. 천지연 입구에서 폭포에 이르는 긴 산책로는 사시사철 꽃내음이 흐르는 멋들어진 데이트 코스가 되기도 하는데 철쭉과 진달래, 왕벚나무, 유도화를 비롯하여 이름도 알 수 없는 희귀 식물들이 계절마다 관광객을 또다른 모습으로 안내해 준다.

이곳은 야간 관광 코스로도 지정되어 있으므로 시간제한 없이 어느 때고 관람이 가능하며 오히려 밤에 보는 이곳의 풍경이 더욱 아름다운 것 같다. 제주도의 경우는 남쪽이 융기(隆起)되었으므로 폭포류는 모두 남쪽에 위치해 있으며 정방폭포와 천지연폭포와의 거리는 걸어서 10분 정도이므로 둘 중의 한가지만 선택해서 둘러보면 좋을 것 같다. 천지연 구경을 마친 후 다시 입구로 나와 5분정도 걸어가면 해저유람선과 해상유람선의 선착장이 있다.

해저유람선은 서귀포앞바다 해저의 비경을 볼 수 있도록 핀란드에서 제작된 최신의 안전잠수함이며 좌석수 46석을 갖추고 해저 75m까지 잠수한다.(대국해저관광) 또한 해상유람선은 서귀포 앞바다의 문섬 앞으로 나가서 범섬을 돌아오는 약 1시간 가량의 해상관광코스이다. 관광에 조금 지친듯한 사람에게는 한번쯤 권하고 싶다.

교통 : 서귀포시 중심가에 위치하므로 택시나 시내버스를 이용하면 된다.

8. 중문관광단지 (p.14, 15 사진 참조)

서귀포시 서쪽 색달동 일대를 차지하고 있는 중문관광단지는 역사적인 한·소 정상회담이 열렸던 곳으로 제주도 관광 발전을 위해 한국관광공사에서 개발을 시행하고 있는 곳이다. 이미 1단계지역 63만평의 단지조성과 조경사업을 끝낸 이곳은 2단계사업이 끝나는 2001년까지 개발을 계속하여 보고, 느끼고, 즐기는 국제적인 국민종합관광단지로서의 면모를 갖출 예정이다.

① 천제연 폭포

웅장한 3단폭포로 옥황상제의 선녀들이 밤이면 몰래 내려와 목욕하며 놀았던 곳이라 하여 이름도 천제연(天帝淵)이다. 천제연 제1폭포는 높이가 22m에 이르며 폭포수가 떨어지는 못의 깊이 또한 21m에 이른다. 특히 제1폭포가 떨어지는 천제연 옆의 동굴에서는 이가 시리도록 차가운 물이 폭포와 함께 쏟아져내리는데 예로부터 백중, 처서에 이 떨어지는 물을 맞으면 모든 병이 사라진다고 하여 이날이 되면 많은 사람들이 몰려와 비닐을 뒤집어 쓴 채 떨어지는 물을 맞는다. 또한 천제연 계곡 위에는 천제루(천제연 언덕 위에 세워진 누각)와 천제교(길이 128m, 폭 4m의 아치형 철재다리)가 설치되어 있어 주변의 빼어난 경관을 감상할 수 있다.

② 식물원 여미지

여미지(如美地)는 국제적 규모의 식물원으로서 조성면적이 3만4천평에 달한다. 3천7백평 규모의 온실 속에는 화접원을 비롯해 수생식물원, 생태원, 열대과수원, 다육식물원, 중앙전망탑으로 구분해 희귀식물을 포함한 2천여종의 온갖 식품을 갖추어 놓았고 온실 밖에는 제주도 자생수목을 포함하여 1천7백여종의 나무와 화초류를 심어놓았다. 그 외에 한국, 일본, 이태리, 불란서의 특색있는 정원을 꾸며놓은 민속정원이 있으며 해바라기 모양의 독특한 식물원 외관이 매우 상징적이다.

③ 로얄 마린파크

남단의 섬 제주도에서 실내 돌고래쇼를 비롯하여 바다사자의 묘기와 펭귄의 재롱 등 남극의 정취를 즐길 수 있는 곳이다. 거대한 해양수족관이 있어서 전세계의 어종을 한 눈에 볼 수 있으며 부대시설로 터치풀, 레스토랑, 커피숍 등을 갖추어 놓았다.

중문관광단지 내에는 이외에도 국제규모의 골프장과 아름다운 해변을 품에 안은 중문해수욕장이 있으며 제주 고유의 옛 어촌을 그대로 재현시킨 관광어촌과 제주도 특산물을 판매하는 쇼핑시설 및 전통 음식을 즐길 수 있는 한국관이 개관 운영되고 있다. 각종 호텔과 콘도같은 숙박시설도 겸비하고 있는 중문관광단지는 2001년까지의 개발을 통해 관광위락시설과 해양스포츠 시설을 착공할 예정이며 이에 따라 종합국민관광단지로서의 국제적 면모를 한껏 키워나갈 계획이다. 단지 입구에는 시간당 250kW 출력의 풍력발전기가 세워져 있어 풍다(風多)의 섬임을 알림과 동시에 이곳을 찾는 관광객을 산뜻하게 맞이하고 있다.

교통 : 제주시외버스터미널에서 직행 50분 소요 (서부산업도로)

9. 한림공원 (p.16~17 사진 참조)

한림 공원은 북제주군 한림읍 협재리에 위치한 종합관광유원지로 공원내에는 협재·쌍용굴과 아열대 식물원, 제주도 민속촌인 재암마을과 유희시설인 놀이동산을 포함하고 있어 바쁜 일정의 관광객에게 좋은 볼거리를 제공해 주고 있다. 본시이 공원 일대는 제주도 패사(貝砂)가 뒤덮여 있었고 가시덤불과 돌맹이 등이 깔려있는 황무지였으나 한림공원의 창립자인 송봉규 회장이 1971년부터 개척사업에 앞장서 다음과 같은 관광자원을 만들어 놓았다.

① 협재·쌍용굴

동굴의 성인으로 볼 때 세계 3대 불가사의라고 불릴만큼 희귀한 협재·쌍용굴은 용암동굴과 석회동굴의 이중적 모습을 보여주고 있다. 즉 1차적으로 생성된 용암동굴이 동굴 위의 패사(貝砂)와 빗물의 화학작용으로 석회동굴로서의 특징을 나타내고 있다. 또한 이 굴은 동일시기에 생성되었으나 천장의 함몰등으로 몇개의 굴로 나누어져 있는데 협재·쌍용굴계에 속하는 이들 동굴(재암천굴, 황금굴, 소천굴)들의 모든 길이를 합치면 단일동굴로서는 세계에서 가장 긴 빌레못굴(12,425m)보다 약 5,000m나 더 길다. 현재는 협재·쌍용굴만 일반에게 공개되고 있으며 협재굴의 길이는 109m, 쌍용굴은 400m로 총509m이며 본시 협재굴만 일반에게 공개되었으나 1983년 미공개의 동굴을 발견하고 협재굴에 연결시켰는데 동굴 내부의 형태가 두마리의 용이 빠져나온 것 같다고 하여 쌍용굴이라 이름지었다 한다.

② 아열대 식물원

1972년 황무지였던 협재·쌍용굴 주변에 흙 2천트럭을 운반하여 패사 위를 덮고 방풍림을 조성하는 등 기반을 다져나간 후 와싱톤야자, 카나리아야자, 당종려, 로베리니 등의 종자를 파종하여 15년간의 노력끝에 1987년도에 일반에게 공개되었다. 5천여 평에 달하는 이 식물원은 푸른 천년목원, 와싱톤야자원, 종려원, 철쭉원, 분재원, 선인장원 등 17개 구역으로 구분해 놓았으며 2천여 종 2만여 그루가 전시되어 있다. 방대한 식물원이지만 조화롭게 배치를 해놓았기 때문에 산만함보다는 오밀조밀함이 더하고 그곳에서 작은 식물왕국을 경험할 수 있다.

③ 재암마을

이는 북제주군 관내의 전통초가를 이설 복원한 곳으로 '재암마을'이라 이름을 붙였다. 제주도 중산간지대에서 자라는 새(제주도의 토질은 벼농사를 짓기에 부적합하므로 육지에서 볏짚을 사용하는 것과 달리 이 '새'라는 풀을 이용해서 지붕을 엮는다)로 엮은 초가와 비바람을 막기 위한 풍채, 고팡(광), 정지(부엌)등의 외관적인 모습과 함께 물허벅(물동이), 애기구덕(요람), 고소리(술을 증류하는 기구), 고레(맷돌)와 같은 민구류를 전시해 놓아 옛 제주인의 생활상을 그대로 재현해 보이고 있다. 제주에서 제일 큰 돌하르방이 재암마을 앞에 우뚝 서 있다.

한림공원에는 이 외에도 어린이를 위해 기계식 유희시설을 갖춘 놀이동산이 있으며 향후로 아열대식물원의 확장, 다목적전시관, 회의장 등의 시설을 완비하여 대단위 종합관광단지로서의 면모를 갖출 계획이라 한다.

교통 : 제주시외버스터미널에서 직행 50분 소요(서회선)

10. 기 타

제주도에 분산되어 있는 관광지 중 항목별로 나누어지지 않는 몇 가지를 이 난에 포함시키기로 한다. 관광지를 분류할 때 지역별로 나누면 교통편을 효과적으로이용할 수 있는 장점이 있을 법 하지만 앞서의 분류에서 보듯이 제주에는 같은 유형의 관광지가 중복되어 있으므로 유형별로 나누는것이 실질적인 도움이 될 것이다.

어차피 한정된 일정이고 전체를 다 둘러보기는 불가능하므로 제주의 독특한 것을 찾아 관광한다면 일석이조의 효과를 거둘 수 있다. 육지의 어느 지역을 여행할때와 똑같은 기분을 가지고 찾아오면 될 듯 싶다.

제주도 전체가 관광지요 이곳 사람들 모두가 관광산업에 직접 연관되어 있는 줄아는 것이 육지에서 들어온 지금까지의 시각이요 이러한 환상적인 이상과 꿈을 갖고 오기에 항상 이곳을 떠나가는 사람들은 많든 적든 모종의 실망을 안고 간다. 지나친 기대보다는 마음의 여유를 갖고 여행을 온다면 거기에 대한 만족감은 충족될것이다. 차안에서 잠들지 말고 지금 자기가 가는 길이 어느 도로이며 주위의 환경은 어떠한지, 그리고 앞자리에 앉은 제주도 사람들이 어떤 언어를 구사하는지 관심을 갖는다면 조금 피곤한 여행길이라 할지라도 모든 시간 시간이 새로와질 수있다.

1) 목석원 (p.43 사진 참조)

제주시 아라동에 위치한 목석원(木石苑)은 이름 그대로 나무와 돌을 전시해 놓은 곳이다. 앞서 석다(石多)편과 제주방언편을 주의깊게 본 사람이라면 목석원 입구에 쌓아올린 돌무더기의 의미와 입구의 푯말을 읽고 이해하는데 무리가 없을 것이다. "옵디강, 호저 옵서예(오셨습니까, 어서 오십시오)" 전혀 가공하지 않은 돌과 나무뿌리를 전시해 놓은 목석원은 제주인 백운철(白雲哲)씨가 창안해 만든 곳으로 크게 3가지 부분으로 나누어져 있다.

① 영실(靈室) – 자연석 중 기묘하게도 사람의 형상을 하고 있는 것을 모아 현무암

돌무더기 위에 전시해 놓은 곳이다.

② **지하의 광상곡 감상실**—수백년 묵은 제주의 조록나무 뿌리를 전시해 놓은 것으로 역시 전혀 가공되지 않은 상태에서 각양각색의 기묘한 형상을 이루고 있음이 관광객의 탄성을 자아낸다.

③ **갑돌이의 일생**—이곳은 천연의 나무와 돌을 절묘하게 조화시켜 갑돌(甲乭)이와 석순(石筍)이라는 주인공의 작은 인생드라마를 연출시켜 놓은 곳으로 관광객(주로 신혼부부이지만)을 안내하는 개인택시 기사들의 능란한 설명을 살짝 엿들으면 더욱 실감이 난다.

교통 : 제주시에서 목석원 가는 택시나 시내버스를 타면 된다. (15분 소요)

2) 산방굴사, 용머리 계곡 (p.41 사진 참조)

산방산(山房山)은 기생화산으로서 이 산의 중턱에 길이 10m, 너비와 높이가 각각 5m 되는 천연굴이 있고 바로 이 굴 안에 불상이 모셔져 있다. 산방굴사(山房窟寺)는 이름 그대로 산방산의 굴안에 있는 절이며 이곳에서 탐라삼기의 하나인 고려시대의 고승 혜일대덕(慧日大德)이 거처했다 한다. 이 굴안에는 마시면 장수한다는 약수가 천정에서 뚝뚝 떨어지고 있는데 이는 산방덕(山房德)이란 처녀가 흘린 눈물이라 한다. 산방덕은 여신(女神)으로 인간의 모습으로 태어나 한 총각과 결혼하였는데 당시 주관이라는 직에 있는 자가 산방덕의 미모를 탐한 나머지 고승에게 억울한 누명을 씌워 재산을 몰수하고 귀양을 보냈다. 인간의 세계가 이처럼 죄악에 차있으리라 생각하지 못했던 산방덕은 인간계에 내려온 것을 한탄하며 산방굴에 들어가 스스로 바위가 되었고 그 바위밑으로 떨어지고 있는 약수는 바로 산방덕의 눈물이라고 한다.

한편 이 굴안에서 내려다 보이는 해안 풍경은 영주 10경(瀛洲十景)의 하나로 꼽히고 있으며 해안가에 있는 용머리 계곡은 언덕의 모양이 용의 머리를 닮았다 해서 붙여진 이름이고 이 계곡 입구에 하멜기념비가 세워져 있다. 네덜란드인인 하멜은 1653년 동료 36명과 함께 제주도 남쪽해안에 표류당한 후 육지로 이송되어 억류되었으나 약 13년만에 탈출하여 유명한 하멜표류기를 저술하기도 했다. 용머리 계곡에서 사진을 찍지 않은 관광객은 거의 없을 정도로 해안 절경이 아름답고 퇴적층의 형상이 이채롭다.

교통 : 제주시외버스터미널에서 사계리행 버스로 50분 소요. (서부산업도로)

3) 추사적거지 (p.41 사진 참조)

남제주군 대정읍 안성리에 위치한 추사적거지는 서예에 관련된 사람치고 이곳을 들르지 않는 사람이 없다고 하는데 물론 이곳은 입장료도 받지 않는 소규모의 전시관이나 무엇을 보기 위한 것보다는 추사의 숨결과 발자취를 조금이라도 느껴보고자 찾아오는 듯 싶다.

이곳은 바로 조선시대 명필이며 사상가였던 추사 김정희(秋史 金正喜)가 1840년(현종6년)부터 1948년(현종14년)까지 9년동안 유배생활을 했던 곳으로 유배 당시 강도순의 집에 기거했는데 강씨의 집을 그의 증손의 고증에 따라 복원해 놓았다. 추사가 적거했던 초가 4동 외에 전시관 1동과 유허비가 세워져 있으며 전시관에는 추사 선생의 작품 탁본 64점과 민구류 142점이 함께 전시되어 있다. 어지간한 사람들도 이곳의 위치는 제대로 모를 정도로 소규모이고 관광지로서의 개발도 덜 되어 있으나 남제주군에서는 앞으로 인근지역 1천 3백여 평을 추가로 확보하는 등 주변 환경을 계속 정비해 나갈 계획이라 한다. 불후의 명작인 세한도(歲寒圖)의 사본이나마 이곳에서 마주할 기회가 있다.

추사적거지로 들어서는 입구에 대정현의 돌하르방 원형이 200여년의 풍상을 견딘채 지키고 서 있다.

교통 : 제주시외버스터미널에서 보성행 버스로 45분 소요. (서부산업도로)

4) 비자림 (p.7 사진 참조)

이곳은 북제주군 구좌면 평대리 남쪽 4km지점에 위치한 비자나무 자생군락지로 13만5천여평의 대지에 2천6백여 비자나무가 천연적으로 자라고 있다. 단일 수종 군락지로는 세계 제일이라고 한다. 비자나무(學名 : Torrega nucitera)는 수목(Taxaceae)에 속하는 상록교목으로서 북위 35도 이남에서 자라는데 높이 11m, 지름 2m까지 자라는 것으로 되어 있다. 가지는 사방으로 퍼지며 잎은 길이 25mm, 넓이 3mm의 작은 잎으로 날개 모양으로 배열된다.

비자나무의 열매는 타원형으로 양끝이 뾰족하며 길이 20~25mm 정도의 크기인데 식용과 약용(회충)으로 쓰이며 특히 제사에 많이 쓰이는 과일이기도 하다. 더구나 이러한 약제 성분으로 인해 옛부터 중요한 조공물(朝貢物)의 하나였다. 또한 비자나무는 잘랐을 때의 결이 매우 곱고 잘 갈라지지 않으며 아름다운 무늬를 갖고 있어 귀한 가구재료로 인기가 매우 높다. 이 비자림 자생 군락지는 1966년 10월 천연기념물로 지정되어 보호되고 있는데 최근에는 나무숲 사이로 산책로가 개발되어 많은 젊은이들의 데이트 코스로 각광받고 있기도 하다.

교통 : 제주시외버스터미널에서 '세화'까지 50분 소요.(동회선) 세화에서 비자림까지 가는 순환버스 이용.

5) 도깨비 도로 (p.44 사진 참조)

귀동냥으로 한번쯤 들었을지도 모를 이곳은 제주시 제2횡단도로상에 위치하며 길이 약 100여미터의 도로인데 말 그대로 도깨비도로다.

눈으로 보면 확연히 기울기가 드러나는 오르막길에서 시동을 끈 자동차가 마치 거대한 자석에 끌리는 것처럼 저절로 올라간다. 이 도로는 어느 택시기사가 차를 세워놓고 잠시 쉬는데 차가 혼자서 오르막길을 올라가는 것을 보고서 알려졌다고 한다. 많은 사람들이 차에서 내려 기울기를 확인하면서 공이나 깡통 등을 굴려도 보고 물을 엎질러 보기도 하는데 그래서 이 도로의 일부분은 항상 물에 젖어있다. 이것은 착시(錯視) 현상 때문인 것으로 알려지고 있는데 칠레에도 이러한 곳이 있다고 한다. 우리 눈의 착시현상이라면 기계적인 측량에 의한 기울기는 과연 어떠한지 궁금하였으나 이에 대한 자료는 찾지 못하였다. 아주 오랫동안 왜 그럴까? 라는 생각이 들었는데 내·외국인을 막론하고 모두가 고개를 갸우뚱하며 '거참 이상도 하다'를 계속 되풀이할 수 밖에 없는 묘한 도로이다. 제주도내의 관광지에서는 사진을 찍기 위해 사람들이 줄을 서야 하지만 이곳만은 사람이 아닌 자동차가 줄을 서야 하는 유일한 장소인 듯 싶다.

교통 : 이곳은 정류장은 아니므로(세워달라면 세워주기는 한다) 내려서 구경하기는 쉽지 않다. 다만 중문이나 서귀포에서 제2횡단도로를 타고 제주시로 넘어오는 버스에서는 기사들이 마이크로 친절히 설명을 해 준다.

11. 섬과 해수욕장

1) 섬

① **마라도**(馬羅島)-북위 33도 07분에 위치한 우리나라 최남단의 섬으로 면적은 약 0.3㎢이며 26세대 107명의 주민이 살고 있다. 미국의 배우 겸 가수인 프랑크 시네트라가 몹시 탐냈다고도 하는데 민박과 야영이 가능하며 낚시터로도 좋다. 제주도 서남쪽 모슬포항에서 1일 1회 출항하는 여객선을 이용하면 된다.

② **가파도**(加波島)-'갚아도 좋고 말아도 좋다'는 말로도 대변되는 이 섬은 0.84㎢의 면적으로 약 20여 가구의 주민이 살고 있다. 이곳 역시 민박과 야영이 가능하며 제주도 서남쪽 모슬포항에서 1일 2회 출항하는 여객선을 이용할 수 있다.

③ **우도**(牛島)-마치 소가 누워 있는 모습이라 해서 붙여진 이름으로 6.75㎢의 면적에 7백여 가구 주민들이 어업과 농업에 종사하며 살고 있다. 특히 우도8경 (牛島八景)이라 하여 우도의 여덟가지 아름다운 풍경을 간직하고 있는 섬이다. 민박과 야영이 가능하며 제주도 동쪽 성산항에서 1일 4~5회 출항하는 여객선을 이용하면 된다.

④ **비양도**(飛揚島)-고려시대 중엽의 화산폭발로 인해 생성된 섬이라는 말도 있는 비양도는 섬 중앙에 2개의 분화구가 분지를 이루고 있다. 섬의 면적은 약 0.38㎢로서 70가구 300여 주민이 주로 어업에 종사하며 살고 있다. 낚시터로도 유망한 이곳 주변에는 협재해수욕장과 한림공원이 있으며 제주도 북서쪽 한림항에서 1일 2회 운항하는 여객선을 이용하면 된다.

⑤ **추자군도**(楸子群島)-추자군도는 40여개의 섬으로 이루어졌으며 이중 상추자도, 하추자도, 횡간도, 추포도 4개의 섬이 유인도이다. 이들 4개의 섬과 마라도, 가파도, 우도, 비양도는 제주도가 갖고 있는 8개의 유인도이다. 추자도는

멸치젓으로 유명하며 목포와의 거리가 가깝기 때문에 언어 및 생활풍습이 전라도에 가깝다고 한다. 영주십경, 우도팔경과 더불어 추자십경(楸子十景)이 있으며 상추자도에는 최영장군의 사당이 있다. 고려시대 제주도에 있는 목호(말의 관리를 맡은 몽고인)들의 난을 평정하기 위해 제주도로 향하던 최영장군은 풍랑으로 상추자도에 잠시 머물게 되자 섬주민에게 농사짓는법과 고기잡는법 등을 가르쳤고 이에 섬주민들이 사당을 지어 그 뜻을 기렸다고 한다.

⑥ 난도(蘭島)−북제주군 구좌읍 하도리 굴동포구 근방에 위치한 난도는 일명 토끼섬(兎島)이라고도 하며 문주란(文珠蘭) 자생지로 유명한 곳이다. 문주란은 수선화과에 속하는 상록 다년생초로서 높이 60~70cm까지 자란다고 한다. 대개 7월말 쯤 부터 꽃을 피워 9월까지 온섬을 하얗게 뒤덮는데 토끼섬 문주란 자생지는 천연기념물 182−3호로 지정 보호되고 있다. 우도 왼편에 있는 이곳은 약 960여 평의 작은섬으로 간조시에는 걸어갈 수 있다 한다.

⑦ 기타 서귀포 앞바다의 범섬[虎島], 섶섬[森島], 문섬(蚊島), 새섬과 대정쪽의 형제섬, 제주도 서쪽끝에 위치한 차귀도(遮歸島) 등은 모두 낚시터로 유망한 무인도 들이다.

2) 해수욕장

제주도 전역에는 수심이 얕고 경사가 완만한 천혜의 해수욕장이 해안선을 따라 곳곳에 산재해 있다. 거의 모두 민박과 야영이 가능하게 되어 있으며 육지부의 해수욕장과 달리 조개껍질의 파편인 패사(貝砂)가 주성분이라는 특징이 있다. 따라서 바닷물의 색깔도 매우 특이해 보는이로 하여금 탄성을 자아내게 한다.

또한 지역에 따라서는 패사에 흑사(黑砂)가 섞여 있는데 검은 빛을 띄는 것은 모두 자석에 달라붙는 것으로 보아 철분이 주성분이며 이러한 곳은 특히 찜질 장소로 각광 받고 있다. 특히 물이 빠질 때는 해변의 곳곳에서 물이 솟아오르는게 이채롭기도 한데 이는 용천수로서 지하수가 흘러넘치는 현상이다. 제주도의 해수욕장에서는 해수욕(海水浴)과 동시에 담수욕(淡水浴)도 즐길 수 있다.

제주시를 기준으로 시계방향으로 삼양해수욕장(찜질장소로 유명), 함덕, 김녕, 세화, 신양, 표선, 중문, 화순, 대정, 협재, 곽지, 이호해수욕장 등이 있다.

12. 한라산 등반

백두산 천지를 오르기 위해 한라산 백록담을 올라야 한다면 너무 거창한 표현일지 모르나 남한에서 가장 높은 곳이라는 상징성 하나만으로도 한라산은 많은 사람들을 유혹한다. 1990년 한 해만 하더라도 한라산 등반객이 36만명으로 하루 평균 1,000명 정도가 한라산을 찾았으므로 등반이라기보다는 등산이라는 표현이 좀 더 어울릴 정도로 큰 장비없이 누구나가 쉽게 오를 수 있다.

물론 이들 모두가 정상인 백록담까지 가는 것은 아니지만 그 높이에서 오는 중압감은 실제 산행을 하면 훨씬 가벼워짐을 알 수 있다. 그러나 정상까지 오르려 해도 오를 수 없는 산이 또한 한라산이다. 잦은 안개와 비, 그리고 강풍으로 인해 입구에서부터 차단되기도 하고 이를 통과한 행운의 사람도 1500~1600m 대피소에서 불운한 제지를 받을지 모른다. 통계에 의하면 한라산이 맑은 날씨를 보이는 것은 일년 중 30일 정도에 불과하며 입산을 금지시키는 횟수도 50일에 달하고 있다.

현재 한라산 등반코스는 5군데가 허용되고 있으며 각 코스마다 등산로가 잘 정비되어 있고 나름대로의 특징을 갖고 있어 어느 곳을 택하든 큰 무리는 없을 것이다. 관광객들이 가장 많이 이용하고 있는 것은 ① 어리목 코스와 ② 영실코스이며 ③ 성판악코스도 종종 애용되고 있다. 한편 ④ 관음사코스와 ⑤ 돈내코 코스는 이곳 사람들도 그리 이용하고 있지 않으므로 제주에 처음 와서 한라산에 오르고자 하는 사람들에게는 그리 권하고 싶지 않다.

※ 주의 사항
1) 공원관리사무소(매표소)에서 정상(백록담)까지 오른 후 하산까지의 시간이 대략 6~8시간 걸리므로 일정은 하루를 잡는다.
2) 한라산의 기상은 매우 극심하며 정상의 온도는 지상보다 평균 10~15℃ 정도 낮으므로 이에 대한 대비를 해야한다.
3) 등반하는 날 아침 일찍 공원관리소(매표소)에 전화를 해서 등반할 수 있는지의 여부를 확인하고 숙소를 떠날 것. (계절별로 입산 허가시간을 정해 놓고 있으므로 반드시 이를 알아보아야 한다.)

① 어리목코스

| 제주시외버스터미널 |
| 어리목입구 |
| 공원관리사무소 |
| 윗세오름대피소 |
| 백록담 (1950m) |

② 영실코스

| 제주시외버스터미널 |
| 영실입구 |
| 공원관리사무소 |

③ 성판악 코스

| 제주시외버스터미널 |
| 성판악입구
공원관리사무소 |
| 진달래밭 대피소 |

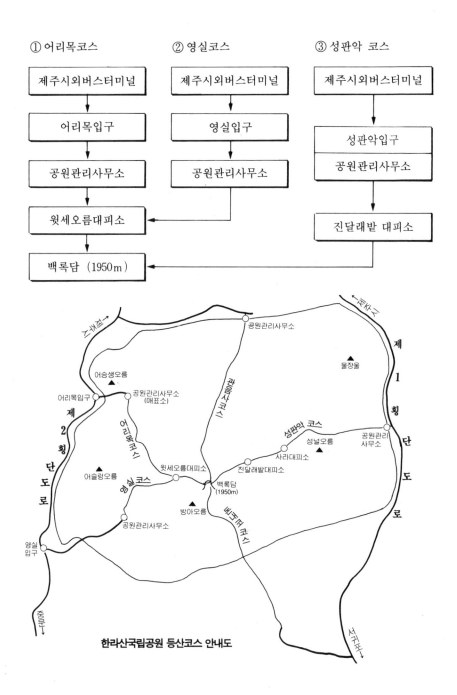

한라산국립공원 등산코스 안내도

후 기(後記)

크게는 어느 한 나라, 작게는 어느 한 지역을 알기 위한 필요·충분 조건으로 대개의 사람들은 언어와 풍속과 역사를 꼽고 있으며 이 세가지는 제주도를 아는데 있어서도 역시 예외일 수 없는 조건들이다.

첫째 언어에 있어서는 현재 제주도의 중년층(20~30대)에서 가장 보편적으로 쓰이고 있는 것을 어휘보다는 문장 형태에 중점을 두어 설명해 보았다. 물론 관광 목적인 사람들에게는 단순히 제주 방언의 존재여부를 알리는 정도 밖에 되지 못할 것이나 직장 및 이주로 인해 장기체류를 하는 사람에게는 이곳의 언어를 이해하는데 적게나마 도움이 될 것이라 생각한다.

제주방언은 여타 지역과 달리 얼핏 듣고 이해되는 것과(처음에는 전혀 알아들을 수 없음) 실제의 시제 및 어감 등이 상당히 다르며 표준어와 비교해 볼 때 많은 오해의 소지를 가지고 있다. 따라서 앞서와 같이 문장을 분석하지 않고서는 제주인의 정확한 의중(意中)을 알 수 없는데 비록 이곳에 장기간 체류하지 않는다 할지라도 혹시 제주도와 관련된 소설이나 기타 문헌의 문자(文字)를 접할 기회가 있으면 이전보다는 한결 친근감을 느낄 수 있을 것이다.

제주어는 제주도에서 통용된다기보다 제주도 사람끼리만 주로 사용되므로(표준어에는 표준어로 대답해준다) 제주도내 호텔, 공항 등에 근무하는 사람이나 택시기사들이 표준어를 쓴다고 해서 그 사람들이 제주방언을 사용하지 않는다고 생각하면 오산이다. 어찌 보면 2개 국어가 가장 은밀히 혼용되어 쓰이고 있는 곳이 제주도가 아닌가 싶다.

여하간 조선의 제1방언이라는 이곳의 언어는 그 학술적 가치 및 특이성에 비해 가장 덜 알려져 있는데 외국영화와 같이 자막처리를 하는 어려움이 있더라도 매스컴을 통해 앞으로 널리 알려질 수 있기를 기대해 본다.

둘째, 풍속에 있어서는 육지인의 시각에서 볼 때 가장 특이한 것만을 추려보았는데 이들 중에는 쉽게 이해하기 어려운 상황도 있으리라 생각된다.(특히 가족제도) 그러나 풍속이라는 것은 그 사회의 역사적 환경과 풍토 등에 따라 태동하고 발전해 왔음을 감안할 때 감각적인 판단보다는 논리적인 이해가 있어야 될 줄 안다. 물론 실행 정도와 방식에 대해서는 지역에 따라, 시기에 따라 약간의 차이는 있겠지만 앞서 예로 들었던 제주도의 신구간, 결혼의례, 가족제도, 제사의식에서 뒤따르는 의식적인 면은 향후로도 그리 쉽사리 변하지 않을 것으로 여겨진다. 어찌보면 매우 불편하고 불합리해 보이는 것도 실상 이곳에서는 극히 자연스러운 전통이며 이러한 것은 시대의 변천에도 불구하고 제주도사람이 제주인이라는 동향의식과 뭔가 육지와는 다른 이향의식을 동시에 느끼게끔 해주는 그들만의 삶이라 볼 수 있다. 특이한 풍속이라고 했지만 제주인과 교류하다 보면 이곳의 보편적인 관례임을 알 수 있게 된다.

세째, 역사에 있어서는 주로 육지와 제주의 역사를 연관지어 문헌발췌를 했다. 제목인 제주의 약사(略史)에도 잘 어울리지 않고 전체적인 흐름을 알기에도 미흡한 점이 많지만 그 역사의 한 부분 중 이곳에서 매우 민감한 4.3사건을 언급하게 된 점에 만족하고 싶다. 4.3을 모르고서는 제주도를 말하지 말라고 하듯이 아예 모르는 것보다는 단편적이나마 그 존재의 여부만이라도 알리고 싶었다. 40여년 전의 정치, 사회적 혼란기에 발생했던 사건일 뿐만 아니라 이해 당사자의 상반됨과 그 방대한 각종 자료로 볼 때 단 몇 권의 책을 읽는 것만으로 제주의 4·3을 단정짓는 오류를 범하지 않았으면 한다.

이들 언어와 풍속과 역사(적사건) 외에 제주 사회는 그 지리적 위치와 자연적 환경 및 풍토와도 매우 밀접한 상관관계를 가지면서 발전해 왔고 또한 이러한 것은 제주도 고유의 풍물을 만들었으므로 이 양자에 대해서도 간략한 자료를 모아 보았다. 결국 한 지역사회를 아는데 있어 필요한 최소한의 것과 더불어 관광을 포함시켰으므로 책의 성격에서는 모호한 것이 되고 만것 같다. 그러나 우리가 제주도를 체험할 수 있는 시간이 극히 제한적임을 감안할 때, 그리고 하나의 행정구역을 관광지로 통념화시킬 수 없음을 안다면 이 역시 부득이한 편집방법일 수 밖에 없을 것이다.

여하간 제주도는 작은 면적과 적은 인구를 가지고 있으며 육지와 거리상 멀리 떨어져 있다. 또한 육지부와 산업적인 면에서도 별반 연관성이 없는 곳이므로 어떤 관심을 기울일 시간적 여유를 우리는 갖고 있지 않다. 솔직히 말해 나 역시 어떤 계기가 주어지지 않았다면 누구나처럼 단 한번의 여행을 끝으로 시간의 흐름에 따라 쉽게 잊혀지는 작은 섬이 되어버렸을 것이다. 그 계기는 제주도 문인들의 글을 통해 나타나는 과거와 현재의 제주도 모습에서 한국적인 한(恨)의 감정을 발견하고서부터였다. 동양의 하와이라는 외관과 그들 내면의 현실과는 도무지 걸맞지

않았고 그 간격을 좁히지 않고서는 관심 이상으로 나의 감정이 발전할 수 없으리
라는 생각이 들었다. 결국 짧은 기간이지만 손이 닿는 한의 제주도 자료를 탐독하
게 되었고 그 과정에서 느낀 것은 제주도의 여러가지 특징이 나름대로의 역사와
인문, 지리적 환경에 깊이 연관되었으며 또한 모든 상황이 복합적으로 얽혀있어
어느 한가지만 알아서는 안되겠다는 사실이다. 그러나 혼자만 아는 것에 만족할
수 없었던 이유는 한 해에 수백만명에 달하는 관광객이 다녀가는 이 순간에도 너
무도 모른 상태에서 제주도를 찾아오고 아무것도 발견하지 못한 채 훌쩍 떠나가는
현실 때문이다.

수려한 자연경관과 대비되는 제주의 역사, 그리고 척박한 풍토를 극복하고 살아
온 제주인, 몇달을 공부해도 알 수 없는 제주방언, 육지와는 상반된 특이한 풍속,
관광과는 무관하게 살아가는 이곳 사람들의 삶의 모습 등이 거리상, 체류기간 및
목적상 제대로 알려지지 않고 오로지 관광적인 면만 비춰진다면 접근의 노력에도
불구하고 서로 방관자적인 모습만 보일 수 밖에 없을 것이다.

어찌했건 이 책을 만든 목적은 한가지이니 그것은 관광은 관광대로 즐기되 제주
도의 내면과 현실을 좀 더 알았으면 하는 바램에서이다. 단 한권의 책으로 제주도
전체를 알기는 불가능하며 단지 이 책은 육지인과 제주인의 시각차를 가능한 대로
좁혀보고자 하는 의도였다. 나와 같이 한라산이 제주도 어디쯤에 있는지조차 모르
고 찾아오는 것보다 한 지역사회에 대해 최소한의 예비지식을 갖고 온다면 아무리
짧은 여행기간이더라도 나름대로 가치는 있으리라 생각된다.

혼자서 모든 것을 하다보니 통계 자료상, 또는 기타의 내용에서 사실과 다른점
도 있겠지만 추후 조금씩 보완, 수정하고자 한다.

끝으로 나의 행적을 말없이 묵인해주신 (주)선 비지니스 직원들과 물질적, 정신
적 도움을 준 우정식, 조경기 선배, 미흡한 원고를 출판해 주신 전현규 사장님과
많은 사진자료를 협조해 주신 김기삼 선생님께 감사를 드린다. 특히 심혈을 기울
인 제주도 관계 저서와 논문에서의 발췌 인용을 허락해 주신 제주대학교의 김태
보, 김혜숙 교수님, 제주교육대학의 양순필, 손인석 교수님, 김봉옥 선생님, 그리
고 여러 사정으로 만나뵐 수 없었던 분들께도 지면을 통해 양해와 함께 감사의 마
음을 전한다.

1992년 6월
제주시 신성하숙에서 전연술

238

ㅡ인용 문헌 및 자료ㅡ

1. 이숭녕 :『제주도 방언의 형태론적 연구』, 탑 출판사, 1985
2. 강정희 :『제주방언 연구』, 한남대학교 출판부, 1988
3. 석주명 :『제주도 방언집』, 서울신문사, 1947
4. 석주명 :『제주도 수필』, 보진재, 1971
5. 이기백 :『한국사신론』, 일조각, 1990
6. 김봉옥 :『제주통사』, 도서출판 제주문화, 1987
7. 김봉옥 :『김만덕 전』, 도서출판 제주문화, 1970
8. 제주도 :『제주도誌』상,하, 1982
9. 제주도 교육위원회 :『탐라 문헌집』, 1976
10. 최재석 :『제주도의 친족조직』, 일지사, 1979
11. 이문원·손인석 :『제주도는 어떻게 만들어진 섬일까』, 도서출판 춘광, 1983
12. 오성찬 :『제주민의 얼』, 창원사, 1978
13. 오성찬 :『세한도』, 청한, 1988
14. 고 은 :『제주도』, 일지사, 1986
15. 김창열 :『신 한국의 여로④ 제주』, 한국일보사, 1989
16. 뿌리깊은나무 :『한국의 발견, 제주도』, 1983
17. 진성기 :『남국의 무속』, 형설출판사, 1987
18. 한국일보 :『한국의 미⑰ 추사 김정희』, 1985
19. 제주도 관광협회 :『제주도 관광정보』, 1991
20. 김혜숙 :『제주도 가족의 고부관계에 대한 연구』, 제주대 논문집〈제17집〉, 1984
21. 김혜숙 :『제주도의 1인가족 연구』, 제주대 논문집〈제20집〉, 1985
22. 오문유 :『제주도인의 유전학적 연구Ⅰ』, 제주대 논문집〈제10집〉, 1978
23. 문기선 :『돌하르방의 미술해부학적 연구』, 제주대 논문집〈제13집〉, 1981
24. 양순필 :『추사의 제주유배 한시』, 제주대 논문집〈제14집〉, 1982
25. 양순필 :『추사 제주유배 제문고』, 제주대 논문집〈제21집〉, 1985
26. 김병모 :『몽골 학술 기행〈돌숭배사상〉』, 조선일보, 1990. 10. 6
27. 김병모 :『해양 학술 기행〈발리섬 석상〉』, 조선일보, 1991. 8. 14
28. 강치명 :『제주도 해녀의 폐기능 및 잠수능력에 관한 조사연구』
29. 이문웅 :『재일 제주인의 의례생활과 사회조직』, 제주도연구(5집), 1988

이 책을 쓴 전연술은 1962년 충남 금산 출생으로
1985년 인하대학교 자원공학과를 졸업했다.
지은 책으로는 「우리의 학교가 행복해지기까지」
(1996, 열린지성)이 있으며,
(주) KT 강남본부 기계실에서
냉난방시설 자동제어업무를 담당하고 있다.

제주도에 감수꽈

1993년 3월 10일 제1판 1쇄 발행
2004년 5월 10일 제1판 3쇄 발행

지은이 : 전연술
펴낸이 : 배태수
펴낸곳 : 신라출판사

서울시 동대문구 제기동 1157-3 영진빌딩
전화 · 922-4735 / 팩시밀리 · 922-4736
출판등록 · 1975년 5월 23일 제6-0216호

* 저자와의 협약에 따라 인지는 생략합니다.
* 잘못된 책은 바꾸어드립니다.
ISBN 89-7244-123-6 03380